Hans Rosenkranz
Von der Familie zur Gruppe zum Team
Familien- und gruppendynamische Modelle zur
Teamentwicklung

Junfermann-Management

Hans Rosenkranz

Von der Familie zur Gruppe zum Team

Familien- und gruppendynamische Modelle zur Teamentwicklung

Junfermann-Verlag · Paderborn
1990

© Junfermannsche Verlagsbuchhandlung, Paderborn 1990
Cover-Illustration: Hans Biedermann

Satz: adrupa Paderborn
Druck: PDC-Paderborner Druck Centrum

CIP-Titelaufnahme der Deutschen Bibliothek
Rosenkranz, Hans:
Von der Familie zur Gruppe zum Team: Familien- und grup-
pendynamische Modelle zur Teamentwicklung/Hans Rosen-
kranz. -
Paderborn: Junfermann, 1990
ISBN 3-87387-015-0

ISBN 3-87387-015-0

Inhalt

Vorwort

Dieses Buch spiegelt meine Interessen- und Arbeitsschwerpunkte der letzten zwanzig Jahre wider: Gruppendynamik, Team- und Organisationsentwicklung, Transaktionsanalyse und systemische Familien-, Hypno- und Körpertherapie. Am Anfang standen einige Aufsätze: Der erste wurde 1970 geschrieben und als Probevorlesung gehalten. Erst später kam dann die Idee, aus einzelnen Stücken etwas Ganzes zu machen und die Modelle und Konzepte, wie ich sie bei Training und Beratung verwende, zu einem Buch zusammenzufassen. Die Prozesse und die Entwicklung von Teams und Familien sind für die meisten Menschen „tägliches Brot" und so auch für mich. So lag es für mich nahe, Familien- und Gruppendynamik zusammenzudenken, Teamentwicklung unter familientherapeutischen Gesichtspunkten und Familien unter gruppendynamischen zu betrachten.

Über die Selbsterfahrungsseminare, wie ich sie seit Anfang der siebziger Jahre durchführe, haben sich mittlerweile weit über fünfzig Erfahrungsberichte angesammelt, die einer eigenen Veröffentlichung wert wären. Die Idee, diese Erfahrungsberichte in dieses Buch aufzunehmen, kommt von meiner Partnerin Patricia Rosenkranz. Patricia hat gerade zu dem Zeitpunkt die Initiative ergriffen und die Berichte und Teile daraus mitausgewählt, als ich schon versucht hatte, die Arbeit am Buch abzuschließen und wenigstens für kurze Zeit an einer Weiterarbeit nicht mehr interessiert war. Dafür bin ich ihr jetzt sehr dankbar, weil das Buch durch die Berichte überaus an Farbe und Vitalität gewonnen hat. Das Buch spiegelt auch unser gemeinsames Lernen und Arbeiten in Familie und Beruf wider. Patricia hat auch indirekt mitgeschrieben. Herzlichen Dank dafür.

Auch die Erfahrungsberichte dokumentieren explizit, daß Klienten und Kollegen direkt und indirekt mitgeschrieben haben. Die Berichte bringen Spannung und Praxisnähe und mir die Möglichkeit, Thesen und Erklärungsmodelle zu belegen und zu illuminieren. J. Austermanns umfangreicher Bericht über seine erste Erfahrung mit einem gruppendynamischen Seminar liest sich so interessant, daß ich ihn als Ganzes zur Abrundung des Buches aufgenommen habe. Den Autorinnen und Autoren meinen ganz großen Dank, insbesondere für ihren Mut zur Offenheit.

Einige Kollegen und Freunde haben sich nicht gescheut, das Manuskript in einem teils schon sehr frühen Stadium zu lesen und mir Feedback und Ermutigung zur Weiterarbeit zu geben, was ich zu Zeiten sehr gut brauchen konnte. Hierfür danke ich vor allem:

Dipl.-Psychologen Uwe Gremmers-Hellmann, Dipl.-Psychologin Isolde Kirchner, Dipl.-Psychologen Norbert Loth und Dipl.-Handelslehrer, Dipl.-Kaufmann Wolfgang Stürzl und Professor Dr. Klaus Schneewind.

Als Praktikanten und Mitarbeiter haben Mag. Eva Speckner, Dipl.-Soziologe Thomas Huber und insbesondere Dipl.-Ing. agr. Max von Stetten Umstellungen, Einfügungen und redaktionelle Änderungen vorgenommen. Dipl.-Psychologe Josef Weiß hat die Computerarbeiten immer dann besorgt, wenn wir nicht mehr weiter wußten. Die Schreibarbeiten erledigten superschnell und vorzüglich meine Sekretärinnen Frau Rosemarie Tabatabei und Frau Helga Greitner. Ihnen allen meinen besten Dank.

Ihre Hilfe war für mich so wertvoll, weil ich mir die Zeit zur Arbeit an diesem Buch oft „stehlen" mußte. Auch jetzt ist es noch nicht fertig. Dennoch veröffentliche ich es und stehe zu seinen Unzulänglichkeiten.

Hans Rosenkranz

Chaos – Wende – Entwicklung

Phasen

Vom Chaos zur Ganzheit

Teilnehmer gruppendynamischer Seminare erfahren häufig die Anfangsphase als Chaos, bar jeder Ordnung und Zielsetzung. Für sie wiederholt sich dort mit der Geburt einer Gruppe menschliches Urgeschehen. Sie erleben Situationen, die sie an ihre eigene Kindheit erinnern. Vielleicht sind hiermit auch Ahnungen an das Trauma der eigenen Geburt verbunden. Eine Teilnehmerin schreibt zu den ersten Stunden in einem gruppendynamischen Seminar[1]:

...Ich erinnere mich, irgendwo gelesen zu haben, daß die Teilnehmer sich in diesem Stadium einander vorgestellt hätten. Da niemand auf diese Idee zu kommen scheint, und das Schweigen, in das wir uns eingekrampft haben, unerträglich wird, mache ich den entsprechenden Vorschlag. Alle nennen Vor- und Zunamen, beruflichen Titel und Firma, womöglich noch Familienstand und Alter, danach ihre Vorstellungen von diesem Seminar, ihre Wünsche und Ziele. Da ist er wieder, dieser Kloß im Hals. Jetzt bin ich dran und merke, wie die ganze schöne Kampfhaltung meiner drei Vorrunden zusammenbricht. Ich höre mich in schneller, hastiger Darstellung meine Position, meinen Zustand, meine Absichten genau mit den Worten belegen, die ich um jeden Preis vermeiden wollte, und kann nicht verhindern, daß die Tränen rollen. Betretenes Schweigen folgt meinem Einbruch, irgend jemand erzählt überbrückend irgend etwas, bis ich, an meinem festen Vorsatz, hier alles oder nichts zu wagen, mit verkrampfter Stimme zu Ende erzähle. Danach habe ich vollauf mit mir zu tun, meinen Tränenstrom halbwegs im Zaum zu halten. Aber da nun schon einmal nicht zu übersehen ist, daß ich mich, zumindest bis zu diesem Moment, von den anderen unterscheide, verzichte ich auch darauf, hinauszulaufen oder die Maske mühsam wieder aufzusetzen. Ich sage mir, daß ich authentisch mit mir geblieben bin, auch wenn die anderen damit so nichts anfangen können, und daß es von dort aus nur noch besser mit mir

---

1   Riecken, L.: Erfahrungsbericht über das Gruppendynamik-Seminar vom 07.–12. Juli 1985 in Westerham.

werden könne. Wir sollen an einer Punkteskala von -3 bis +3 unsere Stimmung heute und an allen folgenden Tagen mit einem Klebepunkt markieren. Ich setze je einen Punkt in jeweils beide Extremfelder. Für mich ist und bleibt dieser Einstieg vollkommen schlüssig, auch wenn er nicht den Wertungsregeln entspricht.

Trotzdem kann ich später nicht einschlafen. Mir kommt der Gedanke, daß ich vielleicht wie ein Kind meinen Kummer herausgeschrieen habe, verbunden mit dem Appell an die anderen, mir zu helfen?! Sollte ich mich also völlig unerwachsen benommen haben? Unfähig, meine Probleme selbst zu lösen? Oder vielmehr unwillig, meine Probleme selbst zu lösen? Was ist, wenn ich herausfinde, daß ich in meiner häuslichen Umgebung für mich gar keine Lösungsbearbeitung will, damit ich keine Eigenverantwortung übernehmen muß? Weiß ich schon zu viel über mich oder erst recht viel zu wenig? Mit heißen Augen und schweren Gedanken gehe ich in den zweiten Tag.

Eine andere Teilnehmerin schreibt über den Beginn eines Transaktionsanalyse-Seminars[1] :

...Noch am Sonntag abend trafen sich alle Teilnehmer einschließlich Trainer Hans in dem Tagungsraum des Hotels. Mir war ganz schön mulmig im Magen, als ich mich vierzehn anderen Leuten gegenübersah, deren beruflicher Erfolg mir förmlich ins Gesicht schrie. Ich hatte Angst – Angst, vor diesen Leuten, die mir so übermächtig erschienen, nicht bestehen zu können. Das Gefühl war kein neues: ich kannte es schon an mir – oft tauchte es Personen gegenüber auf, hinter denen ich Autoritäten vermutete. Doch nach meinem Motto „Wo die Angst ist, gehts lang" wollte ich mich der Situation stellen. Ich wollte diese Angst überwinden, diese Hemmungen entlarven.

Es ging los. Zunächst stellte jeder seine Person vor. Wir sollten etwas über unsere Namensgeschichte, unsere Spitznamen erzählen, sagen, wie wir angesprochen werden wollten, ein Symbol für uns wählen, uns in die Rolle eines Zauberers versetzen, in dieser Rolle uns selbst und die anderen nach unseren Phantasien verändern. Schließlich sollten wir unsere Erwartungen, Befürchtungen und Hoffnungen an das Seminar, die anderen, an uns selbst und an den Trainer aussprechen.

Ich sollte mich vorstellen. Damit war die Situation, der ich mich stellen wollte, bereits da. Es gab für mich kein Zurück; ich mußte etwas sagen,

---

1   Rustler, M.: Erfahrungsbericht über das Transaktionsanalyse-Seminar vom 11. – 16.Oktober 1981 in Kochel.

noch dazu zu meiner eigenen Person. Ich konnte kaum zuhören, was die anderen Gruppenmitglieder erzählten, konnte mich auch nicht auf meinen „Auftritt" vorbereiten. Ich war blockiert von meiner eigenen Unsicherheit. Heute taucht in meiner Erinnerung eine Führungskraft als Zukkerrübe auf, ein Kolibri, ein Häschen! Schließlich, als ich mich überzeugt hatte, daß wirklich niemand mehr das Wort ergreifen wollte, begann ich zu sprechen. Ich weiß nicht mehr, was ich gesagt habe, aber ich weiß, daß der unsichere Teil meiner Person bereits spürbar war, obwohl ich ihn eigentlich verbergen wollte.

Auch für mich als Trainer ist immer wieder faszinierend, wie aus einer Versammlung von einzelnen, die chaotischen Kräften ausgeliefert zu sein scheinen, eine Gruppe wird, die ihr Geschehen reflektiert und ordnet. Ähnliche, eher noch chaotischere Situationen erlebe ich in neu zusammengestellten oder auch schon bestehenden Abteilungen von Betrieben, die mich als Berater zu ihren Konfliktworkshops oder zu Teamentwicklungsprojekten einladen.

Über die Vorphase eines Teamtrainings in einem großen Betrieb schreibt einer der Teilnehmer[1]:

Drei, vier Tage vor dem „Trainingsbeginn" setzen wir uns zusammen, wir: Das sind die „Indianer" (Sachbearbeiter auf der hierarchisch niedrigsten Ebene) unserer Hauptabteilung ohne unseren Vorturner; M. (der Co-Trainer) ist dabei, er will informieren sowie Anregungen und Kritik aufnehmen. Wir stellen unterschiedliche Vorstellungen und Erwartungen fest. Was sollen wir überhaupt auf dieser Veranstaltung? Unsere (auf Indianerebene) persönlichen Beziehungen sind ja problemlos, die brauchen wir nicht zu klären oder ganz zu bereinigen, Schwierigkeiten haben wir mit ganz anderen Personen: Warum nimmt C. nicht teil? Der ist in Urlaub. Hat sich den Zeitpunkt ja ganz gut ausgesucht! Der allgemeine Unmut über die Arbeitsbedingungen bei/für uns ist noch weit größer als ich das bisher gedacht habe: Es werden Kündigungsdrohungen ausgestoßen, Ultimaten gestellt („... wenn nicht dies oder jenes bis dann passiert, dann werde ich meine Konsequenzen ziehen...").

Wir bejammern übereinstimmend, daß G. (unser Chef, den wir bewußt heute nicht dabei haben wollen) viel zu wenig Zeit für uns hat; daß wir

---

1   Rudolf, K.: Bericht über ein Team-Training.

uns alle nicht hinreichend informiert (von ihm informiert) fühlen, wir erfahren alles häppchenweise, wann es ihm paßt. Wir reden auch aneinander vorbei, mißverstehen uns (unser Chef und wir), der mangelnde Kommunikationsfluß führt zu Störungen bei der täglichen Arbeit („... heute will er das, morgen das; heute will er es so, morgen so. Was soll ich denn tun?..."). Aber ist nicht der C. unser und auch sein Problem? Und der drückt sich ja! Hat das Ganze dann überhaupt noch Sinn? Dabei reden wir z.T. recht wild durcheinander, kaum einer hört zu (von aktivem Zuhören ganz zu schweigen); wir geilen uns an Nebenkriegs-Schauplätzen auf. Z. B. unserer räumlichen Situation: Wir sind durch einige Meter zuviel jeweils voneinander entfernt, das sei ein Hindernis für unsere interne Kommunikation. Wirklich? Oder ist das nur eine gute Ausrede? Z. B. die Zeiten, an denen wir im Team-Training „arbeiten" sollen/wollen. Lange Mittagspause und dafür abends länger was tun? Nein, ich will abends ins Bett. Wenn ich euch Kasperlsköpfe schon den ganzen Tag über sehe, will ich wenigstens abends meine Ruhe vor euch haben. Aber wir haben ja keinerlei Schwierigkeiten auf der Beziehungsebene untereinander, wie ich eben so schön erläutern konnte.

Ich ziehe mich im Verlauf dieser „Diskussion" etwas zurück, was auch auffällt, den anderen und mir natürlich auch. „Rückzug" ist mir eine beliebte Fluchtreaktion, weil's halt schön einfach ist. Anscheinend fang ich schon an, was zu merken!?

M. redet noch davon, daß doch bitte alle kommen sollen, um den „Erfolg" (was immer das ist) nicht a priori in Frage zu stellen. Er bietet jedem, der Probleme/Ängste/Schwierigkeiten damit hat, ein vertrauliches Einzelgespräch an. Ich hab die Phantasie, daß nicht alle kommen, mehr kann M. aber auch nicht tun.

Weniger als je zuvor weiß ich in diesem Moment, was eigentlich Sinn und Zweck des Trainings ist. Sollen wir uns untereinander besser kennen- und verstehen lernen? Sollen wir uns nach außen hin klarer, einheitlicher, besser verkaufen? Sollen wir eingelullt werden, unsere täglichen Probleme bei der Arbeit zwar weiterhin haben, sie aber akzeptieren, tolerieren lernen? („Ich mach zwar immer noch jede Nacht ins Bett", sagt der Klient nach einer vierwöchigen therapeutischen Behandlung, „aber im Gegensatz zu früher macht es mir jetzt Spaß").

Ich weiß aber auch, was ich will: Ich sehe meine Schwierigkeiten im Umgang mit G. (erst recht auch mit C. – aber dagegen kann ich in diesem Zusammenhang nichts tun); ich hab zuviel eingesteckt in den letzten Wochen/Monaten, mich zu wenig gewehrt. Den Mund gehalten, auch wenn ich verärgert, getroffen, sauer war; wenn ich mich mißverstanden fühlte. Ich habe damit ein Problem, nicht er. Wie kann G. was dagegen tun, wenn er gar nicht weiß (jedenfalls nicht von mir und von wem sollte er es sonst wissen), wie ich mich fühle. Also: Ich muß mit ihm reden, ihm gegenüber (und natürlich auch anderen gegenüber) offen und ehrlich sein, meinen „Zustand" ausdrücken, nicht schwindeln und schauspielern, nichts mehr reinfressen und verdrängen, meine Schwierigkeiten im Einstecken von Kritik und Austeilen von Kritik überwinden.

Verwirrung, Unordnung und Konkurrenz sind häufiger anzutreffen in relativ unstrukturierter Situation als Klarheit, Ordnung und Kooperation. Es scheint, als ob Chaos ein Urzustand ist. In diesem Buch beschäftige ich mich mit der Frage, ob dieses Chaos eine uns verborgene Struktur enthält, und wie wir diese durch Bewußtwerden, Einsicht, Deutung und Aktivität so ändern können, daß ihre Energie nutzbar wird.

Dieser Zustand in Gruppen scheint die gegenwärtige Situation in Wirtschaft, Gesellschaft und auch der Kunst widerzuspiegeln. Hans Sedlmayr hat schon anfang der sechziger Jahre in seiner Analyse der Bildenden Kunst des 19. und 20. Jahrhunderts von einem „Verlust der Mitte" geschrieben.[1] Kunst spiegelt immer auch die Situation des Menschen und den Zustand des Ganzen wieder. Diesen Zustand kann man auch beim Individuum, bei kleinen Gruppen wie der Familie, Arbeits- und Lerngruppen, in Schule und Betrieb, bei Institutionen und Organisationen bemerken. Nach Capra werden Aspekte entweder von Körper oder Geist, Verstand oder Gefühl, Yin oder Yang, Bedürfnis oder Leistung, Inhalt oder Prozeß, Bürokratie oder Laissez Faire, Mann oder Frau, Zusammen- oder Alleinsein überbewertet oder vernachlässigt.[2] Er beschreibt beeindruckend, wie sich das „tiefgreifende kulturelle Ungleichgewicht" auf alle Lebensbereiche auswirkt und damit die Gesundheit des einzelnen, der Gesellschaft und der Ökosysteme bedroht. „Die natürliche Ordnung besteht in einem dynamischen Gleichgewicht zwischen Yin und Yang."

---

1 Sedlmayr, H.: Verlust der Mitte, o.J. Ullstein-Taschenbuchausgabe.
2 Capra F.: Wendezeit, Bern, München, Wien, 1983, 2. Aufl., S. 32 ff, insbesondere S. 36.

„Yin und Yang" ist ein altchinesisches Begriffspaar und bezeichnet zwei gegensätzliche, sich ergänzende Kräfte, Symbol der Dualität schlechthin, aber – im Zusammenwirken der beiden Pole – auch der Einheit.

Die beiden sich umkreisenden Pole bedingen einander, der eine kann ohne den anderen nicht sein, aber ein jeder trägt den Keim des anderen bereits in sich. Beide zusammen ergeben eine Einheit. Die Yin-Yang-Symbolik liefert den Schlüssel zum Verständnis der Ganzheit: dynamisches Zusammenwirken unterschiedlicher, aber sich ergänzender Kräfte in einem Ganzen.

Jeder Mensch zum Beispiel stellt eine Ganzheit dar, ebenso wie jedes seiner Glieder und Organe, die alleine jedoch nicht lebensfähig wären. Und der Einzelmensch wiederum ist Teil einer Familie, eines Volkes, er braucht andere Menschen und eine Umwelt, um sich zu entfalten, um seine eigene Ganzheit, sein eigenes Mensch-Sein zu verwirklichen.

Für Sabetti ist Ganzheit der „natürliche Zustand des Lebens"[1], den viele von uns nicht erfahren haben. Wir empfinden „deshalb auf einer tieferen Ebene Furcht vor der Ganzheit". Einheit und Ganzheit sind verlorengegangen in der Polarisierung. Der belebende Energiefluß, der die Ganzheit und Mitte des Lebens ausmacht, scheint gestört. Einseitige Entwicklungen verstärken und verfestigen sich. Sie vergrößern das bestehende Ungleichgewicht. Blockierte Energien führen zu Verlusten, die sich als Mangel an Wohlbefinden, ungenügender Ausnützung des Potentials an Fähigkeiten, in Umweltzerstörung, Lernunwilligkeit und anderem zeigen.

Unter „Energie" ist jene belebende Kraft gemeint, die geistige und emotionelle Grundlagen hat und körperlich als beobachtbares Verhalten zum Ausdruck kommt. Sabetti definiert: „Alle übrigen anerkannten Arten von Energien (sind) Ausdrucksformen der Lebensenergie, einer vitalistischen Naturkraft, die die Grundlage dessen ist, was wir Ganzheit nennen."[2] Menschen sind bewußt und unbewußt, aktiv und passiv an dem Management ihrer eigenen und fremden Energien beteiligt. Erfolg oder Mißerfolg dieses Managements zeigen sich auf allen Lebensgebieten. Der mißbräuchliche oder falsche Umgang mit solchen Energien bedroht sowohl die Gesundheit des einzelnen, als auch die der Gesellschaft. So kann durch Passivität entstandenes Energiedefizit zur Kumulierung von Energie am anderen Pol und zur Katastrophe führen. Ein Atomkrieg wäre die schrecklichste Folge.

Individuen, Gruppen und Organisationen können Wege und Fähigkeiten entwickeln, den Energiefluß zu beleben, ganzheitlich zu gestalten und ihre eigene Mitte zu finden. Dürckheim[3] zum Beispiel beschreibt, wie des Menschen körperliche Mitte, das „Hara", mit seiner geistigen Mitte korre-

1 Sabetti, S.: Lebensenergie, Bern, München, Wien 1985, S. 11.
2 Sabetti, S.: a. a. O., S. 10 f.
3 Dürckheim, K.G.: Hara, Die Erdmitte des Menschen, Bern, München, Wien, 1985, 11. Aufl.

spondiert, und wie jeder Mensch seine Mitte durch Übung erreichen kann.

Von den Praxislehren Gruppendynamik und Organisationsentwicklung her wissen wir, daß auch Gruppen und Organisationen ihre Mitte durch Lernen finden können, wenn sie sich ihrer selbst als System bewußt werden und ihren Regelkreis geplant durch Feedback verändern. Wie das praktisch geschehen kann, beschreibt ein Teilnehmer[1]:

> ...Die darauffolgende Übung machte uns deutlich, wie schwer es sein kann, alles Vertrauen auf einen anderen Menschen zu konzentrieren, denjenigen mit dieser Vertrauensbürde zu belasten und damit meist zu überfordern. In einer Entspannungsübung versuchten wir daraufhin, ganz bewußt uns selbst zu vertrauen, uns selbst anzunehmen, auf uns selbst und unsere eigene Stärke zu setzen. Total gelöst, stark, entspannt und in Hochstimmung, schwer beeindruckt von dem eben Erlebten gingen wir gemeinsam und stumm zum Abendessen.

Ich will sowohl aus der Perspektive eines Trainers und Beraters von Teams und Organisationen als auch der eines Familientherapeuten berichten, wie ich meinen Klienten helfe, ihre Mitte zu finden und ihre Energien und Ressourcen zu nützen. Ich berichte von meinen eigenen Erfahrungen und ziehe Modelle aus verschiedenen wissenschaftlichen Disziplinen und Therapieformen zur Erklärung hinzu. Darüber hinaus schildere ich die praktische Trainings- und Beratungskonzeption, wie ich sie, zusammen mit Kollegen und Klienten, in den letzten 15 Jahren angewendet und entwickelt habe. Im ersten Teil konzentriere ich mich mehr auf das soziale Geschehen und seine anthropologischen Grundlagen, im zweiten Teil auf Möglichkeiten, den Prozeß durch Intervention zu gestalten.

---

1   Huber, Th.: Erfahrungsbericht über das Gruppendynamik-Seminar vom 08.-13. Nov. 1987 in Beilngries.

Das Problem mit dem Überleben

Nach der pessimistischen Analyse Arthur Koestlers ist der Mensch ein „Irrläufer der Evolution". Er ist im Grunde geisteskrank, dem Gesetz des Dschungels in einem Kampf jeder gegen jeden verfallen und leidet an einer „fast schizophrenen Spaltung zwischen Vernunft und Emotion".[1] Arnold Gehlen[2] hat den Menschen als „organisches Mängelwesen" beschrieben, Adolf Portmann[3] nannte den Homo sapiens im Vergleich mit den höchstentwickelten Säugetieren eine „extrauterine Frühgeburt". Ungünstige Startbedingungen für den neugeborenen Menschen kommen auch aus Untersuchungen in Wien und Stockholm über die Einstellungen schwangerer Mütter zum Ausdruck. Zwei Drittel aller Mütter wiesen eine mehr oder minder intensive offene oder verdrängte Feindseligkeit gegenüber dem werdenden Kind auf. Lediglich bei einem Drittel der Mütter könne man sagen, sie seien „guter Hoffnung".[4]

Es mutet geradezu erstaunlich an, daß der Mensch trotz allem überlebt. Alles scheint überlagert zu sein von der Angst, auf dieser Welt nicht genügend Platz und Möglichkeiten zum Überleben zu finden. Neben Kräften zur Selbstzerstörung haben wir auch Fähigkeiten, diesen negativen Prozeß zu wenden, indem wir unseren Mangel an Instinkten durch Denken und Lernen überwinden. Wir haben die Chance, unsere Konfliktträchtigkeit und soziale Abhängigkeit durch Kommunikation und Kooperation zu kultivieren. Energien, die unkontrolliert unsere Entwicklung hemmen, können wir umkehren zum Ausgleich von Defiziten und zur Lösung von Überlebenspro-

1 Koestler, A.: Der Mensch – Irrläufer der Evolution, Goldmann-Taschenbuch, 2.Aufl.1981, S. 14 ff.
2 Gehlen, A.: Der Mensch, Frankfurt a. M., Bonn, 7. Aufl. 1962.
3 Portmann, A.: Zoologie und das neue Bild des Menschen, Hamburg 1956.
4 Rottmann, G.: Untersuchungen über Einstellungen zur Schwangerschaft und zur fötalen Entwicklung, in: Graber, H.G.: Pränatale Psychologie, München 1974, S. 73.

blemen. Allerdings setzt dies voraus, mit dieser Überlebens-Urangst umgehen zu lernen.

Die Angst nicht zu überleben oder nicht in dem Stil zu überleben, wie wir uns das vorstellen, reduziert in vielerlei Weise unsere Entwicklungsmöglichkeiten. Dies zeigt sich in gruppendynamischen Situationen, wenn wir Gelegenheit haben, unser Selbstbild durch andere konfrontieren zu lassen.

Selbstbild und Fremdbild

Während in wissenschaftlichen Feldstudien Aussagen über häufig auftretendes menschliches Verhalten gemacht werden, setzt das gruppendynamische Laboratorium sich selbst zum Forschungsgegenstand. So werden in einer für die Teilnehmer relativ sicheren Umgebung Lernsituationen bereitet, die einen Vergleich des eigenen Selbstbildes mit den Fremdbildern der Gruppenkollegen ermöglichen. Die Teilnehmer übernehmen dabei sowohl die Rolle des Forschenden, wie auch die Rolle des Forschungsgegenstandes.

Beschreiben wir uns selbst, so drückt sich in dieser Beschreibung unser Selbstbild aus, d. h. wir beschreiben uns so, wie wir uns selbst sehen. Z. B. „Ich bin ein Angestellter bei der Firma Y und habe dort die Aufgabe, Verkäufer zu trainieren. Ich bin eine Führungskraft, da ich andere anzuleiten und zu motivieren habe. Ich glaube, daß ich einen guten Job tue, da ich sieben Jahre Erfahrungen gesammelt habe. Ich bin 43 Jahre alt, schaue einigermaßen gut aus, habe Erfolg bei den Frauen, bin ein guter Tischtennisspieler und ein mittelmäßiger Fußballspieler, glücklich verheiratet, habe zwei Kinder, bin ein relativ partizipativer Vater, ein etwas direktiver Vorgesetzter, usw."

Die Beschreibung ist subjektiv, d. h. sie ist vom Standpunkt des betroffenen Individuums/Subjekts aus gemacht. Sie ist eine psychologische Realität und von daher richtig – d. h.

subjektiv richtig. Wollen wir uns aber mit dieser subjektiven Richtigkeit nicht begnügen, sondern unser Selbstbild in den sozialen Kontext einer mehr objektiven, d. h. auch von anderer Sicht aus gesehenen Perspektive überprüfen, so haben wir uns die Frage zu stellen: Wie sehen mich die anderen? Speziell diejenigen, mit denen ich am meisten zu tun habe – also die Familie, die Frau, die Kinder, die Freunde, die Mitarbeiter und Kollegen, Vorgesetzte und Kunden.

Solche Informationen über sich selbst sind von anderen in der rauhen Wirklichkeit des Betriebes, der Behörde, der Schule etc. nur schwer, wenn überhaupt erhältlich. Es besteht ferner die Gefahr, daß die Fragen: Wie siehst du mich? Welche Meinung hast du von meinen Führungsfähigkeiten? usw. Erstaunen und Verwunderung bei den Befragten auslösen. Das Image selbstsucherischer Nabelschau entsteht („Der Alte hat heute wieder seinen sentimentalen Tag"). So ist der einzelne auf sich selbst und seine Beobachtungen zurückgeworfen, wenn ihm nicht in einer lerngeeigneten Umgebung die Gelegenheit zu sozialem Lernen geboten wird. Da Familien und Schulen diese Funktion heute nurmehr sehr eingeschränkt erfüllen, übernehmen gleichsam kompensatorisch andere soziale Einrichtungen, wie zum Beispiel auch Betriebe als Lernstatt oder Lernlaboratorien diese Aufgabe. In komprimierter Form erleben die Teilnehmer den Feedback-Prozeß bei dem Soziogramm während eines Gruppendynamik-Kurses[1]:

... Später, beim Soziogramm, gibt es noch mehr Anlaß, über Selbstbild und Fremdbild nachzudenken. Ich komme auch in Bedrängnis, meine Selbsteinschätzung, wo sie positiv ist, zu vertreten, und wo sie negativ ist, nicht zu tief zu stapeln, um bescheidener zu wirken oder gar indirekt „um Schläge zu bitten". Die negative Quittung für meine Gefühlsäußerungen bekomme ich dadurch, daß zwei Absender mich für zu weich, nicht belastbar und überempfindlich halten und deshalb nicht mit mir als

---

1 Riecken, L.: Erfahrungsbericht über das Gruppendynamik-Seminar vom 07.-12. Juli 1985 in Westerham.

Untergebenem arbeiten wollen. Von allen anderen, und das sind mehr, als ich nach meiner eigenen Einschätzung erwartet habe, wird mir Vertrauen entgegengebracht, Verstand und Gefühl in Ausgewogenheit, Offenheit, und auch Engagement, Kreativität, Kooperationsfähigkeit und Loyalität bescheinigt. Was wünsche ich mir mehr? Mein derzeitiges Problem scheint darin zu bestehen, dieses positive Feedback und die Erfahrung von Anerkennung in meine heimatliche Umgebung mit zurückzunehmen und dort mit weniger Angst die Schwierigkeiten anzupacken.

Beim Lesen der Beurteilungskarten habe ich zum ersten Mal in diesen Tagen richtig feuchte Hände. Dieses Soziogramm-Spiel ist wahrlich kein Spiel mehr. Jeder in der T-Gruppe ist längst selbst zum Forschungsgegenstand geworden, anstatt als Außenstehender am „Experiment Führungsstil" herumzulaborieren. Auch unser Typenforscher erfährt am eigenen Leib, wie weh das tun kann. Er spricht von einem dumpfen Gefühl im Bauch und Verkrampfungen im Schultergürtel. Trotzdem überleben wir alle diese erste Konfrontation mit direktem Feedback und es scheint so, als ob wir auch nach dieser bisher einschneidendsten Hürde beieinander bleiben werden. Es sieht im Gegenteil so aus, als ob wir uns in dieser relativ geschützten Gruppensituation mehr und mehr um Feedback-Geben und -Annehmen bemühen. Obwohl beides gleich schwer ist, führt der Umgang damit offensichtlich dazu, soziales Verhalten störungsfreier zu machen und Spannungen merkbar abzubauen.

Faktisch sind wir alle, besonders aber als Führungskräfte, Eltern und Trainer, auf Informationen darüber angewiesen, welche Wirkung, welche Autorität, welches Vertrauen, welche sozialen Reaktionen wir bei Mitarbeitern, Schülern, Studenten, Seminarbesuchern auslösen. Verzichten wir auf solche Informationen und wählen wir eine „Peer-Gynt-Haltung", eine Haltung des „Sich-Selbst-Genug-Seins", so entziehen wir uns der Chance des sozialen Lernens und verleugnen durch „Vogel-Strauß-Politik" die Realität. Solche Personen, Führungskräfte verdienen diesen Namen nicht. Sie werden früher oder später zum sozialen Außenseiter, zum Hagestolz, zum weltfremden „Spinner", zum lernunfähigen Fremdkörper in einer sich ständig verändernden Welt. Sie werden zu oftmals mißverstandenen Ursachen von Generationskonflikten, von heimlichen und auch offenen Revolutionen gegen nichtverstandene Entscheidungen, zu Aggressionsobjekten. Am Ende verstehen sie die Welt nicht mehr, da sie nicht gelernt haben, ihren eigenen sozialen Standpunkt in dieser Welt, in einer Gruppe oder einer Organisation zu erkennen und entsprechende Konsequenzen zu ziehen.

Das andere Extrem stellen die „Chamäleon-Typen" dar, die schon auf das leiseste Anzeichen einer Nichtübereinstimmung des Fremdbildes anderer mit dem eigenen Selbstbild ihr Gesicht verändern und es ständig der Meinung anderer anpassen. Hierzu gehören die Sozialanpasser, die Opportunisten, die ständig ihr Fähnchen nach dem Wind hängen.

Abwehrmechanismen

Wie der einzelne, so hat auch die Gruppe und Organisation eine Vorstellung von sich selbst, der ein Fremdbild gegenübersteht. Ebenso wie Personen ist Gruppen und Organisationen das eigene Image lieb und verteidigenswert. Ängste um das Selbstbild werden beruhigt, indem eigene Stärken und die Schwächen der anderen hervorgehoben, die eigenen Schwächen und die Stärken der anderen aber übersehen werden. Schließlich führt dieser Umgang mit der Angst zu dem oben beschriebenen sozialen Chaos, da die anfangs eher geringfügig erscheinenden Selbst- und Fremdabwertungen lawinenartig die Qualität der Beziehungen in und zwischen den jeweiligen sozialen Systemen vergiften.

Wie Personen und Gruppen ihre Energien durch Abwehrmechanismen[1] binden, wird im folgenden durch einige Beispiele gezeigt.

---

1   Bei Auswahl und Definition der Abwehrmechanismen halte ich mich an Neuberger, O.: Das Mitarbeitergespräch, München 1973, S.38 ff., Bd. 3 der München-Augsburger Studienreihe für Psychologie im Betrieb, Hrsgg. von Zwick, J.

Rationalisierung

Für ein bestimmtes Verhalten werden Gründe angeführt, die zwar möglich, aber nicht zutreffend sind. Je mehr der einzelne gelernt hat, rational zu argumentieren, desto häufiger wird die Rationalisierung verwendet.

Beispiele:
- „Wenn die Übung klarer erklärt worden wäre, hätten wir bestimmt gewonnen."
- „Wir sind moralische Sieger, weil wir fairer als der Gegner spielten."
- „Mir war es nicht so wichtig, den Auftrag zu bekommen, da ich große Schwierigkeiten mit dem Kunden befürchtete."
- „Hätte uns der Trainer anfangs besser informiert, hätten wir ganz anders gehandelt."

Verdrängung

Bedürfnisse oder Bewußtseinsinhalte werden vergessen, da sie eine persönliche Gefährdung oder eine Nichterfüllung eigener Wünsche bedeuten können. Durch das Ignorieren (Vergessen, Ungeschehenmachen) wird das Problem nicht gelöst, sondern nur verschoben. Das unbewußte Vorhandensein der Problematik äußert sich dann manchmal in Fehlleistungen wie Versprechen, Gestik u. a.

Beispiele:
- Man vergißt, daß man den Lottoschein abgegeben hat, da man doch nicht an einen Gewinn glaubt.
- Die verdrängte Verärgerung über das Arbeiten der eigenen Gruppe kommt zum Vorschein, wenn man sie versehentlich als „Truppe" bezeichnet.

- Ein Termin wird vergessen, oder man erscheint zu spät zu einer Besprechung, von der man nichts Gutes erwartet.
- Man vergißt, den erbetenen Spinat mit nach Hause zu bringen, da man ihn nicht gerne ißt.

Verkehrung ins Gegenteil

Aus Angst vor den Folgen bestimmten Verhaltens wird die gerade entgegengesetzte Verhaltensweise gezeigt.

Beispiele:
- Betont freundliches Verhalten dem Vorgesetzten gegenüber, obwohl man gerade eine phantastische Wut auf ihn hat.
- Obwohl er das Mädchen liebt, ist der junge Mann grob und unhöflich, da er einen Korb fürchtet.
- Ein Seminarreferent lobt seine Hörer, obwohl er sie für träge und uneinsichtig hält, um nicht am Ende des Seminars von ihnen schlecht beurteilt zu werden.

Sich zurückziehen

Aus Angst, nochmals enttäuscht zu werden, werden aus einem Mißerfolgserlebnis oder der Erwartung eines Mißerfolges unverhältnismäßig starke Konsequenzen gezogen.

Beispiele:
- Der abgewiesene Bewerber für die Leitung des Rechnungswesens in einem Großbetrieb kündigt, um die Buchhaltung im Kolonialwarengeschäft seiner Frau zu übernehmen.
- Ein Mädchen geht wegen seiner ersten unglücklichen Liebe in ein Kloster.
- Da die Gruppe seinen ersten Vorschlag nicht annahm, beteiligt sich das Gruppenmitglied kaum mehr an der Diskussion.

Verleugnung der Realität

Zum Schutz und zur Pflege des eigenen Selbstbildes wird die Realität nicht wahrgenommen.

Beispiele:
- Ein 65 Jahre alter Mann, der mit 23 Jahren sein Rechtsstudium abbrechen mußte, führt auf seiner Visitenkarte den Titel cand.jr.
- Kinder leben bei ihren Spielen häufig in einer Phantasiewelt. Diese Erscheinung finden wir auch oft bei Jugendlichen in der Pubertät. Flucht in die Phantasie hilft ihnen, ihre Entwicklungsprobleme zu bewältigen.
- Auch Erwachsene, die eine angestrebte Position nicht erreichen konnten, handeln und denken häufig so, als ob sie die Funktion innehätten.

Identifikation

Frustrierte Bedürfnisse werden kompensiert, indem man sich mit einer Person gleichsetzt, die Erfolg hat. Eigenschaften und Eigenheiten dieser Person werden dann nachgeahmt.

Beispiele:
- Der Kollege X ist erfolgreich, er wird im Betrieb als der „kommende Mann" angesehen. Er wird dann, oftmals unbewußt, von anderen Kollegen nachgeahmt, um so mit der Identifikation auch seine Erfolgserlebnisse zu übernehmen.
- Kinder spielen „Maradona und Steffi Graf" oder „Räuber und Prinzessin".
- In der T-Gruppe (= Trainingsgruppe) identifizieren sich Gruppenmitglieder ab und zu mit dem Trainer, indem sie alle seine Vorschläge kritiklos übernehmen und ihn gegen alle Angriffe verteidigen.

Projektion

Abgelehnte eigene Bedürfnisse und Eigenschaften werden anderen Personen unterstellt.

Beispiele:
- Bei der betrieblichen Beurteilung nehmen Vorgesetzte häufig besonders die negativen Eigenschaften bei anderen wahr, über die sie sich schon oft bei sich selbst geärgert haben.
- Vielredner in einer Gruppe kritisieren vornehmlich die langen Monologe anderer Gruppenmitglieder, da sie selbst einige Zeit nicht zu Wort gekommen sind.
- „Herr Meier, ich muß ganz besonders Sie auffordern, nicht persönlich zu werden."

Fixierung

Das starre Festhalten an einer Idee oder Verhaltensweise läßt vermuten, daß man noch nicht mit einem damit verbundenen Problem emotional oder rational fertiggeworden ist.

Beispiele:
- „Ihr Verbesserungsvorschlag verstößt gegen die nun schon 5 Jahre bewährte Handhabung in unserer Firma. Ich denke nicht daran, auch nur einen Deut davon abzuweichen."
- Manche Gruppenmitglieder lehnen es ab, ihren angestammten Sitzplatz in der Gruppe zu wechseln.

Regression

Regression bedeutet einen Rückfall in abgelegte, kindliche Verhaltensweisen, um bestimmte Reaktionen beim Partner zu erreichen.

Beispiele:
- Man ist nicht sicher, ob ein bestimmtes, vielleicht zweifelhaftes Ziel zu erreichen ist. Durch Blödeln und Verniedlichung wird versucht, die davonschwimmenden Felle noch zu retten.
- Kinder versuchen, durch Weinen und Trotzreaktionen zu verhindern, daß die Eltern ausgehen.
- Eine Sekretärin beginnt zu weinen, um ihre Versetzung in eine andere Abteilung zu verhindern.

Verschiebung

Auf eine bestimmte Person gerichtete Emotionen werden auf andere Personen verschoben, da sie nicht ohne Risiko geäußert werden können.

Beispiele:
- Der Abteilungsleiter reagiert seine Wut gegen den Chef an seiner Sekretärin oder seiner Frau ab.
- Der gegen den Trainer gerichtete Ärger wird an der von ihm eingeführten Übung indirekt abreagiert („Die Übung ist für uns absolut ungeeignet und blöd").
- Menschen sprechen oftmals zu Tieren wie zu Geliebten, da ihre Liebe von Menschen nicht angenommen wurde.

Konversion

Psychischer Streß zeigt sich in körperlichen Reaktionen wie Stottern, Erröten, Magenbeschwerden, Zittern, Schwitzen u. a. Sie sind manchmal Zeichen unbewältigter Angst.

Warum reagieren Menschen aufeinander mit Abwehr? Sie haben Angst, nicht genügend Wärme und Zuwendung zu erhalten, ohne die wir nicht überleben können. Gruppendynamik und Familiendynamik kann immer auch erklärt werden als ein „Kampf um Liebe und Anerkennung"[1]. Wenn die Offenheit als Strategie nicht wirkt, finden wir Zuflucht in Abwehr. Kampf oder Flucht scheinen häufig die einzigen Alternativen. Und so haben wir alle Strategien entwickelt, um zu überleben. Häufig basieren sie auf Kurzschlüssen und kindlichen Ängsten, die in der Kindheit sicher angebracht waren, und denen wir jetzt als Erwachsene noch nachhängen. Damals haben sie unser Leben erhalten, jetzt erschweren sie es.

Transaktionen

Einen Erklärungsansatz für menschliche Überlebensstrategien bietet die Transaktionsanalyse (TA). Ein Teilnehmer[2] eines meiner TA-Seminare faßt in einem Bericht TA-Theorie und eigene Erfahrungen anschaulich zusammen. Hier einige Ausschnitte:

...Die TA geht davon aus, daß jeder Mensch sehr unterschiedliche Persönlichkeitsanteile besitzt – Ich-Zustände genannt –, die sich in bestimmtem Verhalten, Denken und Tun ausdrücken: Wir alle haben ein Eltern-Ich (EI), ein Erwachsenen-Ich (Er) und ein Kindheits-Ich (K), wobei im EI zusätzlich zwischen fürsorglichem, nährendem (nEI) und kritischem (kEI) und im K zwischen freiem, natürlichem (fK), angepaßtem (aK) und rebellischem (rK) unterschieden wird. In diesen Ich-Zuständen können wir sehr schnell hin- und herwechseln, z. B. im Fußballstadion, wo wir in einem Moment himmelhoch jauchzen und im nächsten zu Tode betrübt sind (K), Spieler oder Trainer beschimpfen bzw. gute Ratschläge zur Hand haben (EI) oder auf den Fahrplan sehen, mit welchem Bus wir nach Hause fahren (Er).
Jeder Ich-Zustand hat charakteristische Eigenschaften und einen entsprechenden Wortschatz, wodurch wir sie mit einiger Übung schnell erkennen können. Die folgende Abbildung gibt eine Übersicht. Die Kom-

---

1 Zundel, E.: Kampf um Liebe und Anerkennung, in: Die Zeit, Nr. 6, S. 45, 1972.
2 Bichlmeyer,H.: Erfahrungsbericht über das Transaktionsanalyse-Seminar vom 22.-27. Juni 1984.

Strukturdiagramm der Ich-Zustände

Werte, Normen, Einstellungen, Wahrnehmungs- und Verhaltensweisen, die von den Eltern übernommen wurden („wie man's macht")	kEl nEl	**KRITISCHES ELTERN-ICH** kritisierend, kontrollierend, bestrafend, abwertend **FÜRSORGLICHES ELTERN-ICH** schützt, hilft, tröstet, pflegt, umsorgt
Erfaßt die Realität rational, Vermittler und Schiedsrichter zwischen El und K	Er	**ERWACHSENEN-ICH** sammelt und analysiert emotionslos Daten, schätzt Wahrscheinlichkeiten, sucht Alternativen, entscheidet rational
	fK	**FREIES KINDHEITS-ICH** reagiert spontan und impulsiv, Sitz aller natürlichen Gefühle
Sitz aller Wünsche, Bedürfnisse und Gefühle	aK	**ANGEPASSTES KINDHEITS-ICH** verhält sich so, wie es glaubt, daß andere es wollen, Sitz aller erlernten Gefühle
	rK	**REBELLISCHES KINDHEITS-ICH** (kleiner Professor) intuitiv, kreativ, pfiffig, manipulativ

Erkennungsmerkmale der Ich-Zustände

	kEl	nEl	Er	fK	aK
WORTE	schlecht sollte hätte muß immer lächerlich	gut hübsch ich liebe Dich reizend großartig zärtlich	richtig wie was praktisch Menge warum	toll Spaß will Aua Hallo will nicht	kann nicht wünschen versuchen bitte danke hoffen
STIMME	kritisch herablassend verärgert	liebevoll tröstend besorgt	gleichbleibend	frei laut lebendig	weinerlich trotzig besänftigend
GESTIK	mit dem Finger deuten Stirnrunzeln ärgerlich	mit offenen Armen akzeptieren lächelnd	nachdenklich aufgeweckt offen	ungehemmt locker spontan	schmollend traurig unschuldig
EINSTELLUNG	beurteilend moralisierend autoritär	verständnisvoll fürsorglich gebend	aufrecht Abwägen von Falten	neugierig veränderlich liebt Spaß	fordernd nachgiebig beschämt

Nach Brown, M./Wollams, S./Huige, K.: „Abriß der Transaktionsanalyse", Frankfurt 1983, S. 19.

Komplementäre Transaktion

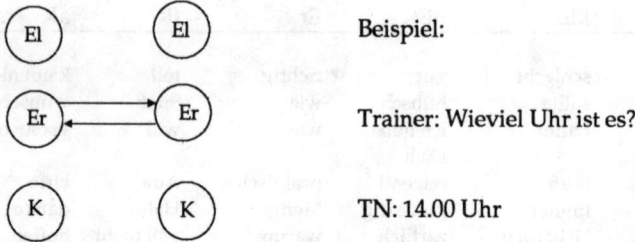

Beispiel:

Trainer: Wieviel Uhr ist es?

TN: 14.00 Uhr

Die Antwort kommt aus dem angesprochenen Ich-Zustand an den des Senders zurück.

Gekreuzte Transaktion

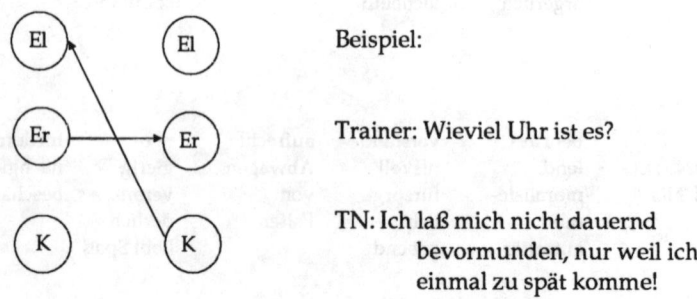

Beispiel:

Trainer: Wieviel Uhr ist es?

TN: Ich laß mich nicht dauernd bevormunden, nur weil ich einmal zu spät komme!

Die Antwort kommt nicht aus dem angesprochenen Ich-Zustand; die Kreuzung führt in der Regel zu Konflikten.

Verdeckte Transaktion

Beispiel:
soziale Ebene:

Sie: Darf ich Sie zu einer Tasse
Kaffee einladen?

Er: Ich bin einverstanden!

psychologische Ebene:

Sie: Du gefällst mir.
Er: Du gefällst mir auch.

Anguläre Transaktion

Beispiel:
soziale Ebene:

Verkäufer: Das ist unser Topmodell,
das kann sich nicht jeder leisten.

Kunde: Das nehme ich.

psychologische Ebene:

Verkäufer: Mal sehen, ob Du anbeißt.
Kunde: Dir werd ich's zeigen!

Hier wird auf der psychologischen Ebene ein anderer Ich-Zustand angesprochen als auf der sozialen, wobei die psychologische Ebene die maßgebliche ist.

33

munikation, die wir aus unseren drei Ich-Zuständen heraus führen, kann auf diese Weise sehr wirksam aufgegliedert und untersucht werden.

Nun teilen wir uns erstmals in zwei Gruppen, um das Gehörte und Gesehene gleich mit Rollenspielen in die Praxis umzusetzen. „Herr Maier kommt zu spät" heißt die erste Übung, und wir können „live" erleben, wie wir aus verschiedenen Ich-Zuständen (re)agieren und – mindestens genauso interessant – wie wir unser Gegenüber gezielt in einem bestimmten Ich-Zustand ansprechen können.

Diese Erfahrungen vertiefen wir nach dem Abendessen vor der Video-Kamera. Fünf Stühle, die geschilderten Ich-Zustände repräsentierend, standen bereit, und wer wollte, konnte von jedem Stuhl zu sich selbst in die Kamera sprechen. An den Reaktionen einiger Teilnehmer konnte ich ablesen, daß es ihnen vermutlich ähnlich erging wie mir. Ich hatte zunächst Hemmungen, mich zu repräsentieren und zeigte erst mal vornehme Zurückhaltung. Doch ich wollte es auch wissen. Und die Auswertung danach brachte tatsächlich Erstaunliches für mich. Daß mir kEI und aK gut vertraut sind, wußte ich bereits, aber daß mein Er, auf das ich so stolz bin, manchmal von meinem EI überlagert (getrübt) wird – natürlich ohne daß ich es selbst bemerke –, das gab mir doch zu denken, ganz zu schweigen von meinem verkümmerten fK.

Dienstag:
Durch die gestrigen Erkenntnisse waren wir in der Lage, unser individuelles Egogramm zu zeichnen. Dies brachte uns gleich Aufschluß über das nächste Thema: Symbiosen.

Viele von uns (ich nicht ausgeschlossen) neigen dazu, sich mit Hilfe ihrer inneren Antenne Partner zu suchen, deren stark und schwach ausgeprägte Ich-Zustände sich komplementär ergänzen. Ein stark technisch orientierter Ehemann mit unterdrücktem K „leiht" sich etwa das K oder/und das nEI seiner Frau (und natürlich umgekehrt die Frau sein stark ausgeprägtes Er), um eine „ganze Person" zu sein.

Ich bemerke recht schnell, wie ich bei einigen Teilnehmern des Seminars dazu tendiere, Symbiosen aufzubauen. Ist auch recht praktisch und angenehm, die Probleme anderer zu lösen und dafür Anerkennung zu bekommen (und sich dabei als der „Klügere" zu fühlen) oder sich hilflos zu stellen, um einen „Retter" zu aktivieren. Daß dies jedoch nur durch Passivität (ja nichts verändern, immer schön beim Vertrauten bleiben) und Abwertung (meiner Person und Fähigkeiten oder der anderen), d. h. letztlich auf Kosten aller Beteiligten, auf Kosten der eigenen Weiterentwicklung und Autonomie geht, das ist die Seite, die wir dabei allzugerne beiseite schieben wollen. In der TA-Sprache ausgedrückt: mindestens einer der Beteiligten ist „Nicht-O.K.". Ein Gewinner dagegen ist der,

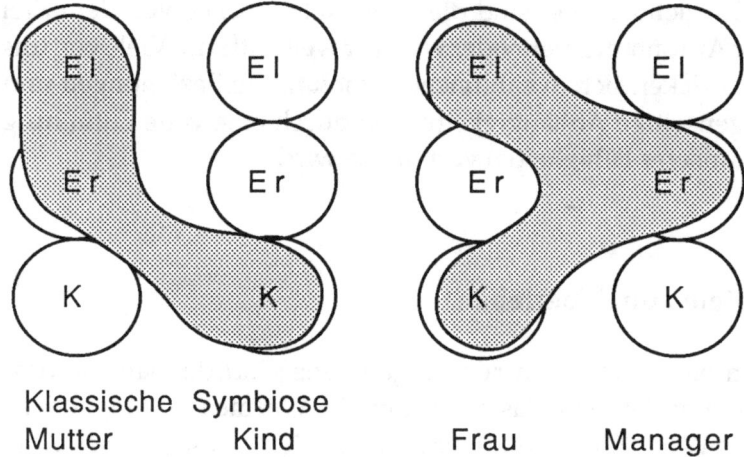

Klassische Symbiose
Mutter   Kind   Frau   Manager

Symbioseformen

welcher alle Ich-Zustände besetzen und aktivieren kann, der sich und andere als O.K. betrachtet. Damit ist auch schon eine wichtige Voraussetzung genannt, Symbiosen zu vermeiden.

Wie und wie oft wir uns selbst und andere abwerten, das erkannten wir bei einer gespielten Diskussionsrunde am Nachmittag, wobei eine Gruppe als Beobachter fungierte, die andere als Diskussionsteilnehmer und umgekehrt. Das Ergebnis war, mit meinen Worten, fatal. Es wurde unterbrochen, gestört, Probleme wurden heruntergespielt, Gefühle abgewertet, Vermutungen unterstellt, es wurde über jemanden geredet, obwohl dieser danebensaß, oder auch minutenlang zaghaft die Hand gehoben hatte, um sich zu Wort zu melden. Kurz: Verhaltensweisen, die wir alltäglich praktizieren, die jedoch erst bei gezielter Beobachtung schockierend waren, was nicht ohne Wirkung für mich blieb: Ich beschloß, zukünftig bewußter auf mein Verhalten zu achten.

Als Kinder sind wir auf die Symbiose mit den Eltern angewiesen, aber es ist gleichzeitig die Aufgabe der Eltern, das Kind Schritt für Schritt aus dieser Symbiose zu entlassen, damit es schließlich mit dem Erwachsenwerden die volle Verantwortung für das eigene Tun und Handeln übernehmen kann. Ähnlich ist es die Aufgabe eines Teamleiters oder Trainers, die Verantwortung an die Betroffenen zu delegieren.

Tatsächlich aber sind die meisten Menschen von dem Ziel der Autonomie mehr oder weniger weit entfernt. Viele von uns verstricken sich in zahlreiche symbiotische Beziehungen und gegenseitige Abhängigkeiten, wodurch eine volle Entfaltung all unserer Fähigkeiten verhindert wird.

Spiele zum Überleben

Symbiose bedeutet für das ungeborene Kind, das Baby und das Kleinkind vorerst Passivität, Schutz, Wärme und Möglichkeit zum Wachsen. Instinktmäßig stehen dem neugeborenen Kind eine Reihe von Verhaltensmöglichkeiten zur Verfügung, die zunächst ganz unmittelbar dem eigenen Überleben, der eigenen Sicherheit dienen. Darüber hinaus werden Verhalten und Gefühle durch Ver- und Gebote der Eltern beeinflußt. Das Kind entscheidet sich bewußt und unbewußt für eine seiner Situation gemäßen Verhaltenssequenz.[1] Verhaltens- und Gefühlsmuster verfestigen sich und werden als Thema mit Variationen immer wieder reproduziert.

Das Kind wächst in das Jugend- und Erwachsenenalter hinein. Hat es nicht genügend Möglichkeiten, auch emotional zu lernen, d. h. immer wieder zu überprüfen, ob all die als Kind aktivierten Gefühle und die daraus entwickelten Entscheidungen und Strategien noch angebracht sind, agiert es auch als körperlich längst Erwachsener emotional noch als Kind. Aus ursprünglich lebensnotwendigem Verhalten entstehen sogenannte psychologische Spiele, die auf dem als Kleinkind erlernten Rollenverhalten beruhen.

---

1 Vgl. Rosenkranz, H.: Soziale Betriebsorganisation, München 1973, S. 85. Das Werden der Person kann als eine Folge von halbbewußten Verhaltensentscheidungen aufgefaßt werden, die einesteils durch funktionale Faktoren wie auch intentional durch Eltern- und Lehrerentscheidungen beeinflußt werden.

In der transaktionsanalytischen Spielanalyse wird nach drei Rollenstrategien differenziert, die dazu dienen, die Symbiose zu erhalten. So weigern sich sogenannte „Opfer" durch Selbstabwertung, ihre Aufgaben zu erfüllen, um die Bequemlichkeit der Symbiose zu genießen. „Retter" agieren nach dem Motto: „Wenn ich tue, was du erwartest, tust du, was ich will."[1] Der „Verfolger" manipuliert durch: „Wenn ich dich genügend bedrohe, tust du, was ich will."

Psychologische Spiele sind an dem überraschenden Wechsel von einer Rolle in die andere zu erkennen. Sie werden gespielt, um Streicheleinheiten zu bekommen. Meist sind negative Streicheleinheiten das Ergebnis. Spiele können aber auch „Ich bin O.K., du bist O.K." ausgehen. Sobald von einer Nicht-O.K.-Position aus agiert wird, oder der andere in eine Nicht-O.K.-Position manipuliert wird, ist ein negativer emotionaler Gewinn zu erwarten, der letztlich alle daran Beteiligten unzufrieden läßt. Überwiegend gehen Spiele negativ aus. Trotzdem werden sie gespielt, da es immer noch besser ist, negative Streicheleinheiten zu erhalten als ignoriert zu werden.

Psychologische Spiele lassen sich nach den in ihnen dominierenden Rollen beschreiben:

Opfer-Spiele

Die Spieler sammeln Nicht-O.K.-Gefühle wie z. B. Minderwertigkeitsgefühle, depressive Gefühle, Gefühle des Ängstlichseins. Durch ihr Verhalten, ihren Gesichtsausdruck und ihre Worte laden sie andere dazu ein, sie in dieser Nicht-O.K.-Position zu bestärken. Nach einiger Zeit wird es ihnen zu dumm, getreten zu werden und sie wechseln in die Verfolger-Rolle.

---

1   Holloway W.H.: Transaktionsanalyse: Eine integrative Sicht, in: Barnes G. et.al., Transaktionsanalyse seit Eric Berne, Bd. 2, S.65 f.

„Tu mir etwas an" oder *„schlag mich"* oder *„mach mich fer-tig"* *(„kick me")*.

Durch sein Verhalten, z. B. durch dumme Fragen, durch ein wehleidiges Gesicht („Ohrfeigengesicht"), sendet das Opfer die Botschaft an andere: „Schlag mich, tu mir etwas Schlechtes an, lache über mich!" Leute, die z. B. „Jetzt habe ich dich endlich, du Schweinehund!" (Jehides) spielen, lassen sich in so einem Fall nicht lange lumpen und kommen seiner Aufforde-rung nach.

Diese Aufforderung erfolgt häufig über Körpersprache und ist dem Opfer meist nicht bewußt. Wenn der Opfer-Spieler es leid ist, dauernd Schläge einzustecken, geht er zuweilen in die Verfolger-Rolle. Wenn ihm die Rolle nicht liegt, wird er wieder in das Opfer zurückgedrängt. Seine Reaktion ist: „Siehst du, so gehts mir immer!" oder „Warum muß das immer mir passie-ren?"

Durch negative Phantasien wird der Mißerfolg vorprogram-miert. Letztlich wundert sich das Opfer auch gar nicht mehr, daß der erwartete Effekt eintritt. Das Spiel hat zusammen mit dem Ersatzgefühl Depression oder Minderwertigkeit die ku-mulativen Effekte eines Teufelskreises.

„Holzbein"

„Holzbein"-Spieler suchen eine Entschuldigung dafür, daß sie eine Arbeit nicht tun können. Sie sagen: „Für jemanden, der ein Holzbein hat, ist es unmöglich, diese Arbeit zu tun." Auf diese Weise werden Kollegen ausgebeutet. Häufig wird das Holzbein auch benützt, um etwaigem Mißerfolg vorzubeugen. „Man konnte doch nicht erwarten, daß ich diese Stelle bekom-me, da ich ja dieses Holzbein, diesen Dialekt, diese Verletzung, diese Nationalität, dieses Alter oder anderes habe."

„Überlastet"

Unter Managern ist das Spiel „Überlastet" beliebt. Der Spieler übernimmt freiwillig zu viel Arbeit. Meist arbeitet er auch noch zu Hause. Nach einiger Zeit bricht er zusammen, da er überlastet ist, und bekommt häufig ein Magengeschwür oder einen Herzinfarkt.

Der „Überlastet"-Spieler hat nicht gelernt, „nein" zu sagen. Er kann nicht delegieren und hat wenig Vertrauen in andere, die ihm dann auch kein Vertrauen geben.

„Blöd"

Wird oft von Leuten gespielt, die sich Dinge vier-, fünfmal erklären lassen, obwohl sie sie schon verstanden haben. Manchmal haben sie nicht die Erlaubnis, den Kopf und ihre eigene Intelligenz zu gebrauchen. Sie suchen negative Streicheleinheiten von anderen, besonders von Rettern, die sich gerne ausbeuten lassen. Manchmal gehen sie nach einiger Zeit in die Verfolgerrolle, um anderen zu beweisen, daß auch sie blöd sind.

„Blöd" ist ein Spiel, das mit „Kick me" Ähnlichkeit hat. „Blöd"-Spieler erhalten oft krummes Streicheln wie z. B.: „Du bist nicht blöd, du blöder Kerl!"

„Schlehmil"

Der „Schlehmil"-Spieler macht viele Dinge falsch. Er möchte, im Gegensatz zu dem „Blöd"- oder dem „Kick me"-Spieler, nicht geschlagen werden. Sein Gewinn ist der Versuch, Verzeihung zu bekommen. Er erreicht sie, indem er in die Rolle des Opfers geht, sich selbst bemitleidet und herabsetzt. Nicht die erwartete Verzeihung zu geben hilft, diese Spiele zu stoppen.

Opfer – Verfolger – Spiele
(Beschuldigungsspiele):

Der Spieler beschuldigt jemand anderen für eine Sache, die er zu vertreten hat. Das Spiel dient tatsächlich aber zur Bestätigung der „Ich bin nicht O.K."-Position. Anzeichen der Selbstgerechtigkeit und Tugend werden vordergründig gezeigt, dahinter steht letztlich die Angst um das eigene Image.

„Schau, wozu du mich gebracht hast"

Der Spieler macht einen Fehler und beschuldigt dann eine andere Person dafür. Beispiel: Jemand fällt dauernd beim Skifahren (oder er läßt sich fallen) und beschuldigt dann den Begleiter, eine so schwere Abfahrt ausgesucht zu haben. Deshalb wäre der Begleiter auch für die Folgen verantwortlich. Das ist ein Spiel ersten Grades. Ist der Spieler mit dem emotionalen Gewinn nicht zufrieden, bricht er sich eventuell noch ein Bein, nur um dem anderen zu zeigen, was er Böses angestellt hat (Spiel zweiten Grades). Bei einem Spiel dritten Grades kommt es z. B. zur Scheidung eines Paares, zu Totschlag o. ä. Der Spieler sammelt ärgerliche Gefühle über andere und Gefühle der Minderwertigkeit über sich selbst.

„Wenn du nicht wärst"

Der Spieler ist unzufrieden mit sich selbst. Seine Phrase ist: „Ich habe verzichtet, damit du studieren, essen, usw. kannst." Z. B. die Hausfrau, die ihr Studium abgebrochen hat, um Kinder aufzuziehen, es aber die Kinder und andere merken läßt. Ein anderes Beispiel: Jemand verzichtet auf ein Vergnügen, um zu Hause auf jemanden zu warten, der ärgerlicherweise nicht kommt. Durch die dargestellte Leidensmiene wird dem anderen Schuld aufgebürdet. Verfolger getarnt als Retter und Opfer.

Verfolger – Spiele:

Sie verstärken die Grundposition „du bist nicht O.K.". Sie bestätigen Gefühle von Zorn, Ärger, Aggression.

„Makel"

Ein Chef oder ein Lehrer findet nur Fehler in der Arbeit des Angestellten oder des Schülers. Oft sind es nur Kleinigkeiten. Die Kritik dient dazu, anderen zu beweisen, wie minderwertig sie sind.

„Zwickmühle"

Der „Zwickmühle"-Spieler versteht es, die andere Person so in die Enge zu treiben, daß ihr keine Chance bleibt, was immer sie auch tut.

„Jetzt habe ich dich endlich, du Schweinehund" (Jehides)

Der Spieler arrangiert eine Situation, in der der andere Fehler machen kann, ja muß. Um den anderen zu ködern, nimmt er eine Opfer- oder Retterrolle an. Wenn der andere in die Falle tappt, schlägt er als Verfolger zu. Berechtigungsscheine für Aggression und Ärger werden gesammelt. Am Ende wird befriedigt festgestellt: „Ich habe ja gleich gewußt, daß du ein ... bist."

Eine andere Funktion dieses Spieles ist die Aufrechterhaltung von Vorurteilen. Das komplementäre Spiel zu „Jehides" ist „Kick me", was soviel bedeutet wie „Tritt mich". Jeder erhält den emotionalen, negativen Gewinn, den er bevorzugt. Wenn komplementäre Spieler aufeinandertreffen, entsteht eine Form der Haßliebe.

In manchen Ehen wird dies zur Symbiose. Der Grund für die Fortsetzung solch qualvoller Beziehungen ist die Angst, kein, auch kein negatives Streicheln mehr zu erhalten. Entweder wird die Beziehung aufgegeben oder härter gespielt, bis es zur Katastrophe kommt.

„Tumult"

In diesem Spiel sind die Ansätze mehrerer anderer Spiele erkennbar. Es wird Kritik geäußert, der Kritisierte verteidigt sich, vielleicht mit „ja aber" und geht nach einiger Zeit zur Gegenattacke über. Je nachdem, wie der andere Spieler veranlagt ist, kommt es zu „haust du meine Tante, hau ich deine Tante", sofern er mehr zu einer Verfolger-Position neigt. Bevorzugt er die Opfer-Position, so gibt er nach viel Lärm mit Weinen auf oder resigniert mit: „Ich kann ja doch nichts recht machen."

„Hilfe! Vergewaltigung!"

Der Spieler oder die Spielerin geben Botschaften über Körpersprache, Kleidung oder durch Andeutungen, daß sie bereit sind, sexuell oder anders auf andere einzugehen. Greift der andere nun zu und möchte die evidente Einladung annehmen, wird überraschend gegenreagiert: „So hab ich das gar nicht gemeint!", „April, April!" oder wenn es härter wird „Hilfe, Vergewaltigung!". Ein bekannter schrulliger Künstler trifft in der Straßenbahn einen Schulkollegen, den er Jahre nicht mehr gesehen hat und lädt ihn zu sich nach Hause ein. Als dieser nun tatsächlich nach einigen Tagen auftaucht, will der andere nichts mehr von der Einladung wissen. In manchen Ländern ist dieses Spiel ritualisiert. Nicht ernstgemeinte Einladungen werden gegeben. Als Zumutung wird empfunden, wenn sie angenommen werden.

„Psycho"

Wird von Amateuren wie auch von Profis bei der Erforschung und Interpretation psychischer Schwierigkeiten von anderen gespielt. Der Psycho-Spieler geht davon aus, daß er über das Seelenleben des anderen mehr weiß als dieser selbst und daß dieser sich doch gefälligst nach seinen weisen Ratschlägen verhalten solle. Ansonsten wäre er ganz einfach selber daran Schuld, wenn sich sein Seelenleben in falscher Richtung entwickelt. Möglichkeiten, „Psycho-Spiele" abzubrechen, sind die Verantwortung für die eigenen Probleme und das eigene Verhalten zu übernehmen und das auch zu zeigen.

„Ja, aber"

Dieses Spiel kann täglich im Klassenzimmer, im Seminarraum, am Beratungsschalter usw. beobachtet werden. Ratschläge werden erbeten und gegeben. Sie werden jedoch von der ratsuchenden Person mit einem „Ja, aber ..." so lange abgelehnt, bis beide sich verärgert trennen. „Ja, aber" ist das komplementäre Spiel zu „Psycho".

„Fallensteller"

Eine Falle wird durch eine falsche Versprechung aufgestellt. Manche Organisationen schildern bei Stellenausschreibungen und in Interviews die Position zu gut, was sich danach als halbrichtig herausstellt. Nach einiger Zeit fühlt sich der Eingestellte wie in einer Falle. Je nach Mentalität wird er in der Falle bleiben oder sich befreien, indem er das Unternehmen verläßt. In Organisationen wurde bemerkt, daß dieses Spiel für eine hohe Fluktuationsrate verantwortlich war.

„Gib's dem aber"

Gerüchte und Halbwahrheiten werden weitergegeben in der Hoffnung, daß die Betroffenen in einen schönen Konflikt geraten, den man selbst als scheinheiliger Zuschauer, natürlich unbeteiligt, genießen kann. Ab und zu läuft das Spiel falsch. Die vorgesehenen Konfliktpartner schließen sich zusammen und fallen über den „Brandstifter" her.

Retter – Spiele

Sie verstärken die Grundposition „du bist nicht O.K.". Retter erwarten oftmals Dankbarkeit, die sie aber meistens nicht bekommen, da sie die Nicht-O.K.-Gefühle des anderen bestärken.

„Ich versuche dir nur zu helfen"

Wenn der Retter durch seine Aktionen dem Opfer genügend klargemacht hat, wie minderwertig es ist, beginnt das Opfer aufzubegehren. Die Schlußreaktion des Retters ist: „Ich versuche dir ja nur zu helfen. Wie kannst du es wagen, so undankbar zu sein und von mir nicht gerettet werden zu wollen?"

„Das mache ich schon für dich"

Der Retter ist immer zur Stelle, sofern er nur eine Situation ahnt, in der er seine Hilfe anbieten kann. Das komplementäre Spiel ist „Holzbein" oder „armer Teufel": Jemand stellt sich manchmal absichtlich äußerst ungeschickt oder hilflos an. Das ist für den Retter das Signal, in die Bresche zu springen.

Nach der erledigten Arbeit wechselt er in die Verfolger-Rolle und sagt dem „armen Teufel" einmal ganz deutlich, daß er wirklich ein armer Teufel ist. Läuft die Rettungsaktion schief und gerät er unversehens in die Opfer-Rolle, so kann die Reaktion sein: „Undank ist der Welten Lohn!"

Ablauf psychologischer Spiele

Sie laufen in fünf Phasen ab:

* Das Ködern mit der Suche nach einem Spielpartner.
* Das „Anbeißen" der Spielpartner oder das Eingehen auf den Köder.
* Die kennzeichnende Phase eines Spiels ist der „Trick", nämlich der plötzliche Wechsel der Ich-Zustände und der dramatischen Rollen: Retter, Opfer und Verfolger.
* Die Überraschung auf diesen Wechsel wird in einem Moment der Verwirrung deutlich.
* Einstreichen des emotionalen Gewinns.

Mit allen drei Spielstrategien werden alte, einmal gelernte Gefühle und Verhaltensweisen auf neue, nicht mehr passende Situationen übertragen, Relikte einer in den Kindheitsjahren überlebenswichtigen Symbiose.

Rollenzirkel – Abwertungszirkel – Mißtrauens-Spirale

Haben wir durch die Symbiose früher Schutz und Sicherheit erfahren, so schränken wir uns jetzt selbst ein, aus einer nicht mehr zutreffenden Angst, daß uns Schlechtes passieren könnte. In einem inneren Dialog werden diese Ängste reproduziert; wir halten uns auf diese Weise selbst in einem sich weiter verstärkenden Teufelskreis: „Ich bleibe lieber passiv und zurückhaltend, weil ich Angst habe, daß etwas schiefgehen kann. Es geht schief, weil ich mich zurückhalte und passiv bleibe."

Aus mangelndem Selbstvertrauen entstehen Mißtrauensphantasien. Ein solcher innerer Dialog könnte lauten:

„Ich denke, daß es unmöglich ist, daß du mir vertraust, da ich mir selbst nicht traue."
„Ich traue mir selbst nicht, weil du mir mißtraust."

Gedanken und Gefühle verändern Physiologie und Körpersprache. Andere beobachten diese Veränderungen, interpretieren sie und reagieren darauf. Der selbstabwertende innere Dialog geht in soziale Interaktion über und wird zum Rollenzirkel. Wiederum wird die Symbiose reproduziert:

A: „Ich mißtraue dir, weil ich fürchte, daß du mich nicht magst."

Sich selbst und den anderen abwertende Signale werden durch Körpersprache oder die Melodie der Aussage kommuniziert. Als Gegenreaktion ist dann wahrscheinlich:

B: „Ich mißtraue dir, weil ich von dir abwertende Signale bekomme und schütze mich davor."

A wiederum sieht diese Mißtrauenskundgebung als Bestätigung seiner ersten These und verstärkt sein restriktiv abwertendes Verhalten.

In vornehmlich konkurrenzorientierten Arbeitsgruppen und Organisationen findet sich dann häufig folgende Auswirkung des symbiotischen Rollenzirkels:

A: „Ich bin nicht bereit, voll mit dir zusammenzuarbeiten, weil ich Angst habe, daß du mir vorgezogen wirst und meine Leistung dir zugeschrieben wird."

Als Gegenreaktion ist zu erwarten:

B: „Da ich deine Signale empfange, daß du nicht bereit bist, mit mir vertrauensvoll zusammenzuarbeiten, öffne ich mich nur so weit es unbedingt nötig ist und verwende meine Energie dazu, Punkte zu machen, um dir gegenüber Vorteile herauszuarbeiten und vorgezogen zu werden."

Auf ähnliche Weise zeigt auch das folgende Beispiel von Watzlawick[1], wie ein negativer Verhaltenszirkel entstehen kann:

Er: „ Ich gehe ins Wirtshaus, weil du nörgelst!"
Sie: „Ich nörgele, weil du ins Wirtshaus gehst!"

und so weiter ...

Schematisch könnte eine Mißtrauensspirale etwa folgendermaßen aussehen:

---

1   Watzlawick, P., Beavin J.H., Jackson D.D.: Menschliche Kommunikation, Bern 1972, S. 58.

Mißtrauensspirale
Teufelskreise - Abwertungszirkel

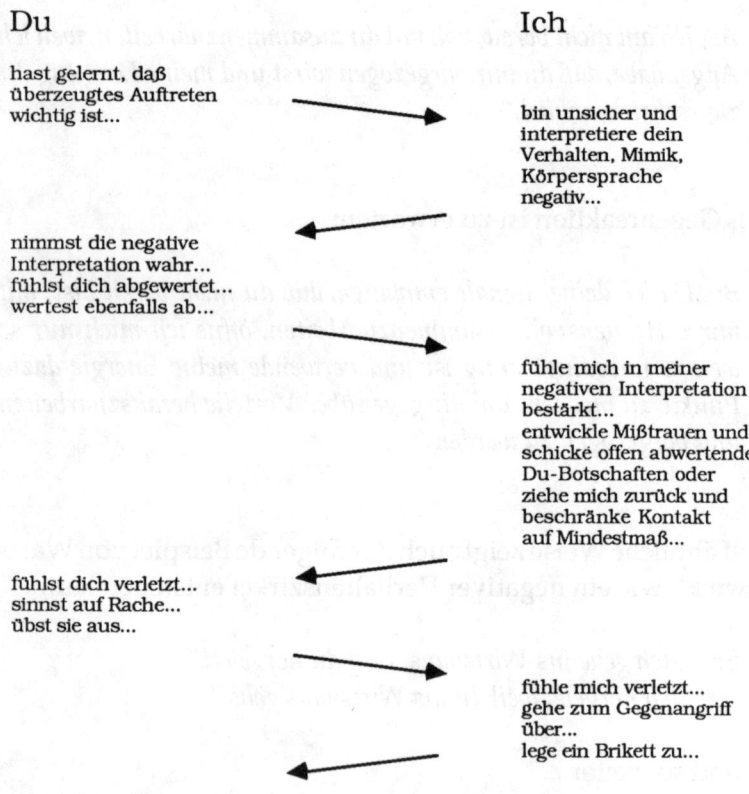

Du

hast gelernt, daß
überzeugtes Auftreten
wichtig ist...

nimmst die negative
Interpretation wahr...
fühlst dich abgewertet...
wertest ebenfalls ab...

fühlst dich verletzt...
sinnst auf Rache...
übst sie aus...

Ich

bin unsicher und
interpretiere dein
Verhalten, Mimik,
Körpersprache
negativ...

fühle mich in meiner
negativen Interpretation
bestärkt...
entwickle Mißtrauen und
schicke offen abwertende
Du-Botschaften oder
ziehe mich zurück und
beschränke Kontakt
auf Mindestmaß...

fühle mich verletzt...
gehe zum Gegenangriff
über...
lege ein Brikett zu...

wir spielen: "haust du meine Tante - hau ich deine Tante" -
bis zur Eskalation oder bis wir den Konflikt O.K. - O.K. zu
bearbeiten lernen.

Beispiele, wie sich Mißtrauensspiralen in der Gruppe entwik-keln, finden sich in Erfahrungsberichten[1]:

1 Ostwinkel, G.: Erfahrungsbericht über das Gruppendynamik-Seminar vom 04.-
09. Okt. 1987 in Oberammergau.

48

...Jetzt kann ich Rolf fragen, warum ich ihm fremd bin. Er kann mit mir nichts anfangen, findet mich weder positiv noch negativ. „Du bist neutral" sagt er. „Neutral?!" Fassungslos blicke ich ihn an und denke: „Wie kann ein Mensch neutral sein? Ich sitze hier gut sichtbar, rede und bewege mich, zeige Gefühle und du tust so, als ob ich nicht leben würde. Geh in deine Wüste! Dort ist Neutralität, da gibt es keine Menschen". Ich habe den Eindruck, daß Klaus mir gern sagen würde, warum er mir eine grüne Fremdkarte und eine gelbe Störkarte gegeben hat, aber ich habe keine Lust, ihn zu fragen. Soll er es sagen, wenn er will – oder weiterschmoren! Manfred versteht nicht, warum ich ihm die Störkarte gegeben habe. „Zwischen uns ist doch nichts gewesen", sagt er, „bis auf das kleine Wortgefecht, gestern oder wann das war." „Mich hat das sehr gestört" erwidere ich, „ich hatte das Gefühl, daß du mich mundtot machen wolltest. Auch anderen gegenüber habe ich dich als sehr ungeduldig empfunden". Sieht er jetzt ein wenig nachdenklich aus?

In der Mittagspause fahren wir nach Ettal, zurück wollen wir zu Fuß. Klaus, Ludwig, Kurt, Franz und Manfred sind nicht dabei. Von stillem Klosterleben ist hier nichts zu spüren. Touristenrummel, Andenkenläden und Klosterlikör an jeder Ecke. Auf dem Rückweg löst sich die Gruppe nach und nach in Grüppchen auf. Rosi und ich sind die Schlußlichter. Sie erzählt mir von sich, das Gespräch bringt uns näher. Sie fragt mich, ob Stefan immer so still sei, wie hier in der Gruppe. „Nein", sage ich, „sonst kann er schon sein Wort machen. Aber Stefan ist unter fremden Menschen anfangs immer sehr zurückhaltend."

Zurück im Hotel. Ich sitze in meinem Zimmer auf der Bettkante und bin in Gedanken schon wieder in der Gruppe. Ich boxe in die Luft, um mir für weitere Auseinandersetzungen Mut zu machen. Aber kann man so den Ernstfall proben?

Wir reden weiter über unsere Karten. Rolf hat das Bedürfnis, mir zu erklären, daß er „neutral" nicht negativ gemeint hat: „Es ist nicht so, daß ich es schlecht finde, was du sagst. Im Gegenteil, du sagst eigentlich immer im richtigen Moment das Richtige, das meine ich mit „neutral". Verstehst du mich?" „Nein", antworte ich und warte gespannt darauf, was er jetzt noch aus seinem Koffer holen wird. Er läuft zum Flipchart und zeichnet eine Skala auf, die von -3 bis +3 reicht. „Du bist hier, im Bereich von 0". Ich amüsiere mich darüber, wie er sich abstrampelt und sich selbst neu definiert. Er fragt erneut: „Hast du verstanden?" „Nein", behaupte ich, weil es mir Spaß macht, ihn zappeln zu lassen. Und so ganz verstehe ich wirklich nicht, warum er versucht, mir auf einmal etwas Positives zu sagen. Aber das ist kein intellektuelles Problem in bezug auf seine Worte und seine Skala. „Schluß jetzt, Rolf", fordern einige, „du kannst hier nicht einfach neue Maßstäbe für die Karten festlegen".

und [1]:

> ...Mit den negativen Karten gings los: Erich kam auf mich zu und brachte zum Ausdruck, daß er sich gestern abend, als ich ihn in die Ecke des Anpasser-Typs und als typisches Beispiel hinstellte, sehr abgewertet gefühlt hatte. Zumal der Begriff für ihn, so wie ich ihn gebraucht habe, nur negativ zum Ausdruck kam. „Habe ich mir sofort gedacht", schoß es mir durch den Kopf, als Erich auf mich zukam. Da kommt eine Gegenreaktion, zumal ich Erich in der gestrigen Stimmung wirklich mehr als abwertend in diese Rolle gedrängt habe.
>
> Die 2. negative Karte gab ich Erich wegen seines langen Plädoyers am Vortag, hinsichtlich des Anpassertyps. Ich fühlte mich dabei gut, ehrliche Gefühle und Ärger rauszulassen.

Auch die Beziehungen von Gruppen, Organisationen, Volksgruppen, Nationen und ganzen Kulturen folgen diesem Schema der gegenseitigen Abwertung und Mißtrauenspotenzierung. Antreiber in diesem Prozeß sind gewöhnlich Botschaften, die wir von unseren wohlmeinenden Eltern aus der Kindheit übernommen haben.

> Wie absurd sich solche Mißtrauenszirkel gestalten können, erleben wir täglich. Hier ein Beispiel mit zwei Vorständen einer Bank: Der Vorsitzende hatte das Bedürfnis, der Beste zu sein. Sein Kollege respektierte dies und versuchte auf perfekte Weise, es seinem Vorsitzenden recht zu machen. Dieser legte den Perfektionismus als konkurrierendes Verhalten aus und schickte ihm mißtrauische, eher abwertende Botschaften. Die wurden wiederum von dem anderen so ausgelegt, als ob er nicht perfekt genug wäre. So verstärkte der seine Anstrengungen ..... Das Verhältnis zwischen beiden wurde immer gespannter, bis sie schließlich darüber zu sprechen und zu lachen lernten.

Die Auswirkungen solcher Mißtrauensspiralen reichen von ignorierender Nichtbeachtung über sich gegenseitig schädigendes und verletzendes Konkurrenzverhalten bis hin zur Katastrophe. All diesem Verhalten liegen Abwertungsstrategien zugrunde. Durch Selbst- oder Fremdabwertung rechtfer-

---

1 Wachowski, M.: Erfahrungsberichtung über das Konfliktmanagement-Seminar vom 07.-12. Februar 1988 in Neustift.

tigen Personen ihre Unfähigkeit oder ihren Unwillen – seien es nun Mitarbeiter oder Führungskräfte, Trainer oder Adressaten, Therapeuten oder Patienten, Eltern oder Kinder –, die volle Verantwortung dafür zu übernehmen, was sie ihrem Entwicklungsstand entsprechend angeht. In übertragenem Sinne verhalten sich Gruppen und Organisationen ähnlich.

Werden in einer Familie, einer Organisation oder einem Seminar auf Grund einer vielleicht falsch verstandenen Arbeitsteilung – z. B. Mann denkt / Frau fühlt, Chef plant / Mitarbeiter führt aus, Trainer weiß / Teilnehmer lernen – Symbiosen reaktiviert und erhalten, dann werden potentiell vorhandene Anlagen ignoriert, nicht entwickelt und dementsprechend auch nicht genützt. Das soziale System reduziert sich auf Bruchteile seiner Möglichkeiten. Und so hindern sich Personen, Familien, Gruppen und Organisationen daran, ihr gesamtes Potential zu entfalten.

Der Ursprung sozialen Verhaltens in Gruppen und Organisationen

Es ist nicht nur eine philosophische Frage, woher der Mensch kommt, wodurch er geprägt, wie frei und gebunden er von Zeugung an ist. Auch für verschiedene Wissenschaften und Lehren vom Menschen ist dies ein zentrales Thema.

Von der Symbiose zur Familie

Die ersten Sozialerfahrungen geschehen im Mutterleib. Die Verbindung Fötus – Mutter ist die ursprüngliche Form der Symbiose. Aus dieser natürlichen Einheit erfolgt eine schrittweise Trennung bis hin zur Selbständigkeit.

Über Nabelschnur und Telepathie sind Mutter und Kind verbunden. Die ersten neun Monate im Mutterleib sind bereits prägend. In der Symbiose mit der Mutter erlebt das werdende Kind Gedanken und Gefühle der Mutter körperlich und telephatisch mit. Diese überlebensnotwendige Symbiose setzt sich für einige Jahre nach der Geburt noch fort. Gleichsam borgen die Eltern dem vorerst noch hilflosen Kind Fähigkeiten, bis dieses so weit ist, für sich selbst zu sorgen.

Die frühen Erfahrungen im Mutterleib und später dann in der Familie oder der Ersatzinstitution, in der das Kind heranwächst, bestimmen entscheidend das spätere Sozialverhalten. Nicht nur das bloße Überleben allein, sondern auch physische, emotionelle und geistige Gesundheit des Säuglings und des Kindes hängen von den ersten Sozialkontakten ab. Das Verhalten der Eltern, Geschwister und weiterer Bezugspersonen in der Familie bietet dem heranwachsenden Kind ein Modell für sich selbst. Mit allem, was sie tun oder lassen, senden die Eltern zugleich auch Botschaften an das Kind. Diese bilden die Grundlage für seine Entscheidung, wie man in dieser Welt mit anderen umgeht und am besten überlebt. Wie lebensbestimmend die Qualität der ersten sozialen Kontakte ist, hat René Spitz[1] in seinen Untersuchungen gezeigt.

„Aus den ersten menschlichen Kommunikationserfahrungen im Umgang mit Mutter, Vater und Geschwistern", so sagt Brocher[2], „entstehen letztlich Urvertrauen und Urmißtrauen" mit allen ihren Konsequenzen für die Gesellschaft. Aus den kleinen Gruppen der Familie, der Spielgruppe, der Jugendgruppe wächst das Kind und der Jugendliche nur allmählich und unter Schwierigkeiten in die größeren Ordnungseinheiten des Berufes und Betriebes hinein, da diese meist von abstrakter, formaler und unpersönlicher Natur sind. Beim Eintritt in eine neue Gruppe wiederholen sich unbewußt die in der Familie erlernten sozialen Beziehungen. Brocher fährt fort: „Beim Eintritt in eine neue Gruppe wiederholt sich unbewußt das Modell der frühen Sozialbeziehungen so lange, bis eine befriedigende und angstfreie Kommunikationsmöglichkeit der Gruppenmitglieder untereinander und gegenüber dem Gruppenleiter gefunden ist. Der entscheidende Anteil der Dynamik besteht nun gerade darin, daß sich für jedes Gruppenmitglied in der Kommunikation mit den anderen bestimmte Aspekte ursprünglicher Objektbeziehungen und -erfahrungen wiederholen."[3]

Wenn man die erste Streßsituation beim Eintritt in die Gruppe überwunden und in einem steten Wechsel von Identifizierung, Projektion und Distanzierung eine Rolle übernommen hat, dann wird häufig die Gruppe selbst als „schützende Mutter" aufgefaßt, der Gruppenführer als „Vater", mit dem man sich identifiziert oder zu dem man in Opposition tritt; schließlich werden die Gruppenmitglieder als Geschwister betrachtet, zu denen man Sympathie- oder Aversionsgefühle auf-

1 Spitz R.: Vom Säugling zum Kleinkind , Stuttgart, 7.Aufl. 1983.
2 Brocher T.: Gruppendynamik und Erwachsenenbildung, Braunschweig 1967, S. 31.
3 Brocher, T.: a.a.O.

nimmt und mit denen man konkurriert. Auf diesen Vorgang lassen sich die meisten Motive sozialen Handelns in Gruppen zurückführen, z. B. die widerstreitenden Bedürfnisse des Identitätswunsches und des Unabhängigkeitsstrebens, das Schutzbedürfnis und auch die Angstgefühle der chaotischen Phase.

Wenn das Team als eine Arbeitsfamilie oder, wie bei Weihnachtsreden, der Betrieb als eine große Familie bezeichnet wird, ist damit ein durchaus treffender Vergleich gewählt. Auch wird vom patriarchalischen Führungsstil gesprochen. Wenn nun der Vater mehr die Yang-Seite der Familie repräsentiert, so könnte, wie Gerhard Schwarz[1] einmal bei einem Seminar betonte, die Gruppendynamik insgesamt – mit ihrem Fokus auf die Yin-Seite des Menschen – als das mehr mütterlich-weibliche Element charakterisiert werden.

Besonders intensiv wird der oben geschilderte Prozeß in den Trainingsgruppen eines gruppendynamischen Seminars deutlich. Obwohl die Trainer sich zurückhalten – oder vielleicht gerade auch deswegen – bilden sie für die Gruppe eine Art elterliches Über-Ich. Auf sie oder andere Gruppenteilnehmer werden unerledigte Geschäfte mit den Eltern übertragen, meist unbewußt nachgespielt und in der Gegenwart der Gruppe bearbeitet, wie uns der folgende Seminarbericht schildert[2]:

...Michael[3] – unser Trainer – spinnt behutsam die Fäden. Unvermittelt beginnt Monika, über ihre Probleme zu sprechen. Sie fühlt sich immer kontrolliert, kann ihre Gefühle nicht offen zeigen. Michael fragt nach und langsam beginnt sich aus ihren unbewältigten Gefühlen ein Kern herauszuschälen. Sie spricht über ihren Vater, den sie als herzlos und gefühllos charakterisiert, über allem wachend. Ihre Mutter dagegen würde sie mit Zuneigung überhäufen und durch ihre übertriebene Fürsorge einengen.

---

1   Gerhard Schwarz ist einer der wenigen habilitierten Gruppendynamiker. Seine Veröffentlichungen sind nicht nur fundiert und belegt, sondern auch amüsant zu lesen. Zum Beispiel: Die heilige Ordnung der Männer, Westdeutscher Verlag, Wiesbaden 1985.
2   Hohenadl, R.: Erfahrungsbericht zum Gruppendynamik-Seminar vom 04.-09. Okt. 87 in Oberammergau.
3   Damit ist Michael Dullenkopf gemeint, den ich als Trainer so schätze, daß ich seit Jahren mit ihm zusammenarbeite.

Michael schlägt Monika vor, ihre Situation durch eine Statue (Pyramide) zu verdeutlichen. Personen aus der Gruppe sollen Vater, Mutter, die Zuneigung und den Kontrolleur darstellen. Monika wählt Max als Vater. Diese „Wahl" trifft ihn, hat er doch Angst, genau so ein Vater zu sein – unnahbar und herzlos. Toni soll die Zuneigung sein. Damit das Ausmaß an Kontrolle, unter der Monika leidet, eindrucksvoll dargestellt wird, übernehmen diese Aufgabe zwei Gruppenmitglieder. Als Mutter werde ich ausgesucht. Darüber freue ich mich, weil ich mich mit meinen Gefühlen für Monika und die Situation gut in diese Rolle hineinversetzen kann.

Michael baut uns – die Pyramide – auf. Die Zuneigung stellt er ganz nahe an Monika, die sich in der Mitte befindet. Max, der Vater, sitzt weitab am Fenster und starrt nur geradeaus, weg vom Geschehen. Die Kontrolleure stehen auf einem Stuhl und drücken auf Monika und die Zuneigung. Die Mutter muß vor Monika auf den Boden und ihre Füße umarmen.

Mit mir geschieht etwas Unerwartetes und für mich völlig Neues. Es kommt mir vor, als stünden „meine" Gedanken neben mir und als würde „ich" die Mutter sein und nur noch wie sie fühlen und empfinden.

Michael weist die Kontrolleure an, fester auf Monika zu drücken. Monika und die Zuneigung beginnen zu weichen und zu wanken. In meiner verzweifelten Lage am Boden versuche ich, fernab vom Vater, meiner Tochter Halt zu geben – und werde von ihr ganz impulsiv weggestoßen. Das ist für mich als Mutter eine demütigende und erschreckende Situation.

Im anschließenden „Blitzlicht" drückt jeder seine Empfindungen aus. Während einer nach dem anderen der im Kreis Sitzenden das Wort ergreift, läuft in mir ein Film ab. Deutlich sehe ich die Situationen vor mir, in denen eine Mutter, die ihrer Tochter alle Hilfe und Zuneigung geben will, nicht verstanden wird. Ich spüre die Verzweiflung und die Hilfeschreie der Mutter.

Die Tochter könnte sich und ihrer Mutter helfen, doch hat sie sich dazu von den Eltern noch nicht genügend losgelöst. Sie sieht die Empfindungen ihrer Mutter in einem anderen Licht. Deshalb tritt sie ihr nur ablehnend gegenüber und zeigt ihr das auch.

Als es an mir ist zu sprechen, sind meine Emotionen überstark. Anstatt mit Worten drücke ich meine ganze Verzweiflung durch Tränen aus, die einfach aus mir herausbrechen. Ich kann nur noch stammeln: „Denk an deine Mutter!" Daneben steht nach wie vor mein „Ich", welches diese Vorgänge registriert, nur verwundert ist und nichts mit dieser noch nie dagewesenen Situation anfangen kann. Es wird noch einige Tage dauern, dieses Puzzle der Gefühle (meine eigenen Frustrationen und die empfundene Verzweiflung) zu entwirren.

Aber nicht nur die Eltern und stellvertretend die Trainer, sondern jeder, der Gruppen zu führen hat, ist in solche Prozesse verwickelt, Prozesse, die die Vergangenheit betreffen und die in der Gegenwart evident werden. Gruppenmitglieder, Führungskräfte und Trainer stellen, ob sie wollen oder nicht, füreinander Assoziations- und Projektionsfiguren dar. So wird das Rollenspiel „Vater, Mutter, Kind" in immer neuen Variationen im Betrieb wiederholt. Wenn es bewußt wird, kann mit einem geeigneten Führungs- und Trainingsstil das Aufgeben nicht mehr entwicklungsgemäßer Verhaltensmuster und das Hineinwachsen in neue Rollen, also auch die Entwicklung des einzelnen und der Gruppe gefördert werden. Familie und betriebliche Teams übernehmen die Funktionen einer Rollenerziehung.[1]

Familienrollen – Gruppenrollen – Teamrollen

Viele Aspekte des Rollenverhaltens im Team lassen sich, wie oben gezeigt, aus den frühen Erfahrungen der Ursprungsfamilie erklären. Gleichsam als Erbe wird dieses Verhalten in die Gruppe eingebracht. Das Verhaltensangebot des einzelnen in der Gruppe richtet sich selbstverständlich auch nach dem formalen Mitgliedschaftskontrakt der Stellenbeschreibung. Werden nun Verhaltensweisen öfter wiederholt, so stellen sich die Gruppenmitglieder aufeinander ein. Sie entsprechen gegenseitig ihren Erwartungen.

Einerseits fördert es Kommunikation und Kooperation in der Gruppe, wenn man weiß, woran man mit dem anderen ist. Andererseits führt die Spezialisierung auf Rollen dazu, daß bestimmte Verhaltensweisen nur von einzelnen Rolleninhabern praktiziert und erlernt werden. Potentiell vorhandene Anlagen der anderen kommen dann nicht zur Entfaltung, das

---

1   Rosenkranz H.: a. a. O., S. 124 ff.

Reservoire der Gruppe wird nicht voll entwickelt. Die Gruppe übernimmt gleichsam die Symbiosefunktion der Familie, negativ im Sinne von Flexibilitätshemmung und Aktivitätsrestriktion und positiv zur Sicherheit der Gruppenmitglieder und als Schutzraum für Entwicklung.

Entwicklung und Effizienz eines Teams hängen von dem Rollenverständnis der Mitglieder und den sich daraus ergebenden Interaktionen ab. Als eine der vielen Lernmöglichkeiten in Selbsterfahrungsgruppen ist zu beobachten, wie sich innerhalb von wenigen Stunden und Tagen aus sich wiederholendem Verhalten Erwartungen, Rituale und Rollenzuweisungen bilden, die die Teilnehmer als für sich sehr wichtig erleben.

Die Bezogenheit auf die Rollen des Führers kommt in Schindlers[1] sogenannter soziodynamischer Grundformel zum Ausdruck. Schindler bezeichnet die Position des Führers mit Alpha. Diese Führungsposition hat je nach Art und Situation der Gruppe einen unterschiedlichen Charakter und eine besondere Orientierung. In der Regel teilt sich die Führungsposition in zwei Führungsrollen, die in etwa denen von Vater und Mutter – als einem natürlichen Führungsdual – entsprechen.[2]

Der Führungsdual ist in der Organisation verschiedener Staaten berücksichtigt, z. B. in der Bundesrepublik durch das Führungspaar Bundeskanzler – Bundespräsident, in England durch die Premierministerin und die Königin. Wie hier deutlich wird, sind die Rollen des Führungsduals geschlechtslos. Frauen wie Männer haben sowohl eine „männliche" wie auch „weibliche" Seite. Bundeskanzler bzw. Premierministerin verfolgen als formale Führer die Regierungsgeschäfte; Bundes-

1 Schindler, R.: Grundprinzipien der Psychodynamik in der Gruppe, in: Psyche 9, 308-314 (1957/58).
2 Hofstätter P.R., Tack W.H.: Menschen im Betrieb, Stuttgart 1967, S.65; sowie Hofstätter P.R.: Gruppendynamik, überarb. u. erweiterte Ausgabe, Reinbek bei Hamburg 1986, S.153 ff.

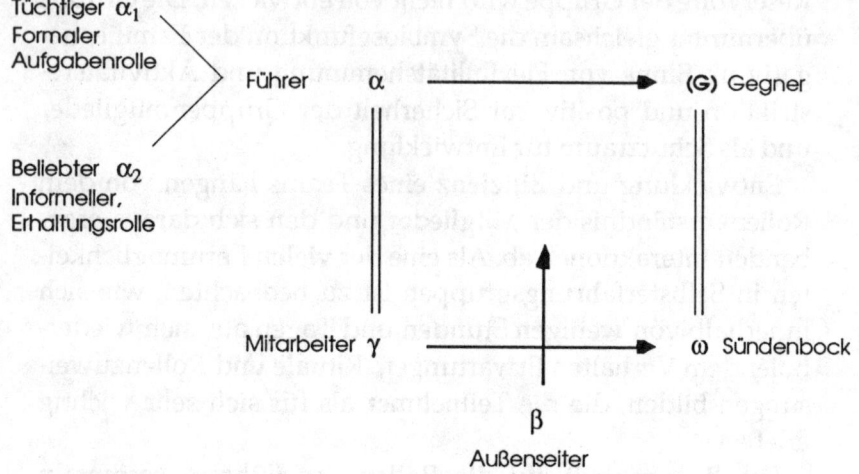

präsident bzw. Königin erfüllen Repräsentationsaufgaben. Auch in Wirtschaftsbetrieben und Schulen finden sich ähnliche Konstellationen, die immer wieder auf die Familienbezogenheit sozialer Gruppierungen hinweisen. Die Bedeutung einer solchen Familienbezogenheit sozialen Verhaltens kommt in den Beziehungen zum Ausdruck, wie sie sich in Gruppen von Organisationen ergeben. Hier ein Beispiel für die organisationsumgreifende Wirkung nacherlebter Familienprozesse.

Die Organisation hat ungefähr 300 Mitarbeiter, einen Aus- und Fortbildungsleiter, der bei mir eine Ausbildung in Gruppendynamik und Organisationsentwicklung gemacht hat, und einen Vorstand von drei Personen. Die drei Vorstände haben in den Jahren vorher an meinem Institut Seminare für Gruppendynamik und Transaktionsanalyse besucht. Ich selbst wurde eingeladen, mit der Organisation zu arbeiten. Als Konzept hatte ich eine sogenannte trainingsorientierte Organisationsentwicklung vorgeschlagen, bei der durch Trainings- und Beratungshilfen für das Individuum, für Teams und die Organisation Hilfen angeboten werden, damit Selbstlernen und Wachsen auf allen Gebieten erreicht wird.

Nach einer Einzelberatung der Vorstandsmitglieder und einer sich daran anschließenden Gruppenberatung, zu der auch Führungskräfte und Mitarbeiter der Organisation hinzugezogen wurden, entschloß man sich auf meine Anregung hin, mit einem dreitägigen Klausurseminar für die Vorstände zu beginnen, in dem sich die Herren nochmals darüber klar werden konnten, ob sie sich auf ein solches Projekt, das ja weitreichende Konsequenzen für die gesamte Organisation haben würde, einlassen wollten. Dieses Seminar beschreibe ich im folgenden ausführlich, da in ihm deutlich wird, daß unerledigte Prozesse und Aufträge aus der Ursprungsfamilie in „späteren Gruppen" nachgearbeitet werden, bis ein für die Betroffenen zufriedenstellender Zustand erreicht ist.

Seminarbeginn ist am Vatertag – ein Zufall? Wir[1] Trainer treffen uns in dem Hotel zusammen mit A, B und C. Wir beginnen mit Kaffeetrinken in der Sonne. Wir lassen langsam das Gespräch übergleiten zu einem ersten Gedankenexperiment: „1991 treffen wir uns wieder hier am Vatertag und erinnern uns." Wir gehen vom Ist-Zustand aus und begleiten die gegenwärtige Situation. „Sie, Herr C, hatten damals 1984 ein blaues Hemd an. Herr A hatte eine gesundheitliche Krise und fühlte sich gar nicht wohl, konnte nur mit Tabletten an dem Seminar teilnehmen... Was hat sich seit damals getan?"

Ich übergehe nun einige Stunden, die wir zur Vorstellung und Zielkonkretisierung verwendeten.

C wird ungeduldig und möchte schon in eine Beziehungsdiskussion einsteigen, da er hierin wohl das zentrale Problem der Gruppe sieht. Wir bremsen aber noch ein wenig, da wir denken, daß es dazu noch zu früh ist und wir noch nicht sicher sind, ob A, der krank ist, das vertragen kann. A zittert und kann nur sehr gehemmt sprechen. Er war vor Jahren bekannt als ein äußerst tüchtiger, eher direktiv kontrollierender Vorsitzender. Sein Perfektionsanspruch ist noch überall in der Organisation zu bemerken. Perfekt zu sein, scheint überhaupt eine wichtige Tugend in dieser Organisation zu sein. Ein Beispiel ist die Vorbereitung des beabsichtigten OE-Projektes. Noch nie habe ich ein so perfekt vorbereitetes Projekt angefangen. Das ist der positive Aspekt. Der negative Aspekt ist, daß sich die Mitarbeiter kontrolliert fühlen, an Eigeninitiative und Motivation verlieren. A war Marathonläufer und ist Workaholiker. Nunmehr ist er durch seine Krankheit stark eingeschränkt und wir bewundern, daß er es überhaupt noch schafft, in diesem Zustand die Organisation zu leiten und

---

1 Zusammen mit Dipl. Psych. Norbert Loth arbeite ich seit Jahren als Team bei Vorstandsklausuren. Norbert ist ein vielgefragter Hypnotherapeut, der viel von Organisationsentwicklung versteht.

an diesem Seminar teilzunehmen. Wir sind uns nicht sicher, ob er in der Lage und bereit ist, sich auf Feedbackprozesse mit seinen beiden Kollegen einzulassen.

C ist zuständig für Personal und der Motor des Projektes. Er nimmt viele Erhaltungsrollen wahr und stellt den Integrationsfaktor für die Vorstandsgruppe und die gesamte Organisation dar. Einerseits hat er Angst, daß das Projekt nicht stattfindet, wenn es nicht in der Vorstandsgruppe zu einer offenen Beziehungsabklärung kommt, andererseits nimmt er die Rolle des Retters einmal für A, aber auch für die gesamte Vorstandsgruppe wahr. Wir bekommen deutliche Botschaften von ihm: „Macht mirs doch recht. Müht euch um uns und erratet, was wir wollen." Auch deutliche Botschaften an A sind vorhanden, aus dem sich ein double bind ergibt: „Beeil dich, gesund zu werden", dann aber wieder: „Da du nicht gesund bist, laß uns für dich machen."

B ist der Organisator und „Rationalisierer" sowohl im positiven als auch im negativen Sinn. Seine Lösung ist, etwas Praktisches zu tun. Die Botschaft an uns ist: „Nun macht mal!". B tendiert dazu, leicht verletzt zu sein. Seine Strategie ist: „Wasch mir den Pelz, aber mach mich nicht naß dabei!". Unsere Strategie ist, die deutlichen Botschaften: „Müh dich um uns!" zu nutzen und umzudeuten. So interveniere ich vor dem Abendessen mit einer Entspannungsübung, lasse sie Kontakt mit ihren Körpern und Organen aufnehmen und helfe ihnen, Liebe, Fürsorge, Vertrauen und Dank dem eigenen Körper gegenüber zu entwickeln. Wir geben immer wieder die Verantworung für das, was sie wollen, an sie zurück.

Nach dem Abendessen steigen sie in Beziehungsklärungen ein über Retter-Opfer-Spiele. Ihr Feedback kommt deutlich aus dem Eltern-Ich, wobei A eher das Opfer ist und sich zurückhält. Die Botschaft von den beiden anderen ist einesteils: „Mach doch Kontakt, insbesondere zu uns, sprich aber nicht zu anderen über deine Krankheit!" Wir begleiten ihre Fürsorgebemühungen und setzen als weitere Intervention: Krankheit als positive Leistung für die Gruppe und die Organisation. Sie soll erst dann aufhören, wenn sie nicht mehr notwendig ist. Als Suggestion: Es gibt keine bewußte Entscheidung, wie lang die Krankheit notwendig wäre. C besteht auf dem „Beeil dich, gesund zu werden". Hier spricht fast eine Drohung unterschwellig mit. Wir entkräften: Es zieht die Krankheit in die Länge, wenn man sich zu sehr beeilt, gesund zu werden. Wir stellen uns die Frage: Welche Funktion erfüllt As Krankheit für das System?

B und C werden ungeduldig. Es kriselt. Wir schlagen ihnen vor, über Nacht ihre Probleme zu träumen.

Freitag: Die Herren haben nicht geträumt. Die Krisenstimmung wird dichter. Sie bitten uns, Verständnis dafür zu haben, daß sie heute abend alleine essen wollen – wir essen gewöhnlich gemeinsam, was die Arbeitszeiten verlängert – um zu beraten, wie es weitergehen soll. B zeigt deutlich seine Unzufriedenheit, daß die Trainer nicht das tun, was er will. Die Botschaft ist unterschwellig: Entweder ihr erratet, was wir wollen und findet eine uns wohlgefällige Lösung oder das Projekt stirbt.

Langsam fangen wir an, uns über diese heimlichen Botschaften zu ärgern. Wir schlagen ein Rollenspiel vor, bei dem wir Trainer die Rolle des Vorstandes übernehmen. Wir bitten sie, aus ihren Einzelsymbolen bei der Plakatvorstellung ein gemeinsames Symbol zu malen, das die Organisation repräsentiert. Wir Trainer beschließen, unseren Ärger zu nützen und kopieren metaphorisch ihre Rolle, ihren Stil und ihre Spiele, um ihnen bewußt zu machen, welche Strategie sie anwenden. Uns macht das Spaß, wir kommen in eine bessere Stimmung und natürlich hoffen wir, daß die Intervention erfolgreich ist. Ostentativ ziehen wir uns zur Beurteilung ihres Bildes zurück und kritisieren anschließend, daß sie nicht unsere Gedanken gelesen und unsere Ziele als Vorstand verwirklicht hätten. Die drei Herren zeigen zuerst Verwunderung und Amusement, danach Betroffenheit.

Bei C fällt der Groschen zuerst, er wird nachdenklich und steckt die anderen an. B bemerkt, daß er vor zwanzig Jahren noch in so einer Situation nach Hause gefahren wäre. Wir gehen nun in die Opferrolle und sagen ihnen, daß wir keine Hoffnung hätten, sie zu überzeugen. In der dichter werdenden Autoritätskrise uns gegenüber decken wir ihr Retterspiel mit A auf. Das ist für sie akzeptabel, da es für sie positiv ist, Retter zu sein. Wir konfrontieren vor allem C, da wir bei ihm am ehesten Einsicht in die durch ihr Retterspiel mit A begründete Symbiose und ihre Auflösung vermuten. In der Tat wird C gegenüber A offener und gibt authentisches Feedback. C drückt seine Verärgerung über As zögernde Haltung zu Organisationentwicklung aus, die er als sein „Kind" und auch als große Chance betrachtet, die gesamte Organisation voranzubringen. C hatte bisher die Mutterrolle; da der Vater A krank ist, übernimmt er zusehends mehr Aufgabenrollen. Natürlich wird damit auch die Autorität des akkreditierten Vaters in Frage gestellt. Insofern bedeutet für C die Krankheit von A auch das Hineinwachsen in die neue Rolle des „Vaters" der Vorstandsgruppe und der gesamten Organisation, da B weniger interessiert zu sein scheint.

Die emotionelle und formale Ablösung von A ist für die beiden Herren zur Zeit kein explizites Thema. Immer wieder betonen B und C ihre Solidarität und auch den Zusammenhalt der Vorstandsgruppe, den zu stärken ja unsere Absicht als Trainer ist.

Nichtsdestoweniger laufen auf einer anderen Ebene Prozesse, wie sie in Familien vorkommen, zum Beispiel die Auseinandersetzung mit der eigenen Autorität im Vergleich mit der Autorität des Vaters.

Unsere Absicht als Trainer ist, Kommunikation durch Feedback auf einer angemessenen Interventionstiefe anzuregen. Sowohl zu wenig wie auch zu viel könnte den Lernprozeß hemmen. Wir sind zufrieden mit dem, was sich nun an Feedback zwischen den drei Personen ergibt. Unser Hauptanliegen ist das bessere Funktionieren des Systems und dies bahnt sich in einer offeneren Kommunikation an. Wir verzichten deshalb darauf, unsere Vermutungen voll aufzudecken, da wir daran zweifeln, daß das die Gruppe in diesem Zustand fördern würde.

Unser nächster Schritt ist, ihre guten Erfahrungen mit Feedback hier in dieser Gruppe als Verständnisbasis zu verwenden, um den Grundgedanken von OE zu erläutern. Die Betroffenen zu beteiligen, setzt voraus, sie nicht nur zu motivieren, sondern sie auch durch Training in die Lage zu versetzen, Verantwortung zu übernehmen und ihre eigenen Probleme zu erkennen und zu lösen. Dies geschieht, indem sie sich ihrer Gefühle bewußt werden und diese über Feedback mitzuteilen lernen. Dieser Grundgedanke liegt nach meiner Interpretation der Familientherapie sowie der Team- und Organisationsentwicklung gleichermaßen zugrunde.

Nach dem Kaffee bieten wir den Teilnehmern Feedbackübungen an. Wir lassen sie erleben, wie sie durch Wahrnehmung und Ausdruck ihrer eigenen Gefühle sich selbst entlasten und anderen eine Lernchance geben können. Sie bekommen eine Ahnung davon, daß durch Feedback ein Stück der individuellen Identität zugunsten eines neuen Wir-Bewußtseins aufgegeben wird. Feedback als Grundprinzip von Organisationsentwicklung wird deutlich. Sie erleben an sich selbst als Individuum, welche heilenden Wirkungen Feedback haben kann, wenn es systemadäquat gegeben wird.

Als nächsten Schritt schlagen wir ihnen die Force-Field-Analysis zusammen mit Rollenverhandlungen vor. Force-Field-Analysis beruht auf Kurt Lewins Feldtheorie. Jede Person stellt den gegenwärtigen Ist-Zustand, die fördernden und die hindernden Kräfte der sozialen Beziehung zu den anderen Personen dar. In der Diskussion finden sie praktische Maßnahmen, um fördernde Kräfte zu verstärken und restriktive abzuschwächen. Die Auswertung nehmen wir in der Gruppe vor. Es kommt zu einer ziemlich klaren und deutlichen, aber nicht verletzenden Beziehungsabklärung.

Ich übergehe nun wieder einige Passagen.

In der Schlußrunde des Seminars äußern sich die Herren zufrieden über das, was sie geleistet haben. Wir fordern sie auf zu beobachten, wie sich ihre neugewonnene Kohäsion auf die übrige Organisation auswirken wird und bitten sie, sich zu überlegen, was sie von ihren Erfahrungen aus diesem Seminar anderen mitteilen wollen. Die Herren sind entschlossen, das Projekt zu beginnen oder auch weiterzuführen. Wir Trainer steigen ins Taxi und schlafen vor Erschöpfung auf dem Weg zum Flugplatz ein.

Im Herbst des Jahres finden Kommunikationstrainings für Führungskräfte und für Mitarbeiter statt. Daran schließen sich Konflikttrainings für Führungskräfte und Mitarbeiter an. Bei den Konflikttrainings nehmen die Vorstände bereits einzeln an den Seminaren der ihnen am nächsten stehenden Gruppen teil. Der Prozeß der Beziehungsabklärung wird nun aus der Familiengruppe des Vorstandes weitergetragen in die Ressorts, denen A, B und C jeweils vorstehen. Die Führungskräfte und die Mitarbeiter haben gemeinsame Seminare, was am Ende des Projekts zu Schwierigkeiten führt. Einige Führungskräfte werden nicht als Delegierte für die Ergebnisveranstaltung ausgewählt. Daraus ergeben sich, wie vorauszusehen war, Identifikationsprobleme einiger mit dem Gesamtprojekt. Die Hauptaktivitäten des Projekts laufen in den nächsten Jahren.

Die Interaktionen der Vorstände spiegeln sich im Stil der gesamten Organisation wider. Deutlich wird, wie Skript und Stil der einzelnen Vorstände Klima und Prozeß ihrer Abteilungen prägen. So ist in Cs Ressort größere Bereitschaft vorhanden, über Beziehungen zu sprechen als in den beiden anderen. Bs Abteilung ist bei einer Veranstaltung des Projekts pikiert, als ihr von den anderen Abteilungen fehlendes Profil vorgehalten wird. Sie verwendet nun den überwiegenden Rest der Seminarzeit dazu, an ihrem Imageproblem zu arbeiten, obwohl dies die beiden anderen Abteilungen hindert, organisationsumgreifende Probleme zu behandeln. Die Konfliktaustragung darüber wird auf Sparflamme reduziert. Als Sündenbock hierfür werden nun die Trainer herangezogen, die es nicht allen recht gemacht haben.

Heute, es ist Juni 1987, erfahre ich von dem Ausbildungsleiter, zu dem ich mittlerweile ein freundschaftliches Verhältnis habe, daß C die Organisation verlassen wird, um die Position des Vorsitzenden eines anderen Betriebes – die Rolle des Vaters – zu übernehmen. A geht es übrigens gesundheitlich wieder besser, jedenfalls so gut, daß er noch eine ganze Weile seine Aufgabe erfüllen kann.

Cs Weggang wird weitreichende Wirkungen für die einzelnen Systeme haben, denen er angehörte. C hatte das Entwicklungsprojekt der Organisation gesteuert. Vielleicht schläft es ein. Wahrscheinlich leidet die Kohäsion der Organisation, da C als emotionales Zentrum die Mutterrolle inne hatte und viele Erhaltungsfunktionen für die Organisation wahrgenommen hat. Mitarbeiter, für die er Vorbild war, die von ihm gefördert wurden und sich mit seinem Stil identifizierten, verlieren Unterstützung und Motivation und werden sich vielleicht eine andere Beschäftigung suchen.

Wie hier aufgezeigt wurde, haben Prozesse in Familien und Arbeitsgruppen mancherlei Parallelen. So gesehen ist die Funktion von Führungskräften mit der von Familientherapeuten oder Teamtrainern vergleichbar. Sie alle streben nach meiner Definition ihrer Aufgabe das Ziel an, soziale Systeme zu unterstützen und ihr volles Potential zu entfalten.

Ein Führer kommt zu seiner Rolle, indem er das tut, was notwendig getan werden muß, damit die Gruppe überlebt. Konkret sind das Aufgaben- und Erhaltungsrollen, manchmal auch als Lokomotions- und Kohäsionsfunktionen[1] bezeichnet. Im folgenden werden nun die einzelnen Rollen und ihre möglichen Erscheinungsformen beschrieben.

A) Aufgabenrollen sind Funktionen und Verhaltensweisen, die zur Erfüllung der Gruppenaufgabe wahrgenommen werden und der Inhalts- und Prozedere-Ebene zuzuordnen sind, z. B.:

1.) Initiative ergreifen, Ideen und Verfahren vorschlagen, aktiv werden, um die Ziele der Gruppe zu definieren und sie zu erreichen.

2.) Interpretationen und Meinung geben und suchen, um das Gruppenproblem in Angriff zu nehmen.

3.) Koordinieren und Zusammenfassen von Ideen innerhalb der Gruppe und Abstimmen mit Ideen anderer Gruppen.

B) Erhaltungsrollen sind Funktionen, die zur Erhaltung der Gruppe wahrgenommen werden, die Kohäsion fördern und eher der Beziehungsebene zuzuordnen sind, wie zum Beispiel:

1.) Aufmuntern und Schaffen einer freundlichen Gruppenatmosphäre durch ermutigendes und unterstützendes Verhalten.

---

1   Lukasczyk K.: Zur Theorie der Führerrolle, in: Psychologische Rundschau, Bd. XI, Göttingen1960.

2.) Spannungen reduzieren durch Humor und Wahl „ungefährlicher" Gesprächsebenen.
3.) Gruppengefühl ausdrücken bzw. beschreiben, was man für das gegenwärtige Gruppengefühl hält. Man drückt eigene Gefühle aus, um andere zu ermutigen, das gleiche zu tun. Versuch, offene Kommunikation in der Gruppe herzustellen.
4.) Freundliche, niederlagelose Konfliktbearbeitung durch direkte Kommunikation.

C) Störungsrollen
1.) Aggressives Verhalten
2.) Dominieren
3.) Blödeln
4.) Sympathie suchen
5.) Sich zurückziehen.

Nach verbreiteter Auffassung hat ein Führer in der Gruppe hauptsächlich aufgabenorientierte Verhaltensweisen auf der Inhaltsebene zu praktizieren. Er ist selbst direkt an der Leistungserstellung beteiligt, sofern es seine Führungsaufgaben zulassen. So wächst ihm oft das Image eines leistungsorientierten Fachmannes zu, besonders wenn er auch fachlich besser als seine Mitarbeiter ist. In aller Regel nehmen Aufgabenrollen seine Zeit so in Anspruch, daß er darüber hinaus zu wenig anderem fähig ist. Er betrachtet die Aufgabenerledigung als sein Ziel und gestattet sich selten, einmal vom „Fachlichen" abzuweichen. Seine Mitarbeiter erkennen ihn als den „Tüchtigen" in der Gruppe an. Manchmal verübeln sie ihm aber insgeheim, daß er alles besser weiß, daß er lediglich an Leistung und nicht auch noch an ihnen selbst interessiert ist. Ziemlich schnell kann sich dann das Image des Tüchtigen umwandeln in das des „Strebers und Antreibers".[1] Man ver-

---

1   Hofstätter,P.R., Tack W.H.: a.a.O.

übelt ihm, daß er keine Zeit hat für die speziellen Probleme der Gruppe und der einzelnen. Zu der Frustration, daß er es tatsächlich besser weiß, kommt oftmals noch die Enttäuschung darüber, daß die eigenen Sonderinteressen und Privatziele nicht beachtet werden. Die Frustration kann sich so weit steigern, daß die Mitarbeiter „keine Lust mehr an der Gruppe" haben, in Apathie und Resignation geraten und eventuell die Gruppe verlassen wollen.

Dem Auseinanderfallen der Gruppe wird durch Erhaltungsrollen gegengesteuert. Erhaltungsrollen fördern die Zufriedenheit in der Gruppe. Dies geschieht durch die Befriedigung privater Anerkennungsbedürfnisse, durch Ermutigung, durch Hilfen, daß der einzelne sein Potential an Fähigkeiten in die Gruppe einbringen kann. Ihr Sinn zeigt sich weniger im Selbertun des Führers als im geförderten Tunlassen der Mitarbeiter.

Ein Führer, der versteht, Erhaltungsrollen wahrzunehmen, bekommt häufig das Image des Beliebten, wenn er es übertreibt, das Image des „sympathischen Taugenichts".[1] Er agiert vornehmlich auf der Beziehungsebene, weiß also mit den eigenen und den Gefühlen anderer umzugehen.

Ein idealer Führer ist in der Lage, sowohl Aufgaben als auch Erhaltungsrollen wahrzunehmen. Im Zeitalter der Spezialisierung kann er nicht mehr auf allen anstehenden Gebieten der fachlich Beste sein. Intuition und soziale Intelligenz sind in wenigen Fällen angeboren.

Ein weiteres Beispiel, wie sich Familienprozesse in Führungsteams widerspiegeln, wird deutlich an einer Sparkasse, die ich seit zwölf Jahren berate. Das damalige Verhältnis der beiden wichtigsten Führungspersonen hatte ich folgendermaßen beschrieben:

„Das Verhältnis des Vorsitzenden(A) zu ihm (B =zweiter Vorstand) kann fast als Vater-Sohn-Verhältnis mit allen seinen Problemen beschrieben

---

1 ebenda

werden. Einerseits ist der jüngere Vorstand sehr loyal gegenüber dem Vorsitzenden, andererseits hat er – wie es dem Sohn gebührt – progressive Ideen, die ab und zu auf Skepsis stoßen."[1]

Wie in einer Familie bieten sich in dieser Situation viele Gelegenheiten für Konflikte, die das Verhältnis auf eine Probe stellen, die aber auch das Team kreativ machen, wenn die Energie der Konflikte genützt wird. Das Verhältnis des jüngeren zum älteren Vorstand war mit Begriffen der Transaktionsanalyse etwa so zu umschreiben: Rebellisches, loyales Kind-Ich zu fürsorglichem patriarchalischem Eltern-Ich.

A ist mittlerweile in Pension gegangen, und B hat die Vaterrolle übernommen. Für B bedeutete dies einen Verlust an Beliebtheit, da er nun sehr viele Aufgabenrollen wahrnehmen muß. Nachgerückt in den Vorstand ist ein jüngerer Mann C, der von dem älteren Vorstand A gefördert worden war. C hat nun B gegenüber genau jene rebellisch loyale Konflikthaltung übernommen, die B früher gegenüber A hatte.

Die Rollen wurden kürzlich bei einem Seminar für Nachwuchsführungskräfte, an dem die Vorstände teilnahmen, von B, C und D selbst folgendermaßen beschrieben:

Rollenänderung
im Vorstand

a) vor der Pensionierung von A

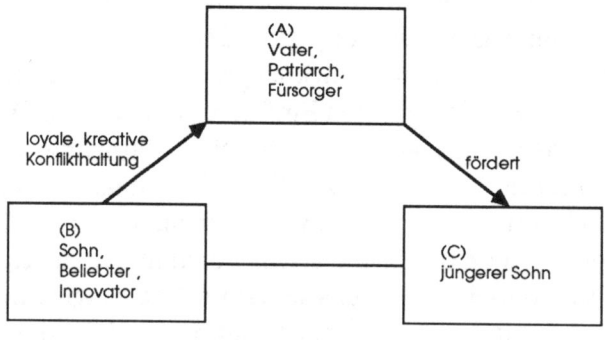

1   Rosenkranz, H. u.a.: Von der Gruppendynamik zur Organisationsentwicklung, Wiesbaden 1982, S. 138 ff.

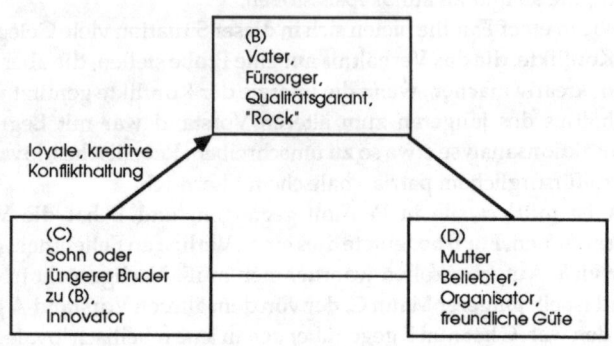

B und C haben eine weitere Person D in ihr Team gewählt, die nun sehr viele Erhaltungsrollen wahrnimmt und deswegen die Rolle des „Beliebten" oder der Mutter von B übernommen hat. Faszinierend für mich ist, wie sich Rollen in gewisser Weise personunabhängig von einer Generation auf die andere vererbt haben. Es scheint, als ob diese Rollenverteilung für diese Sparkasse besonders erfolgreich ist. Ihr Ergebnis hat sich in den letzten Jahren erheblich verbessert, sicherlich auch wegen der sehr guten Zusammenarbeit in dem Führungsteam.

In Seminargruppen zeigt sich das Führungsdual Vater – Mutter, wenn wir bei einem Soziogramm die Frage stellen, wer in der Gruppe den meisten Einfluß und das meiste Vertrauen hat. In der Regel erhalten „tüchtige" Führungskräfte und „stofforientierte" Trainer viel Einflußstimmen, Beliebte dagegen viel Vertrauen. Wer wünscht sich nicht einen Führer oder Lehrer, der von der Sache etwas versteht, sie durchzusetzen weiß und dabei mindestens soviel Vertrauen wie Einfluß hat? In den T-Gruppen im gruppendynamischen Führungsseminar spiegeln sich die Teilnehmer gegenseitig wider, wie sie ihr Verhalten in der Gruppe erleben – Revision und Chance zur Veränderung des eigenen Verhaltens.

In Seminar, Schule und Betrieb, in fast allen sozialen Situationen finden wir das Führungsphänomen wieder. Führer wird man offensichtlich, indem man für das Wohl und Wehe der Gruppe Aufgaben- und Erhaltungsfunktionen erfüllt.

Darüber hinaus gewinnen Führungskräfte und Trainer Macht und Einfluß durch die Phantasie, Vorstellungen und Identifikationswünsche der Gruppenmitglieder. Mit dem Führer als Prestigeträger identifiziert sich der Großteil der Gruppenmitglieder, deren Rolle in Schindlers Modell mit γ bezeichnet ist. Da γ vorwiegend mit dem Führer interagiert, wird er auch häufig als Mitläufer oder Anhänger bezeichnet. Hier schwingt ein negativ abschätzendes Moment mit. Die γ-Rolle ist aber nicht nur auf den Gruppenopportunisten, Duckmäuser oder Radfahrer zu beziehen. Sie trifft auch auf den fleißigen, vielleicht mehr introvertierten Mitarbeiter zu, der seine Pflicht erfüllt. Wie jede Rolle dieses Modells umfaßt sie eine Rangskala von positiven und negativen Persönlichkeitsmerkmalen. Fast in jeder Gruppe finden wir einen sogenannten Sündenbock – im vorliegenden Modell als ω-Position bezeichnet. Er dient als Blitzableiter für alle Dinge, die in der Gruppe falsch gemacht wurden. Gegen ihn richten sich die aufgestauten Aggressionen der Gruppenmitglieder. Auch scheint er sie durch seine Haltung geradezu einzuladen. Er bietet sich als Opfer in den verschiedenen Schattierungen – mal hilflos, mal als „Ersatzwatschenmann" – dar. Besonders in einer autoritär geführten Gruppe, in der das Freund-Feind-Verhältnis besonders ausgeprägt ist, findet man oft eine hochentwickelte Sündenbocksuche. Gegen das in diese Sündenbockposition gedrängte Gruppenmitglied wird der von oben kommende Druck weitergegeben. Man verdächtigt den Angstträger ω, mit dem fiktiven Gegner (G) der Gruppe zu interagieren. Man identifiziert ihn mit diesem Gegner, der oft nur in der Einbildung der Gruppenmitglieder besteht. Sündenbocksituationen sind eine Indikation für einen autoritären Umgangs-, Trainings- oder Führungsstil.

Während meiner Schulzeit entschloß sich einmal meine Klasse, eine bevorstehende Probearbeit in Griechisch aus dem Buch des Lehrers zu entwenden, als der gerade das Zimmer für eine Besprechung verlassen hatte. Der Direktor der Schule versuchte in einer groß angelegten Inquisition herauszufinden, wer von uns die Prüfung aus der Tasche genommen hätte. Die Klasse schwieg beharrlich. Irgendwie kam die Sache dann doch auf. Ein wenig beliebtes Mädchen wurde verdächtigt, die Klasse verraten zu haben. Obwohl keine Beweise vorlagen, richteten sich die Aggressionen aller gegen die vermeintliche Verräterin, die nach einiger Zeit entnervt die Klasse verließ.

Der sachgerichtete Anteil der Gruppe wird durch die außerhalb stehende β-Position repräsentiert. In der β-Rolle finden sich oft fachliche Berater und Spezialisten, die dem Führer nach Intelligenz und Wissensniveau manchmal sogar überlegen sind, aber nicht dessen Führungswille, Durchsetzungsvermögen und Fähigkeit zum Engagement und zur Integration in die Gruppe besitzen. In Unternehmen ist dieses Rollenverhalten vor allem in den typischen Stabspositionen zu beobachten.

Ebenen der Gruppenkommunikation

Menschliche Kommunikation ist so vielfältig und variabel, daß eine Differenzierung notwendig ist, will man nur eine Ahnung von den feinen Prozessen bekommen, die sich abspielen, wo immer Menschen beisammen sind. Selbst wenn der Mensch allein ist, kommuniziert er mit sich selber. Hier konzentriere ich mich auf die soziale Kommunikation, von deren Gelingen die Gruppendynamik als soziales Geschehen abhängt.

Nach einem bewährten gruppendynamischen Erklärungsmodell findet Kommunikation auf drei Ebenen statt. Ich füge noch eine vierte Ebene hinzu.

1. Inhalt – Aufgabe – Thema – Stoff
2. Prozedere – Geschäftsordnung – Methode
3. Soziale Beziehungen – Prozeß
4. *Unbewußtes*

Die Inhaltsebene

Die Inhaltsebene ist charakterisiert durch das Fragewort: *Was?*
Was wird kommuniziert? Auf dem „Was" liegt der Schwer-
punkt. Hier sind die verstandesmäßig erfaßten Inhalte eines
Gespräches gemeint. In der Schule wird damit der Stoff des
Unterrichts, im Betrieb die Fachproblematik bezeichnet. Die
Kommunikation erfolgt mündlich und schriftlich, wobei die
schriftliche Kommunikation vielleicht noch mehr dem Wesen
der sogenannten Sachlogik, der linearen Ursache-Wirkungs-
Beziehung und des formalen Ausgerichtetseins auf ein Ziel
entspricht.

Manche Leute sind überzeugt, daß unsere Gesellschaft, zusammen mit der abendländischen Wissenschaft, hauptsächlich auf dieser Ebene funktioniert. Durch Schule, Universität
und Berufsbildung sind wir recht gut auf dieser Ebene vorbereitet, d. h. wir kommunizieren vor allem mit der linken Gehirnhälfte und legen großen Wert auf Rationalität, Logik, Analyse etc.

Zur Lösung unserer Probleme vertrauen wir sehr viel mehr
unserem Verstand als den Qualitäten der rechten Gehirnhälfte,
wie z. B. analogem und assoziierendem Denken, Phantasie,
Intuition, Emotion usw. Phrasen wie „Lassen Sie uns einmal
ganz sachlich untersuchen!" oder „Zurück zum Thema!" deu-
ten in diese Richtung. In der gruppendynamischen Selbsterfahrungsgruppe verbringen die Teilnehmer Stunden damit,
das „richtige" Thema zu finden. Sie reproduzieren in der
Anfangsphase ihre kognitive Abhängigkeit. Natürlich stützen
sie sich auf die Ressourcen, die sie zur Verfügung und geübt
haben.

In der Schule und auch im Betrieb werden wir beurteilt, wie
wir in einzelnen Fächern oder im Fachlehrgang abgeschnitten
haben. Und wer auf diesem Gebiet gute Leistungen bringt, hat
beste Aussichten auf Karriere. Denn häufig wird folgendermaßen argumentiert: „Er hat auf dem Abiturzeugnis in Griechisch

eine 5, deswegen taugt er nicht zum Offizier"; „Er hat den juristischen Assessor mit 1, deswegen wird er ein guter Personalleiter"; „Ohne Lehrinstitut kann er nicht Trainingsleiter werden". Und manchmal stimmt das alles auch.

Die rationale, sachliche und aufgabenorientierte Seite ist ein wichtiger Teil von uns und von Gruppen. Natürlich kann und darf nicht von ihr abgesehen werden. So überlege ich mir sehr genau, ob ich z. B. bereit bin, die Führungskräfte einer Zigarettenfirma zu trainieren. Ihre sachliche Zielsetzung ist das Herstellen von Zigaretten. Rauchen lehne ich ab, da es gesundheitsschädlich ist. Natürlich können auch Waffen gesundheitsschädlich sein. Dennoch können sie durch ihre Abschreckung dazu dienen, daß Leben erhalten bleibt. Ich habe viele Führungskräfte kennengelernt, die sich sehr wohl ihrer Verantwortung bewußt sind, wenn sie bei der Herstellung von Waffen, Medikamenten, Chemikalien oder Alkohol mitwirken.

Das Produkt oder der thematische Inhalt brauchen weder gut noch schlecht zu sein. Dennoch haben sie auch zielorientierte Funktionen in sich selbst. Mit der Entscheidung, was wir kommunizieren bzw. produzieren oder woran wir uns beteiligen, sind auch immer weltanschauliche und ethische Kriterien verbunden.

Die Prozedere-Ebene

Inhalte und Aufgaben können mit geeigneten Mitteln kommuniziert und erfüllt werden. Das Prozedere hierzu läßt sich auch als Verfahren oder Geschäftsordnung umschreiben. Es umfaßt den formalen und organisatorischen Rahmen, das „setting", mit dessen Hilfe ein Ziel erreicht werden soll. Ebenso sind hier Methodik und Medien für den Trainer sowie Führungstechniken für den Manager einzureihen.

Eine der wichtigsten Verfahrensfragen für Gruppen ist z. B., wer welche Entscheidungen trifft. Angenommen, jemand trifft Entscheidungen, die eindeutig den Verantwortungsbereich anderer oder einer Gruppe betreffen, so erzeugt er Widerstand und blockiert Energie. Die Gruppe oder einzelne Mitglieder werden ihrer Verantwortung für das, was sie angeht, entkleidet. Identifikation und Motivation sind dahin. Manche sprechen dann von „innerer Kündigung".

Die Regelung von Verfahrensfragen, nämlich wer, was, wann, wie, womit und unter welchen Umständen zu tun hat, zeigt folgenreiche Wirkungen sowohl für die Zielerreichung als auch für die Beziehungen in einer Gruppe. Verfahrensfragen sind Führungstechniken.

Und ein Manager kann die Qualität seines Tuns um Erkleckliches multiplizieren, wenn er lernt, mit Entscheidungs- und Moderationsverfahren umzugehen und ihre Wirkung auf sein Team abzuschätzen. Wenn er dann auch noch diesen eher linear-mechanistischen Ansatz des reinen Verfahrens-Technikers durch den Einsatz seiner ureigenen Persönlichkeit bereichern – d. h. „ganz machen" – kann, wird er zum Menschen – und zum Künstler.

Ähnliche Probleme haben Trainer und Lehrer. In meiner Schulzeit haben Lehrer uns Schülern gegenüber oft argumentiert: „Das haben wir doch durchgenommen." Sie wollten damit offensichtlich darauf hinweisen, daß sie den Stoff in den Mund genommen hätten, und er dadurch doch wohl auch in den Erfahrungshorizont der Schüler gelangt sein müsse.

Ich bin überzeugt davon, daß Lernen durch Selbsterfahrung, durch Herumspielen mit dem Stoff, durch das Selbst-in-die-Hand-, -den-Kopf- und -den-Mund-Nehmen, geschieht. Der Trainer braucht sich daher lediglich geeignete Verfahren, Methoden und Medien auszudenken und zu arrangieren, um die „Rosse an die Tränke" zu führen. Trinken tun sie häufig von alleine, weil es ihnen meist schmeckt, wenn der Trainer den richtigen Methodenmix gefunden und ein motivierendes Setting bereitet hat.

Aus diesem Grund sind Trainer und Führungskräfte für Arbeits- und Lerngruppen so wichtig. Sie organisieren den Rahmen, damit die Betroffenen (einzelne, Gruppen, Organisationen) an ihren Problemen arbeiten können. Ihre Prämie sollten sie dafür bekommen, wie wirkungsvoll sie Flucht- und Kampfverhalten konfrontieren, wie geeignet das „Setting" ist, und wie wenig sie stören, sobald ihre Gruppen am Arbeiten und Lernen sind.

Nach alldem könnte man glauben, daß die Verfahrensebene die wichtigste wäre. Manche glauben es auch und spezialisieren sich auf sie. In der Regel haben sie dann Schwierigkeiten auf den anderen Ebenen. Partielle Perspektiven haben den Nachteil, daß „das Ganze" zu schnell außer acht gerät.

In der Tat zeigt sich in einem auf einzelne Verfahrensebenen beschränkten Verhalten eine meist unbewußte Abwehrhaltung. Ich durfte einmal mit Ordenspriestern arbeiten, die ein Gehorsamsgelübde abgelegt, aber unglücklicherweise dennoch Störungen ihrem Oberen gegenüber hatten. Sie pflegten nun regelmäßig nach dem Mittagessen – zum Ärger ihres Oberen – ziemlich lang, einmal sogar ca. 30 Minuten, darüber zu diskutieren, ob sie das Seminar um 14.30 oder erst um 15.00 Uhr fortsetzen wollten. Da sie ihr eigentliches Problem, die schon vorher vorhandene Störung ihrem Oberen gegenüber, nicht auf der zuständigen Ebene behandeln konnten oder durften, wichen sie auf die Prozedere-Ebene aus, um ihrem Unmut wenigstens auf diese Weise Luft zu machen.

Man kann die Prozedere-Ebene als äußeren Ausdruck einer vorhandenen inneren Struktur und Ordnung betrachten. So lassen sich z. B. aus der Sitzordnung der Gruppe Hypothesen darüber bilden, wie die einzelnen Gruppenmitglieder zueinander „stehen" oder „sitzen", wieviel Nähe oder Distanz sie zum Gruppenkern haben.

Hier eine Untersuchung zu einer Sitzordnung, die jeder von uns schon einmal erlebt hat.[1]

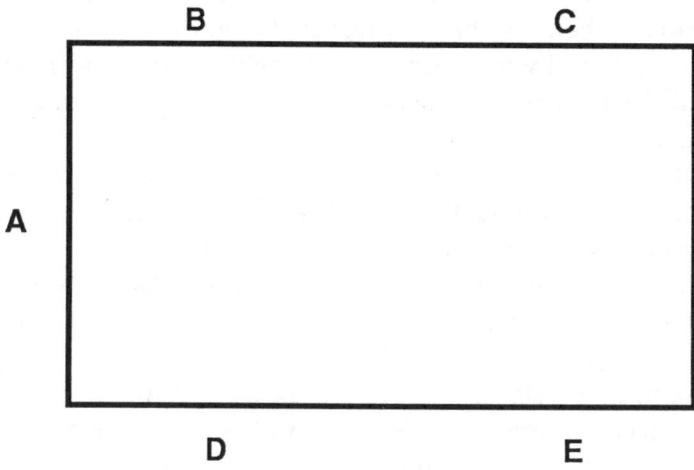

Kommen zufällig an einem Tisch fünf Personen in der angegebenen Sitzordnung zusammen, so hat A die besten Chancen, Führer wegen seiner bevorzugten Sitzposition zu werden. In der Regel entwickeln sich positive Beziehungen zwischen B und C sowie D und E, ebenso – jedoch längst nicht so intensiv – wie zwischen A und B sowie A und D.[2]

Konflikte entwickeln sich früher oder später zwischen B und E sowie D als auch zwischen C und D sowie E. Wo würden Sie Platz nehmen, wenn ihr „persönlicher Todfeind" auf C sitzen würde?

Wie in der Studie gefunden, entwickeln sich die Beziehungen in die angedeutete Richtung. Bei schon bestehenden Teams kann aus der Sitzordnung auf die gegenwärtigen Beziehungen geschlossen werden.

1 Argyle, M.: Psychology of Interpersonal Behaviour, Harmondsworth 1974, Second edition, S.39 ff.
2 Das erinnert an König Arthurs Tafelrunde, der ja auch Mundschenk, Kämmerer und Kanzler aus verständlichen Gründen möglichst nahe haben wollte, während Bettler und Fußvolk am Ende des Tisches, wenn überhaupt, geduldet waren.

Wahrscheinlich haben auch Sie die Erfahrung gemacht, daß Änderungen der Sitzordnung oftmals auch eine Bewegung in der Gruppe auslösen oder bedeuten. Körperhaltung, Häufigkeit und Reihenfolge beim Sprechen, Länge der Beiträge, wer, wen, wann und wie oft unterbricht, geben Beobachtern Aufschluß über die Stimmung und informelle „Hackordnung" in der Gruppe.

Sicher ist, daß die gewählten Verfahren auf der Prozedere-Ebene die Kommunikation auf den anderen Ebenen beeinflussen und wesentlich zu ihrem Gelingen beitragen. Auch geben gewählte Entscheidungsformen, Sitz- und Kleiderordnung sowie verwendete Medien und Moderationsmethoden darüber Aufschluß, welcher Stil und welches Klima in der Gruppe herrscht, und welches Ziel angestrebt wird. Zum Beispiel besteht zwischen einem Sitzkreis und einer frontalen Sitzordnung, wie sie viele von uns noch aus der Schule kennen, ein großer Unterschied in bezug auf die Kommunikation.

Manager und Trainer haben gerade in den letzten Jahren durch audiovisuelle und computergestützte Hilfsmittel, durch Management-by-Techniken, durch ein umfangreiches Methodeninstrumentarium ein Überangebot an Möglichkeiten. Manchmal habe ich den Verdacht, daß mit solchen Techniken die Unfähigkeit, mit Gefühlen umzugehen, verdeckt wird. Unsere Gefühle bestimmen aber unsere Beziehungen, die sehr wichtig für das Gelingen von Kommunikation und Kooperation im Team sind.

Die Beziehungsebene

Mit *allem*, was wir tun oder lassen, beeinflussen wir unsere gegenseitigen Beziehungen. Für manche ist das ärgerlich, für manche neu oder absurd, für manche ist es nur eine ganz gewöhnliche Tatsache unserer sozialen Existenz.

Das bevorzugte Mittel der Kommunikation auf der Beziehungsebene ist die Körpersprache. Da unser Körper immer präsent ist und jedes Gefühl auch mit einer Körperreaktion verbunden ist, und da wir als soziale Wesen auf andere reagieren, findet der überwiegende Teil unserer Kommunikation auf der Beziehungsebene statt, schätzungsweise mindestens 70 bis 80 %.

Erstaunlicherweise trägt sowohl das schulische wie auch das beruflich-betriebliche Bildungssystem dem nicht Rechnung. Der Umgang mit Gefühlen und ihr Ausdruck in der Körpersprache sowie das Training sozialer Fähigkeiten wie Zusammenarbeiten, Zuhören, Führen und Sich-Führen-Lassen, Konflikte in nicht verletzender Weise austragen u. a. sind in dem Fächerkanon unserer Schulen und Hochschulen kaum, wenn überhaupt, seinem Stellenwert entsprechend berücksichtigt. Wer hat schon in seiner Schulzeit gelernt, Gefühle auszudrücken, anstatt sie zu verdrängen? Wer hatte schon die Erlaubnis, sich über Probleme vertrauensvoll auszusprechen, Anerkennung – ohne die niemand auskommen kann – zu geben, sie sich zu holen und sie auch anzunehmen?

Scheidungsziffern[1], psychosomatische Krankheiten schon bei Kindern, Selbstmorde bei Schülern geben darüber Zeugnis, daß mit dem Tabu von Gefühlen in Gesellschaft, Schule und Betrieb eher krankhafte Tendenzen, Konkurrenz und Isolierung gefördert werden als Kooperation, gegenseitige Unterstützung und Freude am Miteinander.

Da nicht gelernt wurde, emotionelle Konflikte auszutragen, ist es nur zu verständlich, daß konfliktfreie Kommunikation – die es nicht gibt – angestrebt wird. Andere tendieren dazu, Beziehungskonflikte auf der Inhalts- oder Prozedere-Ebene

---

1 In diesem Jahr habe ich die Einladung angenommen, mit einer Bank in Ungarn zu arbeiten. In Ungarn sind die Selbstmordziffern und Scheidungsraten seit Jahren am höchsten in Europa. Einerseits deuteten ängstliche Zurückhaltung, andererseits wiederum viel Bedürfnis nach Aussprache darauf hin, daß Energien fließen wollen, aber nicht dürfen. Wahrscheinlich ist dies auch eine der Ursachen für die obengenannten Störungen.

auszutragen. Bei Beziehungsstörungen wird dann Argumenten des Kontrahenten nicht zugestimmt, auch wenn die ganz in Ordnung wären. Viele wundern sich dann über sinnlose Entscheidungen. Bei einem Kreditinstitut mit ca. 300 Mitarbeitern habe ich die Mitarbeiter selbst den finanziellen Schaden in DM pro Jahr einschätzen lassen, den sie auf Grund konkretisierter Probleme in ihrem Betrieb vermuten, die etwas mit nicht abgeklärten Beziehungen zu tun haben. Ihre Schätzung ging in die Millionen.

Manche Firmen engagieren einen Prozeßberater oder modern = einen Coach, der Managementgruppen hilft, ihre Störungen, Konflikte, Prozesse zu analysieren und durch Feedback zu bearbeiten. Das setzt voraus, daß die Gruppenmitglieder gelernt haben, sich ihrer Gefühle zueinander bewußt zu werden und sie auszudrücken. Die gruppendynamische Selbsterfahrungsgruppe bietet hierzu Gelegenheit. Das Thema, wonach die Teilnehmer solcher Gruppen oftmals verzweifelt suchen, sind sie selbst und wie sie ihre Beziehungen in der unmittelbaren Gegenwart der Gruppe durch Tun oder Lassen verändern.

Das Unbewußte

Vor Jahren hörte ich manchmal die Meinung, das Unbewußte könne in Arbeitsgruppen und Teams ausgespart werden, weil ja „der Schuster bei seinen Leisten" zu bleiben habe. Tatsächlich schlummern aber gerade im Unbewußten große stille Reserven. Ohnehin stammt ein erheblicher Teil unserer Gedanken, Gefühle, Reaktionen und sozialer Verhaltensweisen aus dem Unbewußten. Viele von uns mißtrauen aus vermeintlich schlechten Erfahrungen ihrem Unbewußten und versuchen, es zu unterdrücken. Wer dagegen gelernt hat, sein Unbewußtes anzunehmen und sich von ihm tragen zu lassen, spürt die ungeheuren Reserven an Energien und Fähigkeiten, die ihm aus verborgenen Potentialen zuströmen.

Auch Gruppen und Organisationen besitzen ein gemeinsames unbewußtes Reservoire, aus dem sie gerade dann schöpfen sollten, wenn sie ihre Effektivität, ihr Leistungsniveau – z. B. durch Verhaltenstraining – steigern wollen. Gleichzeitig werden Kreativität und Phantasie gefördert. Träume und Visionen, stets Bilder aus dem Unbewußten, gewinnen an Bedeutung und verdichten sich. Das Unbewußte hilft, Gedanken und Ideen zu realisieren.

Milton Erickson, der geniale Hypnosetherapeut, hat uns gelehrt, daß Kommunikation überhaupt erst möglich ist, wenn wir uns gegenseitig in Trance versetzen. Trance ist der direkte Weg zum Anzapfen des Unbewußten. Heute wissen wir, daß das Unbewußte einen reaktiven Bereich darstellt und jeder Gedanke, jede Suggestion von ihm aufgenommen wird.

Die Kommunikation mit dem Unbewußten geschieht über Bilder, Klänge, Empfindungen, Träume, Geschichten. Vermutlich kommt der Kontakt über die rechte Gehirnhälfte zustande. Dementsprechend versuche ich auch, Gruppen und Organisationen mit den unbewußten Seiten ihrer Existenz in Kontakt zu bringen.

Aus einer tranceartigen Versenkung heraus malen oder spielen Gruppen ihre Probleme, oder die Trainer erzählen zu ihrem kindlichen Teil passende Geschichten. Diese werden aufgenommen und weitergesponnen. Das, was sie kognitiv bereits erkannt haben, können Gruppen in Trance nochmals überprüfen und ergänzen.

Immer wieder bin ich fasziniert und begeistert, was „hartgesottene" Manager über ihr Unbewußtes zutage fördern. Träume, Psychodramas, Bilder, Geschichten – aus den Tiefen ihres Selbstes aufsteigend – bieten ihnen ein reiches Erfahrungs-, Analyse- und Diagnosefeld. Noch vor fünf Jahren hätte ich mir nicht träumen lassen, daß es möglich ist, das Unbewußte bei Trainings mit Managern und bei Maßnahmen zur Organisationsentwicklung so weit mit einzubeziehen, daß auch tiefere Schichten des Lebens von Gruppen erschlossen werden.

Der zweite Aspekt des Arbeitens mit dem Unbewußten ist die Integration all der vorhandenen Ressourcen. In jeder Eigenschaft, mag sie auch als noch so neurotisch angesehen werden, ist eine starke Quelle verborgener Kraft, die für das System eine gute Funktion erfüllen kann. So wie jede Krankheit eine Botschaft und zugleich Motivation zur Entwicklung ist, so kann sich ihre destruktive Energie hin zum Konstruktiven wenden. Voraussetzung ist die Bereitschaft zur Konfrontation, also zum Anschauen, zum Anhören, zum Anspüren. Ich erinnere mich an eine Situation bei einem Projekt zur Organisationsentwicklung mit einer Sparkasse:

Aus einem gut ein Jahr dauernden Analyseprozeß hatte sich ein Wald von Problemen aufgetan. Ich ließ die Probleme verdichten und in eine Prioritätenskala bringen. Dennoch schien mir die Problematik noch nicht bildlich, hörbar, spürbar genug zu sein. Ich war unzufrieden, weil ich mir immer noch nicht die Organisation in ihrer Problembefangenheit vorstellen konnte, und ich vermutete, den Teilnehmern ging es ähnlich. So bat ich die Delegierten, die die Probleme präsentierten, in ihre Mitte und in Trance zu gehen. Ich las ihnen all das vor, was sie als Problematik ihrer Organisation ausgesondert hatten und riet ihnen, auf Bilder, Klänge und körperliche Gefühle zu achten, die sie dabei erlebten. Ebenso regte ich sie an, die Stärken ihrer Organisation sich vorzustellen und zu erleben. Ich bat sie, beides zusammenzubringen und wieder zurückzukommen in die Realität der Stunde.

Wie aus einem Traum heraus, erzählten die Teilnehmer Bilder und Szenen, die sie erlebt hatten, in denen sich Ängste wie auch Hoffnungen ausdrückten. Ich ließ sie Skulpturen aufstellen, die Traumbilder spielen und ihre Bedeutung erfühlen. Durch das Nachspielen und Nachstellen und das in-Beziehung-setzen wurde den Teilnehmern die eigene Situation, ihr Ist-Zustand, bewußt. Im nächsten Schritt entwickelten sie aus ihren Wünschen, Hoffnungen und Zielen spielerisch Visionen des Soll-Zustandes. Sie haben eher Chancen, diese zu erreichen, wenn sie die Kräfte ihres Unbewußten miteinbeziehen.

Der Gruppenprozeß als Verhaltensspirale

Der soziale Prozeß des Miteinander-Umgehens und Sich-aufeinander-Einlassens zwischen zwei und mehreren Personen findet sich variantenreich in jeder Art von Gruppengeschehen eingebettet. Wie sich eine Gruppe bildet, läßt sich im gruppendynamischen Laboratorium, z. B. auf Selbsterfahrungsseminaren, beobachten.

Die Anfangsphase in neuen Gruppen ist von überspielter Unsicherheit gekennzeichnet. Sie wird auch als chaotische Phase bezeichnet. Ein Beispiel dafür ist der Beginn eines Festes, bei dem sich die Gäste reserviert geben, und bei dem nur Verlegenheitsgespräche stattfinden. Lehrer kennen die Situation der ersten Stunde in einer neuen Klasse. Manche sind dann besonders streng, um die Weichen gleich richtig zu stellen. Auch herrscht bei neu zusammengestellten Projektgruppen in Betrieben eine neugierige, vielleicht auch gespannte Atmosphäre. Wenn diese Phase auch nicht unbedingt chaotisch sein muß, so ist sie doch bald von Hoffnungen, bald von eher pessimistischen Voraussagen geprägt. Wie bei einer Geburt treffen sich Hoffnung und Sorge, ob die eigenen Erwartungen von der künftigen Gruppe erfüllt werden und ob die Erwartungen, die wiederum durch die Gruppenaufgabe und die neuen Gruppengefährten an den einzelnen herangetragen werden, auch erfüllbar sind. Denn alle haben in ihrem „Rucksack" gute und schlechte Erfahrungen mit anderen Gruppen, besonders der eigenen Familie, als Mitbringsel aus ihrem bisherigen Leben.

Diese Unsicherheitsphase, die bis zur Identitätskrise reichen kann, beschreibt Brocher[1] treffend: Die Gruppenmitglieder „erproben ihre Beziehungen zueinander, versuchen ihre Interessen durchzusetzen, kämpfen um ihren Status (und) um die künftige Rangfolge und bieten ihre bisherigen Kenntnisse an". Manchmal wird diese Phase auch als prägruppal bezeichnet, das heißt, man will sie noch nicht dem eigentlichen Gruppenprozeß zuordnen und betrachtet sie als ein Vorstadium. Die

---

1 Brocher, T.: Gruppendynamik und Erwachsenenbildung, Braunschweig 1967, S. 30.

Unzufriedenheit und die offensichtlich bestehende Spannung drückt eine latent vorhandene Führungsabsicht von einigen Teilnehmern aus. Andere hingegen fürchten, Führung und Verantwortung für sich selbst und die Gruppe übernehmen und aktiv werden zu müssen. Deutlich ist die Absicht, sich selbst in ein möglichst vorteilhaftes Licht zu setzen und die geeignete Strategie für soziales Handeln zu wählen, wie auch der Ausschnitt aus dem folgenden Bericht zu einer Anfangsphase einer T-Gruppe zeigt[1]:

... Wir setzen uns mit der Rolle der Trainer in der Gruppe auseinander. Gehören sie zur Gruppe? Sind sie „normale" Gruppenmitglieder? Diese Fragen können nicht zur Zufriedenheit aller geklärt werden. Wir beschließen, erstmal die Ergebnisse unserer Gruppenaufgabe zu präsentieren. Karten mit Begriffen werden an die Tafel geheftet, und da stehen sie nun schwarz auf weiß, unser Probleme. Und nun? Gleiche Punkte zusammenfassen! Und weiter? Einige wollen jetzt über die Punkte reden. Keine Einigkeit. Es entbrennt eine heftige Diskussion.

Der Umgangsstil hat sich nicht geändert: Vorschläge werden einfach nicht zur Kenntnis genommen, es reden fast immer nur die gleichen, fallen sich gegenseitig ins Wort. Abweichende Meinungen werden ohne sachliche Auseinandersetzung niedergemacht. „Ich finde es nicht hilfreich, unser Problem theoretisch zu erörtern. Ich möchte lieber eine Übung machen, um das gegenseitige Vertrauen zu stärken", sage ich. Ungeduldig werde ich aufgefordert: „Dann sag schon eine!" „Ich kenne keine Übung, aber wir könnten doch die Trainer fragen, dafür sind die doch hier." „Nein". Mein Vorschlag wird zum Nicht-Vorschlag erklärt, als störend empfunden. „Mach einen besseren Vorschlag. Immer blockst du nur ab!" Volltreffer! Ich bin sauer, verwirrt und erstmal ruhig.

Jürgen schlägt vor, daß sich jeder eine Problemkarte von der Tafel nimmt, die für ihn persönlich die größte Bedeutung hat und darüber redet. Welche Meinungen gibt es hierzu? Ich bin an der Reihe, versuche nochmals, eine Übung, die das Vertrauen in der Gruppe stärkt, durchzusetzen. Manfred fährt mich wütend an: „Ich erwarte jetzt von dir mal einen konstruktiven Vorschlag, nicht immer nur ‚Nein'". Hört mir denn keiner zu? Ich werde sarkastisch: „So, du erwartest etwas von mir! Du erwartest, daß ich dem zustimme, was Kurt will, weil das ist, was du

1 Ostwinkel, G.: Erfahrungsbericht über das Gruppendynamik-Seminar vom 04.-09. Okt. 87 in Oberammergau.

willst!" Jetzt habe ich ihn verwirrt. Aber mit einer Handbewegung wischt er das Gefühl schnell weg. Klaus läßt jetzt einfach abstimmen, ist ja schließlich demokratisch. So fallen dann seine Wünsche – hat er das erwartet? – der Demokratie zum Opfer.

Jürgen fängt an. Er holt sich die Karte „Emotionen" von der Tafel und bittet Helmut um Hilfe. „Welches Gefühl möchtest du ausdrücken?", fragt Helmut und geht auf ihn zu. „Daß ich dich mag!" „Dann zeig es!" Die beiden umarmen sich, Jürgen ist froh. Also doch nicht nur Reden, mehr eine Übung, finde ich und sage, daß mir das gut gefallen hat.

Nach dem Abendessen wollen wir die unterbrochene Arbeit fortsetzen. Da überrascht uns Michael mit dem Alternativvorschlag, ein Bild zu malen.

Klaus ergreift die Initiative. Er möchte malen und will wissen, wieviele diesen Vorschlag unterstützen. Er läßt abstimmen. Einige reagieren sauer. Sie wollen nicht neu entscheiden, wehren sich gegen diese Abstimmung und möchten, wie vor dem Essen angefangen, weiterarbeiten.

Rosi verteidigt Klaus. Sie findet es O.K., daß einer aktiv wird, die Führung übernimmt. Aber Thomas will nicht abstimmen. „Dann laß es", sagt Klaus und fragt einfach den nächsten. Jetzt mich. „Ich habe nichts gegen das Malen", fange ich vorsichtig an, „aber wir können doch keine Mehrheitsentscheidung herbeiführen. Was willst du mit der Minderheit machen? Was ist, wenn du selbst wieder zur Minderheit gehörst, wie heute morgen? So können wir doch in der Gruppe nicht arbeiten!" Ich ernte heftige Kritik, der Vorwurf „immer sagst du nur nein" kommt erneut, diesmal von Peter und Kurt.

Was ist unser Problem? Klaus spricht es aus: „Einige mögen sich nicht". Erneut ist die Gruppe in zwei Lager gespalten. Zwischen Thomas und Klaus kommt es zur offenen Auseinandersetzung. „Führungskräfte wie du gehören der Vergangenheit an", sagt Thomas böse. Sie sitzen sich wie Kampfhähne gegenüber, Thomas vornübergebeugt, Klaus versucht – aufrecht zurückgelehnt – lässige Überlegenheit zu demonstrieren. Thomas wird immer wütender.

Franz fühlt sich persönlich betroffen von der Auseinandersetzung zwischen dem jungen Thomas und dem älteren Klaus, dem er sich mehr verbunden fühlt. Er hat den Eindruck, daß man auch ihn dem alten Eisen zurechnet, als „Grufti" betrachtet. Was haben diese Konflikte mit unterschiedlichem Alter zu tun? Ich verstehe nicht, warum die anderen so mit sich, mit mir umgehen. In dieser Gruppe sitzen mindestens vier von diesen unsensiblen, dominanten Typen, die mir immer so zu schaffen machen. Mein ganzes alltägliches Elend in geballter Form.

Wir bekommen Geschenke. Michael schenkt jedem ein „Betthupferl": 10 qkm Wüste und ein Maschinengewehr, ein rotweißes Podest und eine

Kelle wie ein Verkehrspolizist, ein Mikadospiel mit 2 m langen Stäben, ein Manometer mit rotem Bereich, eine Daunenfeder, die zweite Hälfte des Vornamens, ein Taschenmesser ohne Klingen. Für Gerhard gibt es einen Clown und ich bekomme ein Megaphon und Ohrstöpsel. Ich freue mich, aber gleichzeitig kommen mir die Tränen. Das Geschenk zeigt mir, daß Michael versteht, was ich empfinde.

Später beim Bier will mich Rolf trösten, er hat meine Tränen anders gedeutet: „So schlimm ist das Geschenk doch gar nicht". Ich erkläre ihm, daß ich geweint habe, weil ich endlich Verständnis gespürt habe, nicht, weil ich traurig über mein Geschenk war. Jetzt versteht er mich noch viel weniger. Er selbst rätselt wie andere noch über die Bedeutung seines Betthupferls.

Wenn sich die Dinge anders entwickeln als erwartet sind oftmals Unsicherheit und Frustration die Folge. Gleichzeitig können sich gerade daraus Motivation und Aktivität zur Veränderung entwickeln. Vielleicht ist so die bei Selbsterfahrungsgruppen ungewöhnlich hohe Lernmotivation zu erklären. Denn wer ist schon gerne in einem Stadium, wo er nicht weiß, wo es hingeht?

In einer weiteren Phase werden Informationen über die neuen Partner gewonnen. Man diagnostiziert sich, schließt aus bisher Erlebtem auf die beobachtete Mimik, Gestik und auf das wahrgenommene Verhalten. Die beginnende Kommunikation bietet Eindrücke, man nimmt Gefühlsbeziehungen auf, projiziert eigene Einstellungen und legt für sich und die anderen eine Rolle zurecht. Meist wählt man für sich eine Rolle, mit der man in ähnlichen Situationen schon Erfolg gehabt hat oder von der man sich die Bewältigung noch „unerledigter Geschäfte" verspricht. Manche wählen eine Rolle, um einen Führungsanspruch innerhalb der Gruppe geltend machen zu können. Das Ergreifen einer Rolle ist immer auch Angebot zur Interaktion. Sie kann freundliche Aufforderung ebenso sein wie trickreicher Köder für die Gruppenkollegen, um sie zu einem bestimmten Rollenverhalten zu verleiten. Grundsätzlich aber handelt es sich um eine Strategie, um Liebe, Selbstbestätigung und Anerkennung zu erreichen.

Schon im Anfangsstadium werden die Wege zu positivem oder negativem Ausgang abgesteckt. Durch Informationsbeschaffung und Kontaktanbahnung wird neues Verhalten vorbereitet. Sind genügend Informationen beschafft, Verhaltensalternativen gebildet und auch ein Entschluß getroffen worden, so wird das neue Verhalten in einer dritten Phase nunmehr ausgeübt und erprobt.

Bis zu diesem Punkt ist schon so viel passiert, daß der Satz „am Anfang war die Tat" nicht mehr zutrifft. Bevor es zur Tat kommt, finden innere Dialoge statt, gleichsam ein Kampf zwischen Angst und Mut, Passivität und Aktivität. Fritz Perls bezeichnet die Konfliktpartner malerisch als „Topdog (Oberhund) und Underdog (Unterhund)". Das transaktionsanalytische Modell erklärt den Dialog als Widerstreit zwischen Ge- und Verboten des Eltern-Ichs und Neugier- und Aktivitätsbedürfnissen des freien Kind-Ichs. Häufig erlebe ich in Gruppen, wie schwer es einzelnen – aus Angst zu scheitern oder abgelehnt zu werden – fällt, Initiative zu ergreifen und neues Verhalten auszuprobieren.

Manche Unternehmen verharren in Passivität und ruhen sich auf den einmal erworbenen Lorbeeren aus. Sie verdanken ihren Erfolg einer günstigen Marktkonstellation. Den Namen „Unternehmung" verdienen sie aber nicht. Peters und Waterman[1] haben in ihrer Untersuchung herausgefunden – was Maslow[2] schon vor vielen Jahren wußte –, daß die Bereitschaft, etwas zu tun anstatt allzulange darüber nachzudenken, eines der Erfolgskriterien der erfolgreichsten amerikanischen Unternehmen ist.

Ohne Selbstaktivität ist keine Selbsterfahrung und kein soziales Lernen möglich. Führen, Trainieren, Verkaufen, Zusammenarbeiten sind soziale Verhaltensweisen, deren Erlernen nur durch „Erfahren am eigenen Leibe" möglich ist.

---

1   Peters, T.J. & Waterman R.H.: In Search of Excellence, New York 1982.
2   Maslow, A.: The Father Reaches of Human Nature, Harmondsworth 1971.

Reaktionen auf ausgeübtes Verhalten sind Beweiserlebnisse – kurz Feedback genannt. Die Verbindung von Verhalten und darauf erfolgtem Feedback sind eine Erfahrung, die durch Reflexion bewußt verinnerlicht werden kann.

Die Qualität von Beweiserlebnissen kann sehr unterschiedlich sein. Sie reicht von einer Ohrfeige bis hin zu einem Orden. Das Beweiserlebnis kann als positiv oder negativ empfunden werden. Es kann sofort oder in einem zeitlichen Abstand erfolgen. Mit einem solchen Feedback kann sorgfältig umgegangen oder es kann abgelehnt werden.

Inwieweit es damit als Beweiserlebnis lernwirksam wird, hängt davon ab, wie es gestaltet ist und ob es für den Adressaten paßt. So gibt es mehr oder weniger wirksame Beweiserlebnise sowohl für einzelne Personen – z. B. Zeugnisse oder Beurteilungen – als auch für Gruppen – z. B. Ergebnisbesprechungen oder Betriebsvergleiche.

Nichts ist so lernwirksam wie Erfolg. Für Fußballtrainer gilt z. B. „Never change a winning team". Durch das Erfolgserlebnis wird Verhalten bestärkt. Die Rolle kann gleichsam als Thema mit Variationen weitergespielt werden.

Andererseits ermutigen negative Beweiserlebnisse, Verhalten aufzugeben und sich über neue Unsicherheit auf die Suche nach Alternativen zu begeben. Das Spiel beginnt von vorn: neue Unsicherheit – neues Verhalten – neue Beweiserlebnisse. Aber auch der Erfolgreiche steht vor der Entscheidung, das erfolgreiche Verhalten fortzusetzen, auszubauen oder wieder etwas Neues zu wagen.

Faßt man – wie der amerikanische Gruppenpädagoge Miles[1] – die Phasen des Gruppengeschehens in einer Verhaltensspirale zusammen, so befinden wir uns immer und zu jeder Zeit irgendwo in der Verhaltensspirale und können uns dabei fortentwickeln.

---

1   Miles,M.B.: Learning to Work in Groups, Columbia 1970.

Verhalten von Individuen in Gruppen

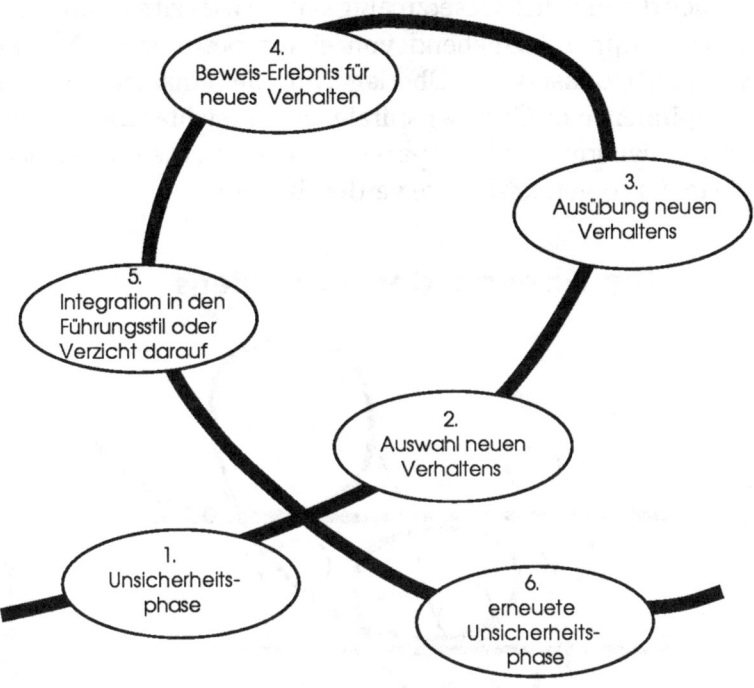

Die Gruppenmitglieder beeinflussen, hemmen oder unterstützen sich gegenseitig in ihrem Verhalten. Dabei bewegt sich
jeder einzelne auf einem bestimmten Verhaltensniveau, wobei
er immer wieder vor der Entscheidung steht, *entweder* passiv
zu bleiben, kein Risiko einzugehen, nichts zu tun, nichts zu
lernen *oder* die Angst zu überwinden und sich auf Neues
einzulassen. Nur wer auch einmal bereit ist, die eigenen Grenzen in Frage zu stellen und neues Verhalten auszuprobieren,
hat die Chance, sein bisheriges Verhaltensniveau zu überwinden und ein höheres zu erreichen. So kann aus nach unten
gerichteten Teufelskreisen oder aus einem „ewigen sich im

Kreise drehen" eine aufwärts gerichtete Verhaltensspirale werden.

Nach der gleichen Gesetzmäßigkeit entwickelt sich auch die ganze Gruppe: Ausgehend von einem bestimmten Niveau ergibt sich, quasi durch Überlagerung der einzelnen Verhaltensspiralen, eine Gruppenspirale. Das erreichte Niveau spiegelt die Dynamik der Gruppe wider, sicher nicht so vereinfacht wie in der folgenden Skizze verdeutlicht ist.

Die Ebenen des Verhaltens

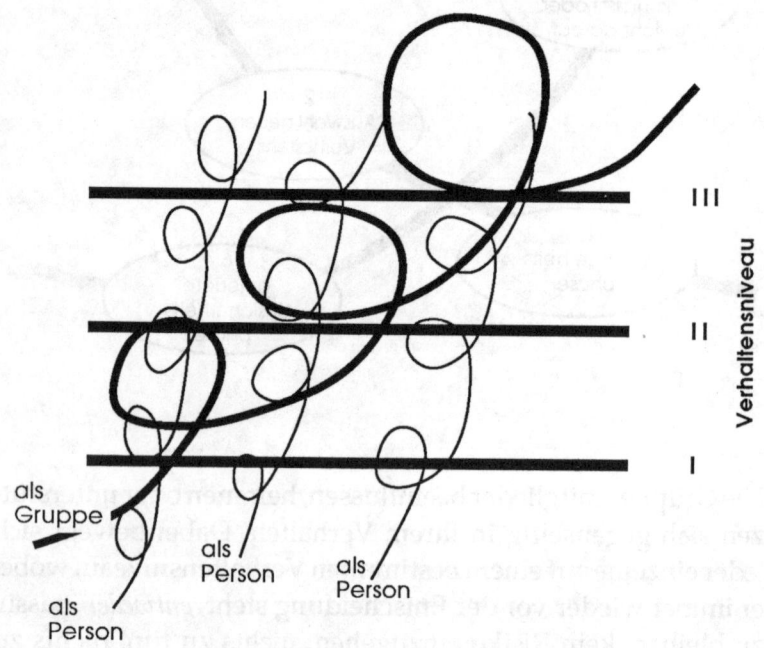

Das gesamte menschliche Leben, nicht nur das in Gruppen, kann in fortlaufenden Verhaltens- und Entscheidungskreisen gesehen werden. So hat einmal Rainer Maria Rilke in einem Gedicht geschrieben:

Ich lebe mein Leben in wachsenden Ringen,
die sich über die Dinge ziehn;
ich werde den letzten vielleicht nicht vollbringen,
aber versuchen will ich ihn.

Voraussetzung für das Zustandekommen solcher Gruppenprozesse ist die Kommunikation, also das gegenseitige Kenntnisgeben und Kenntnisempfangen der Individuen. Durch fortlaufendes Interagieren und durch die Möglichkeit zu Kontakten ist auch, wie Homans[1] betont, eine größere Chance zur Aufnahme von Sympathiebeziehungen gegeben. Sie sind ausschlaggebend für das Entstehen eines Wir-Bewußtseins, das als Kennzeichen einer kleinen Gruppe überhaupt betrachtet werden kann. Extravertierte, kontaktfreudige Mitglieder werden sich schneller anpassen, auf die anderen Teilnehmer zugehen und sind daher häufig Anwärter auf Führungspositionen. Andere Mitglieder kommen nach, imitieren ihre Kollegen und nehmen Kontakte mit Partnern auf, die ihnen sympathisch oder beeinflußbar erscheinen, oder sie gehen in die Opposition.

Zugleich mit dem Verhalten der einzelnen entstehen aus der Kommunikation Gruppennormen und Gruppenregeln. Sie können Kriterien für ein gewachsenes Zusammengehörigkeitsgefühl der Gruppe werden und sind wichtig für die Entwicklung von Wir-Bewußtsein. Die Gruppe will sich durch eine Reihe von oftmals recht unwichtig erscheinenden Merkmalen und Tätigkeiten von anderen Gruppen abheben. Man läßt sich die Haare lang wachsen, zieht sich die gleichen Pullover an, raucht die gleiche Zigarettenmarke, trifft sich in den Pausen auf dem Schulhof oder im Betrieb an besonderen Plätzen und entwickelt einen Gruppenjargon. Was spielerisch-zwecklos aussieht, hat eine wichtige Funktion für die Gruppe: Die Normen und Ideale repräsentieren die soziale Existenz der

---

1   Homans, G.C.: Theorie der sozialen Gruppe, Köln, Opladen 1960.

Gruppe, bieten Schutz und Verhaltensorientierung und spiegeln wider, was gemeinsam geschaffen wurde, worauf die Gruppe stolz ist, und womit sich die Mitglieder identifizieren.

Einige Organisationen, die ich kenne, haben diese Normen und Ideale in Leitlinien für das Verhalten und die Führung im Betrieb zusammengefaßt. Hilfreich und praktisch ist das dann, wenn die Organisationsmitglieder sich selbst und ihre Überzeugungen darin wiedererkennen. Nutzlose Alibifunktion erfüllen sie, wenn sie – von wenigen erdacht und niedergeschrieben – Forderungen aufstellen, denen die meisten Organisationsmitglieder, aus welchen Gründen auch immer, nicht zustimmen können und sich auch nicht daran halten.

Wie in vielen Experimenten und Beobachtungen gezeigt wurde, nehmen Normen und Ideale großen Einfluß auf die Arbeits- und Lernleistung einer Gruppe. Damit gewinnen sie für die Führung von Gruppen und Organisationen große Bedeutung. Ihre reflektierte Anwendung führt zu einem insgesamt höheren Verhaltensniveau und wirkt sich dadurch günstig auf die Qualität der Entscheidungen und auf das Betriebsklima aus.

Normen, Gewohnheiten, Ideale entstehen aus dem Verhalten. Sie spiegeln die angewandten Strategien wider. Die formale Struktur und das sogenannte „corporate design" der Organisation sollten den stützenden Rahmen und auch ein symbolhaftes Zeichen darstellen, auf das die Organisationsmitglieder stolz sein können.

Das oben beschriebene Modell von Miles, von ihm als Modell für das Verhalten des einzelnen in Gruppen gedacht, zeigt auch die Interdependenz des Lernens zwischen Individuen, Gruppen und Organisationen. Während der einzelne mit der Team- und Organisationsentwicklung zugleich Persönlichkeit, Charakter und Rolle bildet, hängen Team und Organisation in ihrer Entwicklung davon ab, wie die Person durch ihre Verhaltensentscheidungen als Führungskraft, Trainer, Mitarbeiter sich in dieses gesamte System einbringt. Gegenseitiges Beeinflussen und Lernen[1], Geben und Nehmen bewegt soziale Systeme. Die Chance für positive Zirkel nach oben ist da; negative Zirkel in Form von Teufelskreisen können durchbrochen werden.

Aufgabe von Führungskräften, Trainern, Lehrern und Therapeuten ist es, die Aktivität und Kommunikation in der Gruppe zu fördern, um Situationen zu schaffen, in denen einzelne und die Gruppe entscheiden können, wie sie die Qualität ihrer Kontakte bewußt und geplant verändern können.

Die Wende

Wir alle stehen, wie Abraham Maslow schreibt, vor der Entscheidung[2], in Passivität, Angst und Selbstabwertung zu verharren, ohne Chance uns weiter zu entwickeln, oder das Risiko einzugehen, auf unbekanntem Terrain neues Verhalten – sozusagen im Praxistest – aktiv und bewußt zu gestalten.

Zunächst gilt es also aktiv zu werden und den Willen zur Veränderung zu entwickeln. In Selbsterfahrungsseminaren biete ich daher den Teilnehmern Übungen an, bei denen sie sich entscheiden können, mit Abwertungen zu agieren, Konkurrenzstrategien anzuwenden und das soziale Chaos zu verstärken, oder Strategien der Zusammenarbeit zu versuchen. Wenn sie sich für die erste Strategie entscheiden, folgen sie alten Gewohnheiten. Meist entsteht Betroffenheit, wenn ihnen bewußt wird, daß sie damit weder für sich selbst, noch für die Konfliktpartner einen Erfolg erzielen. Diese emotionale Betroffenheit fördert Bewußtheit und Änderungsmotivation. Deswegen habe ich als Trainer meist gar nichts dagegen, wenn die

---

1 Für mich ist das Thema, wie Manager durch ihren Stil, durch ihr Skript, Stil und Skript eines Unternehmens und vice versa beeinflussen, so interessant, daß ich daraus ein Seminar „Führen II" gemacht habe. In diesem Seminar können die Teilnehmer eine gegenseitige Wirkungsanalyse vornehmen.

2 Maslow, A.: a. a. O.

Teilnehmer bei solchen Übungen realistisches Verhalten aus der Praxis reproduzieren. Durch bewußtes Erleben und Reflektieren lernen sie, das Chaos menschlicher Interaktion – wie es bei gegenseitigen Abwertungen entsteht – in seiner Regelhaftigkeit zu durchschauen. Ein negativer Impuls löst eine negative Reaktion aus. Daraus entsteht wieder ein negativer Impuls und dies setzt sich selbstverstärkend fort. So paradox es klingt, im Chaos zeigen sich System und Ordnung. Die Einsicht schließlich, daß das Endergebnis für alle Beteiligten negativ ausfällt, liefert ein weiteres Argument dafür, eigenes Verhalten zu überdenken und neue Entscheidungen zu treffen.

Sind wir darüber hinaus in der Lage, Problemsituationen als nötigen, ja sogar hilfreichen Anstoß für Veränderung und Lernen umzudeuten, bahnt sich ein überraschender Wendepunkt an, der so bedeutend für die Entwicklung menschlicher Beziehungen ist, daß ich ihn als „sozialen Quantensprung" bezeichne. Durch Feedbackprozesse freigesetzte Gefühlsenergien verstärken sich in synergetischem Zusammenwirken und heben das lernende, auf Kooperation angewiesene System auf ein höheres soziales Niveau. Ich vermute, daß das Überwinden des sozialen Chaos im sozialen Quantensprung eine notwendige Voraussetzung für Synergie ist. Das Feedback, dem dabei die Schlüsselrolle zufällt, ist durch eine doppelt heilsame Wirkung, nämlich durch die Gefühlsentlastung des Senders und durch die Lernchance für den Empfänger, gekennzeichnet. Blockierende Energien werden in heilende umgewandelt. Aus der Blockade entstehen Lernen, Kooperation und gegenseitige Unterstützung. Vergleichbar ist dieser Prozeß mit der Dynamik des Lebens schlechthin.

Dieser soziale Quantensprung erfolgt immer wieder in der Beziehung zwischen zwei Personen, in Familie und Arbeitsgruppen, wenn diese bereit sind, sich vertrauensvoll aufeinander einzulassen. Vertrauen ist das kleinere Risiko, wenn die ganze Beziehung auf dem Spiel steht.

Die folgende Skizze zeigt, daß der Quantensprung dann zustande kommt, wenn Gruppen oder Personen allein oder mit Hilfe von anderen Personen dazu finden, ihre Gefühle in nicht verletzender Weise auszudrücken, was Risiko und Loslassen zugleich bedeutet. Die durch Abwertungszirkel blokkierten und aufgestauten Energien können in einem Prozeß der Beziehungsabklärung durch Feedback frei werden. Aus Abwertungszirkeln werden Lernschleifen. Aus Chaos entsteht eine neue, Synergie und Liebe fördernde Ordnung.

Der soziale Quantensprung

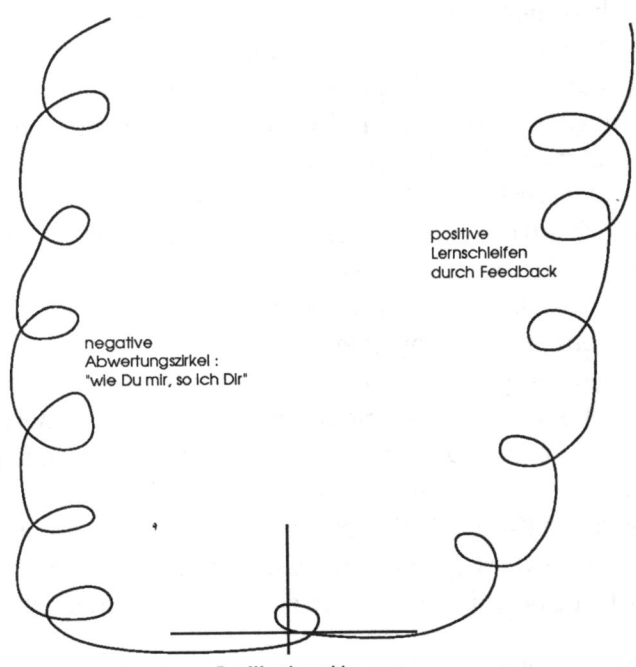

positive
Lernschleifen
durch Feedback

negative
Abwertungszirkel :
"wie Du mir, so ich Dir"

Der Wendepunkt
durch Aussprechen von Gefühlen und Verhaltensfeedback

Im gruppendynamischen Seminar bieten die Trainer, um diese Wende zu erreichen, als methodische Hilfe das sogenannte Soziogramm an. Die Teilnehmer mitsamt ihren Trainern lassen sich dabei auf sehr intensive Kommunikation ein. Oft bringt allein schon das Aussprechen von Gefühlen, die bisher als Bürde mit herumgetragen wurden, für Sender und paradoxerweise auch für Empfänger Erleichterung[1]:

> ...Das Soziogramm hatte eine ganz bestimmte Stimmung in der Gruppe erzeugt – wir waren sehr nachdenklich und ruhig. Im Blitzlicht darüber, wie sich diese Methode auf unsere Gruppe ausgewirkt hatte, kamen wir zu folgenden Ergebnissen: Sie hatte unsere Beziehungen geklärt und zusätzlich oder trotzdem waren wir einander nähergerückt. Mein Interesse an den anderen war gewachsen – meine Bilder von ihnen und der Gruppe klarer. Die Einschätzung der Gruppe und der in ihr geltenden Normen fiel mir leichter als zuvor.

Die Teilnehmer drücken zunächst Störungen, Ängste, Ärger bis hin zum Zorn aus und gewöhnlich erst danach auch Freude, Attraktivität und Hingezogensein zu den anderen, öffnen und entlasten sich selbst und geben zugleich anderen Seminarteilnehmern die Chance, sich in ihrer sozialen Wirkung zu erleben. Dies erfordert Mut zur Konfrontation und die Bereitschaft, sich auf die eigenen Gefühle einzulassen. Das kann eine erschreckende Erfahrung sein, da Gefühle explosionsartig zum Ausdruck kommen und aufgestaute Emotionen aus der Vergangenheit hervorbrechen können.

In gegenseitiger Hilfe und nötigenfalls durch den Trainer angeleitet, können die Kursteilnehmer lernen, die Energie ihrer Gefühle positiv zu nutzen und nicht verletzende Ich-Botschaften mit Verhaltensbeobachtungen zu verbinden. Nach einer solchen Katharsis fühlen sich die meisten frei für aufbauende Gefühle der gegenseitigen Unterstützung und Liebe. Oft wissen Gruppen nicht wie ihnen geschieht, wenn sich das, was

---

1 Kloiber, G.: Erfahrungsbericht über das Organisationsentwicklungs-Seminar vom 05.-10. Juli 1987 in Westerham; siehe auch Riechen, L.: a. a. O., S. 10.

ihnen vor der Konfrontation als unmöglich und gefährlich erschien, als ein natürlicher Weg zu Nähe und Zusammenarbeit erweist.

Wie wir als Eltern, Trainer und Manager den Weg hin zu diesem Wendepunkt begleiten können, beschreibe ich in den folgenden Kapiteln.

Ziel – Weg – Handlung

Arbeiten und Lernen in Familie und Team als Elemente der Entwicklung

Zielaspekte

Arbeiten und Lernen als Prinzip

Das gemeinsame Ziel von Arbeits- und Lerngruppen ist die Entwicklung von Kompetenz, um die in der jeweiligen Situation anstehenden Probleme lösen zu können. Arbeitsgruppen sollen durch Zusammenarbeit Aufgaben optimal erledigen. Der Erfolg hängt wesentlich von der sozialen Lernfähigkeit der Gruppe ab, also davon, ob es ihr gelingt, ein Team zu werden und als solches zu arbeiten. Diese Fähigkeit wird als Element sogenannter Allgemeinbildung bei Erwachsenen und besonders bei Führungskräften als selbstverständlich vorausgesetzt. Da nun das allgemeine Bildungssystem in den meisten europäischen Staaten noch weitgehend vom neuhumanistischen Bildungsideal – in dem sowohl das Soziale als auch das Wirtschaftliche ziemlich stiefmütterlich behandelt sind – geprägt ist, stimmt diese Voraussetzung nicht. Kaum jemand, der nach dem Schulabschluß in das Berufsleben eintritt, verfügt über das für Teamarbeit erforderliche Repertoire an sozialen Fähigkeiten, wie zum Beispiel: Zuhören, Konflikte lösen, Anerkennung geben und nehmen. So erlebe ich manchmal bei Kommunikationsübungen, daß selbst fachlich hochqualifizierte Manager bei relativ einfachen Zuhörübungen in Panik geraten, wenn sie sich ihres Defizites bewußt werden.

Auch Arbeitsgruppen haben den Umgang miteinander erst zu lernen, und dies ist ein jeweils gruppenspezifischer Prozeß. Bei jeder Gruppe geschieht dies neu. Arbeitsgruppen sind sekundär also auch Lerngruppen. Erfolgreiche Arbeitsgruppen haben einen ganz individuellen sozialen Lernprozeß durchlaufen und entwickeln sich ständig weiter.

Die primäre Aufgabe von Lerngruppen wie Schulklassen, Fachlehrgängen und Seminaren ist Lernen. Eine alte Faustregel von pädagogischen Praktikern lautet: Lernen durch gelenktes Tun, durch Selbstaktivität in Eigen-, Partner-, oder Gruppenarbeit bringt einen größeren Lernerfolg als Lernformen, bei denen der Lernende eher passiv bleibt, wie zum Beispiel beim Hören von Vorträgen. Die von Kerschensteiner begründete Arbeitsschulbewegung leitet davon ihren Namen ab. Arbeiten ist im Sinne von selbsterfahrendem Tun eine wichtige Komponente von Lernen. Effiziente Lerngruppen sind daher auch Arbeitsgruppen.

In der Verbindung von Arbeiten und Lernen besteht die Chance für den einzelnen wie auch für Gruppen und Betriebe, ihr brachliegendes Potential zu entfalten und ihre Kompetenz zu vergrößern. So können sie aus ihrer teils selbst-, teils fremdverschuldeten Unmündigkeit heraustreten und ihre passive, für Symbiosen typische Abhängigkeit überwinden. Heraustreten aus Symbiosen, zunächst der elterlichen, später der schulischen und betrieblichen, bedeutet aktiv zu werden, die in der jeweiligen Entwicklungssituation anstehenden Probleme anzugehen und Schritte hin zur Entwicklung seiner selbst zu tun. Ein Ziel von Gruppendynamik als Methode ist die Verbesserung von Beziehungen durch Aktivität und soziales Lernen. Dies ist die Voraussetzung für eine gute Teamleistung.

Erziehung, Training, Führung

Arbeiten und Lernen sind für die Entwicklung, die Beratung, die Erziehung und das Training sowohl von Familien als auch von Teams wichtig.

Erziehung läßt sich eher der Familie, Führung und Training eher dem Team zuordnen. Sie erfüllen gemeinsame, aber auch spezielle Aufgaben: Die Familie soll den Rahmen und die Sicherheit für das Werden der Person vom Fötus zum Erwachsenen bieten. Das Team ist zwar ein familienähnliches Gebilde, hat primär aber die Funktion der Leistungserstellung, die in der Familie einen nachgeordneten Rang einnimmt.

Jeder psychisch auch noch so gut entwickelte Erwachsene bringt aus seiner Ursprungsfamilie in jede neue Gruppe mit, was er in seiner persönlichen Geschichte noch nicht erledigt und gelernt hat. All seine späteren Interaktionen in Gruppen können unter diesem Aspekt gesehen werden. So sucht sich der Betreffende solche Partner aus, die sein Rollenverhalten komplementär ergänzen – z. B. Menschen, die ihn an Vater, Mutter oder Geschwister erinnern – und interagiert so lange mit ihnen, bis er wieder ein Stück Loslösung aus der Symbiose erreicht hat. Dies ist ein lebenslanger Lernprozeß, der uns Schritt für Schritt dem wohl allen Menschen gemeinsamen Ziel „Entwicklung zur Ganzheit" näherbringt. Ebenso ist das erklärte Ziel des Teams, die Leistungserstellung – wenn auch nur sekundär – von der Bearbeitung von Beziehungen abhängig.

Deshalb hat auch die Zusammensetzung des Teams Einfluß auf die Entwicklung, die Zufriedenheit und die Leistung. Bei ungünstiger Konstellation verwenden die Gruppenmitglieder viel Energie darauf, Beziehungsprobleme nachzuarbeiten und eine Arbeitsgruppe zu einer Nachentwicklungs- oder einer Therapiegruppe umzufunktionieren. In Selbsterfahrungskursen versuche ich, den Teilnehmern bewußt zu machen, warum sie gerade mit bestimmten Personen zusammen lernen und arbeiten wollen. Wenn die eigenen symbiotischen Wünsche bewußt werden, besteht mehr Entscheidungsfreiheit.

Auf Seminaren werden symbiotische Relikte häufig evident, wenn die Teilnehmer aufgefordert sind, Lernpartner oder sogenannte Seminarschatten zu suchen. Hier zwei Beispiele[1]:

---

1 Bleymüller, H.: Erfahrungsbericht über das Gruppendynamik-Seminar vom 08.-13. Juli 82 in Westerham.

C: ...Am Anfang saß ich neben ihm und hätte ihn gerne als Seminarschatten gehabt. Er hat sich abgewendet, worauf ich zunächst Stefan wollte und dann per Augenzwinkern Josef bekam. Zunächst unbewußt und zuletzt bewußt nahm ich für die Zurückweisung Rache, nahm Ernst alle Dinge übel, die Gerd ihm vorwarf (Unterbrechungen, Rationalisierung, Themawechsel) und anderes, nämlich Angriffe auf Ruth (Blockierung der Gruppe durch Tränen), fehlender Mut zur Auseinandersetzung mit Gerd, Sitzenlassen von Markus bei Präsentationen, Sitzenlassen der Gruppe bei Frust am Dienstagabend, „Unehrlichkeit", Therapeutenverhalten (Kopfneigen, Lippenschürzen), den lieben Hund den ganzen Tag alleinelassen. Versuch zur Beziehungsklärung beim Abschied („Ich sehe in dir viele Dinge, die ich an mir selber nicht mag"), wurde von ihm mit zwei Sätzen beantwortet: „Eigentlich mag ich mich selber schon" und „Ja, so ist das mit der Projektion". Dann wurde ich stehengelassen. Meine Reaktion: „Ich hab's ja gleich gesagt!"

Erfahrung: Wenn wir unsere Beziehung früher geklärt hätten, dann wäre unser Gruppenergebnis in der Sonoraübung noch besser gewesen und ich hätte mir Enttäuschung und Ärger erspart.

Ernst versucht mit Verstand und Geschäftsordnungsmethoden zu arbeiten. Zeigt sich schwach (Helft mir doch, seht ihr nicht, was Gerd mit euch macht?). Zu späte Tränen wirken auf mich nicht echt. Der engere Kontakt zu dem liebenswürdigen tolpatschigen Gefühlseisbären Manfred disqualifiziert ihn vor den Augen der Gruppe, die Probleme sieht und sehen will.

J.: Zu meinem Seminarschatten war schnell ein Vertrauensverhältnis da. Gegenseitige Hilfsbereitschaft – gegenseitiges Verständnis – Wohlfühlen in der Nähe des anderen. Mein Bild von ihm: Klug mit Durchblick, sehr vorsichtig und kontrolliert, warm, lustig, beherrscht das Handwerk des Trainers, leidet unter seinem gebremsten Mut – Aggressionen loszuwerden, einfühlsam ohne sich zu verströmen.

Problem: Bei Vertrauensübung ließ er mich Stacheln und etwas Kaltes, Rundes, Glitschiges fühlen. Stacheln o.k., das Runde unangenehm – so ein Hund – verarscht er mich? Hinterher stellte es sich heraus, daß das Runde eine Schnecke war – damit wieder akzeptabel für mich. Gefühl der Ruhe und Sicherheit, wenn ich ihn sehe. Auch er geht auf mich zu. Gegenseitige Annahme – Prüfung – Bindung – Erfolg.

und [1]

---

1   Hohenadl, R: Erfahrungsbericht über das selbe Gruppendynamik-Seminar .

...Nach einigem unsicheren Umherirren nehme ich an einem kleinen Zweiertisch in der Ecke Platz. An ihm sitzt bereits ein Mann. Er heißt Dieter und teilt meine Zweifel darüber, wie Dr. Rosenkranz all dies bewältigen will. Ich verstehe mich mit Dieter von Anfang an, wir haben die gleiche „Wellenlänge". Er wird mich durch das gesamte Seminar begleiten und für mich stets eine Insel der Ruhe bilden. Dieter wird schließlich auch der letzte sein, von dem ich Abschied nehme.

Natürlich kann es nicht die Aufgabe eines Teamleiters sein, therapeutische Funktionen für seine Gruppenmitglieder zu übernehmen. Wenn er sich dennoch bewußt ist, daß er (ähnlich wie Trainer) durch alles, was er tut oder läßt, Prozesse gestaltet, die der Entwicklung des einzelnen und des Teams förderlich oder hinderlich sind, so erleichtert es sein Verständnis für seine Gruppe. Er gestaltet als primäre Projektionsfigur wesentlich Klima und Kultur, Beziehung und Leistung des Teams. Therapeuten sind darüber hinaus auch noch zuständig für Hilfen bei der Bearbeitung.

Eltern haben sowohl Führungs- als auch Erziehungs- und Trainingsfunktionen zu verbinden. Damit haben sie, meist bei geringer Vorbereitung, eine sehr schwierige Aufgabe zu bewältigen.

Führung und Erziehung bzw. Training liegt die Zielsetzung zugrunde, das im Kern vorhandene Potential durch geeignete Interventionen zur Entfaltung zu bringen. Insofern haben Erziehungsstil der Eltern, Trainingsstil der Trainer und Führungsstil von Teamleitern manches gemein: Je reifer einzelne und Gruppen sind, desto weniger bedürfen sie der Führung und Erziehung.

Führung, Erziehung und Training können entlastet werden durch Struktur, d. h. durch Regeln. Kinder, Mitarbeiter und Klienten sind eher bereit, sich an Regeln zu halten, wenn sie an deren Erstellung beteiligt sind. Dies hat wiederum Trainingseffekt. Fähigkeiten zur Kommunikation und Kooperation werden geübt, indem Eltern und Kinder, Gruppenmitglieder und Vorgesetzte, Seminarteilnehmer und Trainer gemeinsam die Regeln aufstellen. Weiterhin können Eltern, Trainer, Führungskräfte die Leistung und Entwicklung von einzelnen, von Familie sowie Lern- und Arbeitsgruppen fördern, indem sie einen Erziehungs-, Trainings- und Führungsstil entwikkeln, der Selbsterfahrung fördert und durch Feedback korrigierend unterstützt. Die Kunst ist es, dabei abzuschätzen, wieviel Lenkung nötig und wieviel Selbstaktivität auf seiten der Betroffenen möglich ist. Tun Führer, Trainer oder Eltern zu wenig, fehlt die gute Orientierung, sind sie zu aktiv und zu heftig, können sie die Gruppe oder die Kinder verlieren.

Der gemeinsame Zielaspekt ist: Individuen und Teams lernen verantwortlich das zu tun, was sie angeht, überwinden Symbiosen und nützen immer mehr von ihrem Potential. Ganzheit und autonomiebestimmte Autorität sind entwicklungsbedingte Ziele. Der einzelne kann im Wechselspiel von Individuum und Gruppe Identität finden, wenn er seine Fähigkeiten entwickelt und sie auch wieder in Frage stellen läßt. Dies geschieht, indem er durch Interaktion mit anderen Teile der eigenen individuellen Identität losläßt, um eine neue Identität im Team zu gewinnen. Paradoxerweise ist das wiederum seine eigene soziale Identität.

Um die Teamidentität des einzelnen zu finden, muß seine Autorität dahingehend hinterfragt werden, was sie für das Wohl und Wehe der ganzen Gruppe leistet. Ein Team kommt zustande, wenn Feedbackprozesse zugelassen sowie die Rollen und die Autorität der Mitglieder durch Feedback in die Gruppe integriert werden. Ähnlich entwickelt sich eine Familie durch Familienkonferenzen und Familienrat.

Die wechselseitige Bezogenheit von Identität und Ganzheit sowohl bei Individuen als auch bei Teams zeigt sich ebenfalls im Zusammenhang mit der Selbststeuerung. Personen und Gruppen tun das, was ihnen je nach Entwicklungsstand und Aufgabenstellung entspricht, selbstverantwortlich. Aber, so wie sich die voll entwickelte Individualität des einzelnen an der Fähigkeit zur freien Selbstbestimmung messen läßt, gibt es auch bei Gruppen und Systemen das anspruchsvolle und hohe Ziel einer echten Selbststeuerung, Ausdruck für die selbständige Handlungsfähigkeit der Gruppe. Es fragt sich allerdings, ob Selbststeuerung von Teams nicht ein ebenso utopisches Ziel ist wie die Unabhängigkeit von Individuen. Denn natürlich sind Teams abhängig davon, inwieweit ihre Mitglieder Selbststeuerung als identifizierungswürdiges Ziel ansehen, und inwieweit die Kultur des Unternehmens und die hierarchische Stellung des Teams eine solche Zielsetzung zulassen. So wie für Einzelpersonen Ganzheit nur möglich ist durch ein gewisses Maß an sozialer Abhängigkeit (das Ich wird durch die Existenz des Du definiert), so ist Autonomie von Teams in der Relation zu dem übergeordneten Ganzen zu sehen. Das Individuum bezieht sich auf die Familie, das Team ist Teil des Unternehmens und das Unternehmen ist der Gesellschaftsordnung sowie der Kultur des Landes verpflichtet.

Einzelne und Teams hindern sich selbst daran, individuellsoziale, kognitiv-emotionale Ganzheit zu erreichen, indem sie sich, wie oben dargestellt, auf Abwertungszirkel einlassen und damit in der Symbiose bleiben. Der Prozeß der Ablösung aus der Symbiose spiegelt den Grad erreichter Ganzheit wider, nämlich wie reflektiert Individuen mit ihren Eltern, Teams mit ihren Führungskräften und Seminargruppen mit ihren Trainern – und natürlich vice versa – umgehen.

Verzicht auf Abnabelung bedeutet auch Verzicht auf Ganzheit und Potential. Oft wird dieser Prozeß dadurch erschwert, daß bestimmte Gefühlsenergien, wie zum Beispiel Wut oder Liebe, ausgeschlossen werden.

Wegaspekte

Als Vater, als Familientherapeut, als Trainer, Berater und als Führungskraft habe ich immer wieder staunend Parallelen im

Prozeß des praktischen Tuns erfahren, wenn ich versuchte, Entwicklung und Leistung meiner „Adressaten" zu fördern. Fühlen, Denken und Handeln gehen stufenartig ineinander über.

Stufen des Weges

1. Alles beginnt mit der Wahrnehmung oder: Durch Wahrnehmung zu Bewußtsein

In unseren verschiedenen Rollen können wir uns selbst und anderen helfen, eigenes und fremdes Verhalten bewußt zu erfahren. Ich unterscheide drei Formen der Bewußtheit:

Unter *kognitiver* Bewußtheit verstehe ich die Fähigkeit, Informationen zu sammeln, sie zu einem Verständnismodell zusammenzufügen und damit einen Beziehungsrahmen zur Erklärung der Realität anzulegen. Das sinnvolle Lernen mathematischer Formeln gehört in diesen Bereich. Weitere Möglichkeiten hierfür sind z. B. das Verstehen durch eigene bzw. aufgrund von Feedback erlangte Einsicht, oder auch, wie wir aus dem chaotischen Kampf jeder gegen jeden schrittweise zu produktiveren Umgangsformen in allen sozialen Situationen kommen können. Diese Art von Bewußtheit ist durch Denken gekennzeichnet. Gehirnphysiologisch bewegen wir uns dabei in der linken Gehirnhälfte und aktivieren Beta-Wellen, die unseren Wachzustand kennzeichnen. Unser Bildungssystem zielt sehr einseitig auf die Aktivierung dieses Zustandes ab.

Körperliche und *emotionale* Bewußtheit erlangen wir, indem wir sämtliche Sinne, die oft durch Fernsehen, Alkohol, Nikotin oder andere Drogen abgestumpft sind, reaktivieren: Sehen, Hören, Spüren, Riechen, Schmecken. Bewußtwerden bildet den ersten Schritt zur Wiederaktivierung des eigenen Energiepotentials. Dies beginnt beim Wiederentdecken des eigenen Körpers und ist die Voraussetzung, um soziale Beziehungen und Prozesse in Familie und Team beobachten, erfahren und sie auch überlegt gestalten zu können.

Neben der Fähigkeit, bewußt wahrzunehmen, können wir auch unsere *intuitiven* Wahrnehmungsfähigkeiten qualifizieren. Zugang hierzu finden wir durch Entspannung, Meditation, Trance, Traumarbeit und künstlerische Formen des Erlebens wie Musik, Malen und Tanzen. Durch sie wird die rechte Gehirnhälfte aktiviert.

Übungen der Gestalttherapie und des neurolinguistischen Programmierens (NLP) sowie die gruppendynamische Selbsterfahrungsgruppe sind immer auch Beobachtungs- und Wahrnehmungstraining, und häufig geschieht Änderung allein schon durch das Sich-Einlassen auf Wahrnehmung.

Werden wir uns der Situation bewußt und lassen wir uns darauf ein, ist manchmal schon ein wesentlicher Schritt zur Heilung – sprich Ganzheit – getan. Der nächste ist, das Symptom, oder wie C.G. Jung es ausdrückt, den eigenen Schatten anzuschauen und gewahr zu werden, was er für uns bedeutet. Das, was uns bewußt wird, formt uns. Oft ändern Menschen schon ihr Verhalten, wenn ihnen bewußt wird, daß sie wichtig genug sind, um bei anderen Menschen Interesse zu finden.

2. Loslassen und offen werden für den Sinn

Gruppen und einzelne blockieren sich selbst, wenn sie an Vorstellungen, Gedanken und Gefühlen festhalten, die in der Kindheit erlernt wurden, jetzt aber nicht mehr in die Situation passen. Alte elterliche Botschaften, etwa Antreiber wie: „Sei der beste", „sei perfekt", „streng dich an", „sei stark", „beeil dich", bewirken durch den absoluten Anspruch einer Fixierung auf scheinbaren Erfolg zumeist das Gegenteil und führen in einen Engpaß. Oft werden sie als der Maßstab für einen ziel- und ergebnisorientierten Manager verstanden. Im Extremfall führen sie zu existentiellen Blockaden. Deutlich wird dies an dem Beispiel der Affen, die gefangen werden, wenn sie durch eine Öffnung von Kalebassen Bananen ergreifen und dann ihre Hand nicht mehr zurückziehen können, da sie in ihrer Gier die Bananen nicht loslassen wollen. Ähnlich geht es auch Menschen, die durch Festhalten und „Feststellen" – was unmöglich ist, da alles fließt – auf Freiheit und Flexibilität verzichten. So wird dann Energie für eine vergebliche Sache aufgewendet.

Durch das Verharren in eingefahrenen Denk- und Gefühlsgeleisen, ohne rechts noch links zu sehen, durch das einseitige Benützen immer nur derselben Gehirnhälfte, der gleichen Kommunikationsebenen, Rollen und Positionen beschränken wir uns auf Bruchteile unserer Aktions- und Lernmöglichkeiten, schätzungsweise zwischen 5 – 20 %.[1] Erst wer mit Sokrates bekennen kann: „Ich weiß, daß ich nichts weiß!" wird leer und aufnahmebereit für Neues wie ein Kind.[2]

Wem es gelingt, loszulassen, was früher Überleben gesichert hat, macht Erfahrungen von existentieller Tragweite. Dabei wird die Bedeutung des eigenen Lebensdrehbuches – auch Skript genannt – erkennbar, das sehr stark von – durch elterliche Botschaften – erworbenen Ersatzgefühlen bestimmt ist. Und mit der bewußten Erkenntnis haben wir eine wichtige Voraussetzung für Revision und Neuentscheidung in unserem Skript geschaffen. Ein Bankdirektor schreibt von so einer Erfahrung[3]:

...Aber ähnlich wie die jagenden Regenwolken am nicht mehr weiß-blauen Himmel ziehen Erinnerungen durch meine Gedanken. Erlebnisse aus dem Seminar tauchen auf, fesseln mich, beschäftigen mich immer wieder und immer noch. Mein intensiv erlebtes Skript (vorprogrammierter Lebensplan), meine verschiedenen Ich-Zustände und vieles mehr bilden

---

1 Harrison, A.F., Bramson, R.M.: The Art of Thinking, New York, 1982, 4. Printing, S. 1 ff und Litvak, S.B.: Use your Head, Englewood Cliffs, New Jersey 1982.
2 „Wahrlich ich sage euch, wenn ihr nicht umkehrt und werdet wie die Kinder, so werdet ihr nicht ins Himmelreich kommen" (Mt 18,3).
3 Langer, K.: Erfahrungsbericht zum Transaktionsanalyse-Seminar vom 19.-24. Okt. 1986.

einen Seminarhintergrund, aus dem mir einige sehr imponierende Szenen deutlich werden, weil ich daran arbeite.

So befällt mich die Erinnerung an eine Szene, ich bekomme beim Schreiben feuchte Hände. „Stellt euch Gesprächssituationen mit euren Eltern vor, in denen euer Vater und eure Mutter a) euch verletzt haben und b) euch etwas sehr Schönes gesagt haben.

Die Gedanken rasen zwanzig bis dreißig Jahre zurück. Die Erinnerungen werden durchgeblättert, rasten hier und dort ein, verwerfen einzelne Jugenderlebnisse, suchen weiter. Dann stehen vier konkrete Dialoge mit den Eltern deutlich vor Augen – wir sind in die Kindheits- und Jugendjahre zurückgekehrt. Das wühlt mich auf, Gefühle regen sich, elterliche Botschaften werden deutlich. Hans „legt einen Zahn zu". Im simulierten Zwiegespräch mit den Eltern werden die zum Teil dramatischen Szenen nachempfunden – das geht an die Nieren, auch bei den Beobachtern. Ich spüre vor und während meines Gespräches Gefühle in meinem Körper, die ich schon lange nicht mehr erlebt habe. Ein dicker Kloß sitzt mir im Hals. – Nach meinen vier nachempfundenen Dialogen fühle ich mich erleichtert, fast froh.

Die Gruppe – inzwischen vertraute Freunde – analysiert die elterlichen Botschaften und stellt Verbindungen her zu erkannten Verhaltensweisen. Mein Skript-Puzzle bekommt ein paar Details mehr!

Wir haben über den Umgang mit uns selber eine Menge erfahren, und wer viel mit anderen Menschen umgeht (das tun wir alle als Manager, Trainer usw.), der kann nicht genug über seine Antreiber, Bremser und sonstige, sein Verhalten prägende Einflüsse wissen. Das ebnet den Weg zum „Ich bin o.k. – Du bist o.k.".

Das Skript ist maßgeblich für die Effektivität des Führungsstils und für das Sich-Einbringen in zwischenmenschliche Prozesse. Ich habe nach den intensiven Seminartagen die Gewißheit und den Mut bekommen, mein Skript und meinen Führungsstil in einigen Details ändern zu wollen – behutsam, aber bewußt.

Übrigens: bei der Heimreise lacht wieder die Sonne vom weiß-blauen Himmel. Ein Symbol für den Seminarerfolg? Oder ein Stück bayerischer Gastlichkeit? Wohl von beidem etwas.

Loslassen ist auf paradoxe Weise die Voraussetzung für die Aufnahme von Neuem. So beruhen Erfolge durch „Superlearning" auf einer „konzertähnlichen Pseudopassivität"[1] der An-

---

1 Bierach, A.: Mentales Training, München 1984, S. 10 ff.

strengungslosigkeit. Auch Leistungssteigerung im Sport wird durch Entspannen und Loslassen in Verbindung mit suggestiven Bildern erreicht. Als Boris Becker lernte, loszulassen von der Vorstellung, unbedingt bei jedem Turnier gewinnen zu müssen, wurde er nach langer Mißerfolgsserie Weltmeister.

Die Trennung von Altem, Überlebtem, Belastendem befreit und ist eine notwendige Voraussetzung für Wachstum und Reifung zu neuer Einheit. So schreibt eine Seminarteilnehmerin[1]:

... In der Rückblende kann ich sagen, daß das Seminar mir viel gebracht hat und ich es deshalb als schön empfunden habe. Nur die Aufzeichnungen während des Seminars zeigen dazu ein differenziertes Bild. Denn ein Teil meiner aus dem Seminar resultierenden Entwicklung wurde aus dem Leiden heraus getragen. Ein Leiden, das dadurch entstand, weil ich einen Teil meines bisherigen Selbst loslassen mußte. Eine Trennung ist für mich immer schmerzlich. Ich habe in diesem Seminar wichtige Schritte gemacht, jedoch nicht ohne Einsatz.

Wenn ich bereit war, von einer fixierten Vorstellung abzugehen, beispielsweise einen Partner oder einen Klienten „loszulassen", dann hatte das, wie ich meist erst später mit Erleichterung erkannte, einen guten Sinn. Loslassen scheint viel mit dem Akzeptieren eines umfassenderen Sinnes zu tun zu haben, der – ob wir wollen oder nicht – vorhanden ist. Loslassen ist eine Form, mit der Energie zu gehen.

3. Widerstand leisten, Konfrontieren oder eine angemessene Energie dagegensetzen

Für einzelne und für Gruppen gibt es Entwicklungsphasen, in denen Widerstand und Konfrontation gegen Erziehung, Training und Führung, also das Heraustreten aus der Symbiose,

---

1   Kloiber, G.: Erfahrungsbericht über das Transaktionsanalyse-Seminar vom 18.-23. Okt. 1987.

wichtig und notwendig sind. Die Symbiose mit den Eltern, den Trainern im Seminar oder mit einem starken Teamleiter, bietet Schutz und Stärke in der Einigkeit. Bezahlt wird dafür mit Abhängigkeit. Zwar ist es notwendig, Abhängigkeit in gewisser Weise zu akzeptieren, aber ohne phasenweises Heraustreten aus der Abhängigkeit ist die Entwicklung von Identität und Fähigkeit zur Selbstbestimmung nicht möglich.

In der Entwicklung des Kindes und des Jugendlichen erleben wir immer wieder die sogenannten Trotzphasen. So sprechen Kinder im zweiten Lebensjahr von sich selbst in der dritten Person, wie z. B.: „Martin (der sich noch nicht selbst gehört, sondern seiner Mutter) möchte einen Gummibär". Diese erste Trotzphase ist durch viele „Neins"gekennzeichnet. Durch das Nein möchte sich das Kind, ob sinnvoll oder nicht, von der Mutter distanzieren und sich von ihr unterscheiden lernen. Nach dieser Nein-Phase benützt das Kind zum ersten Mal das Wort „Ich".

Ähnliches ist in Gruppen zu bemerken, wenn die Teilnehmer in der ersten Phase mit Aussagen wie „wir alle sind doch der Meinung ..." oder „man kann doch in dieser Situation nur so oder so entscheiden" signalisieren, daß sie sich mit den Konventionen, Regeln und Vorstellungen eines gesellschaftlichen Über- oder Eltern-Ichs identifizieren. Diese Identifikation bietet ihnen Sicherheit, aber auch Abhängigkeit. In Selbsterfahrungsgruppen lernen sie, diese Abhängigkeit zu hinterfragen, zu reflektieren und zu entscheiden, ob sie dabei bleiben oder etwas Neues testen wollen. Wenn Eltern, Trainer oder auch Führungskräfte in solchen Situationen nicht genügend Widerstand und Reibung anbieten, werden die Adressaten um wichtige Lernerfahrungen betrogen.

Ähnliches ist in einer zweiten Trotzphase, auch Ödipus-Phase genannt, lernen Buben, sich spielerisch mit ihrem Vater zu vergleichen, und, wie Freud es darstellt, sie konkurrieren gegen den Vater um die Mutter. Mädchen wollen in dieser Phase meistens den

Papa heiraten und konkurrieren mit ihrer Mutter. Am Verhalten der Eltern lernen Kinder, wann und in welcher Weise Widerstand und Konfrontation notwendig sind.

Unter Managern finden sich häufig kontrollierende Persönlichkeiten. Ihnen fehlte um das fünfte Lebenjahr herum der Vater und damit die Möglichkeit, an einem sicheren Modell zu lernen. Sie suchen sich deswegen immer neue Vorbilder für das, was ein Mann tut, picken sich gleichsam die Rosinen aus dem Kuchen heraus und lassen diese Vorbilder nach einiger Zeit wieder fallen. So können sie zwar viele Fähigkeiten selektiv erlernen, doch unter dem hohen Risiko, auch Schädliches zu übernehmen. Durch den Zwang zur Selektion entwickeln sie ein starkes Kontroll- und Mißtrauensverhalten. Sie haben Schwierigkeiten, stabile Beziehungen zu begründen, da sie zu wenig Möglichkeiten haben, das vertrauensvolle, konfliktäre Sich-Einlassen auf eine andere Person zu üben. Sie suchen sich immer wieder Personen, um ebendiese Prozesse, da sie andere nicht erlernt haben, nachzuholen. Ein Ausbruch aus diesem Verhaltensschema und das Einüben von Alternativen gelingt, wenn sie bei Führungskräften oder Trainern die ihnen angemessene – d. h. entweder provokative oder liebevolle, oder verstehende, oder deutlich Stoppsignale setzende – Konfrontation erfahren.

In Gruppen und Teams kann dies in Gestalt von Autoritätskrisen aller Art vor sich gehen. Solche Autoritätskrisen in einer Weise durchzustehen, daß keiner der Partner eine Niederlage zu erleiden hat, ermöglicht ein Freiwerden der persönlichen und Gruppenbeziehungen für das, was wir Kooperation und auch Liebe nennen. Dieses Stadium ist gekennzeichnet durch die Reflexion unserer natürlichen Abhängigkeiten. Reflexion führt uns auf ein höheres Niveau der Beziehung und läßt uns die ohnehin gegebenen Unterschiede nützen. Es entsteht neue Energie, wenn zwei unterschiedliche Energieformen aufeinandertreffen. Leider sind nur wenige Trainer und Führungskräfte fähig und bereit, ihr oftmals liebgewonnenes Guru-Image im Autoritätskonflikt auf die Probe zu stellen. Bei der Ausbildung und Einstellung von Trainern achte ich besonders darauf, wie weit sie in der Lage sind, Autoritätskrisen mit mir selbst und mit ihren Adressaten O.K.- O.K. zu bestehen.

Die Phasen Abhängigkeit, Gegenabhängigkeit und Zwischenabhängigkeit treten sowohl bei Individuen als auch Gruppen, bis hin zu größeren Einheiten wie ganzen Organisationen auf.

Fast jede Organisation entsteht durch einen Pionier, der Ideen hat und sie mit einigen Mitarbeitern in die Tat umsetzt. Diese Phase ist stark von der Faszination, die von dem Pionier ausgeht, geprägt. Ist die Idee gut, wächst die Organisation und bürokratische Regelungen werden notwendig. Diese Phase der Differenzierung bedeutet auch Ablösung vom Pionier. Selbst wenn der Pionier noch im Unternehmen mitarbeitet, kann er nicht mehr alles überblicken und die Organisation verselbständigt sich – wenn auch unter dem prägenden Einfluß des Unternehmers. Verläßt der Pionier das Unternehmen durch Pensionierung oder Tod, dann entstehen unter den Söhnen „Diadochenkämpfe". Ist die Nachfolge geregelt, so haben sich die Nachfolger die Hinterfragung ihrer Autorität gefallen zu lassen. Grenzen und Kompetenzen werden ausgetestet und neu geregelt.

Ich hatte in einem großen Konzern die Gelegenheit, diesen Prozeß der Ablösung vom Vater mitzuerleben und beratend begleiten zu können. Der Pionier hatte vorausschauend mit dem akkreditierten Nachfolger zusammen ein konzernübergreifendes Projekt der Organisationsentwicklung – wohl auch zur Bestellung des eigenen Hauses – eingeleitet. Während dieses Projektes wurde nun bei einem Assessment-Center auch ein zweiter Geschäftsführer zur Unterstützung des ersten gesucht. In dem Auswahlgremium saßen neben dem „Vater" all die wichtigsten „Söhne", die nun über die Nachfolge des Vaters mitzubestimmen hatten. Sie suchten eine Person als Geschäftsführer aus, die der Vater nicht favorisiert hatte. Hier fand eine erste Autoritätskrise statt, die sehr offen und konfrontativ bearbeitet wurde. Am Ende folgte der Unternehmer dem Wunsch der Söhne. Bei mehreren Veranstaltungen, insbesondere bei einem Seminar zur Prozeßberatung, konnte ich nun erleben, wie die

Autorität der beiden Geschäftsführer sehr konfrontativ und offen auf die Probe gestellt wurde.

In der Anfangsphase des Projekts waren direkte Kommunikation und niederlagelose Konfliktaustragung durch Feedback erlernt worden. Die Art, wie im obersten Leitungsorgan des Unternehmens mit Konflikten umgegangen wurde, hatte Signalwirkung und stand Modell für das Gesamtunternehmen. Die einzelnen Geschäftsführer übernahmen diese Umgangs- und Verhaltensformen, trugen sie weiter in die Top-Teams ihrer Werke und prägten so eine neue Unternehmenskultur.

Wie folgende Übersicht zeigt, sind Trotzalter, Autoritätskrise und die Ablösung vom Pionier stark konfliktäre Phasen in der Entwicklung von Individuen, Teams und Organisationen. Faire Konfrontation und Hinterfragung durch Feedback helfen sie zu bewältigen und führen bei Gelingen zu einem höheren Entwicklungsniveau.

Entwicklungs-Phasen

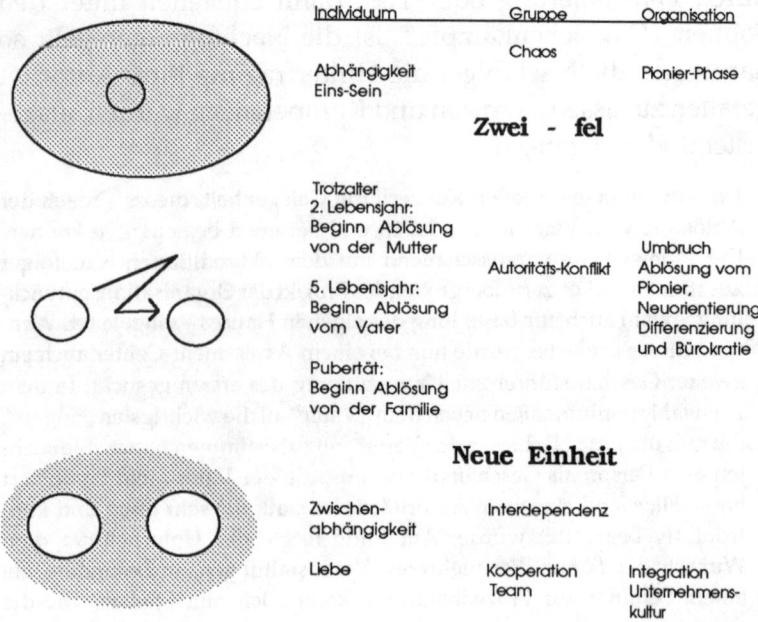

Individuum	Gruppe	Organisation
	Chaos	
Abhängigkeit Eins-Sein		Pionier-Phase

Zwei - fel

Trotzalter 2. Lebensjahr: Beginn Ablösung von der Mutter		Umbruch
5. Lebensjahr: Beginn Ablösung vom Vater	Autoritäts-Konflikt	Ablösung vom Pionier, Neuorientierung, Differenzierung und Bürokratie
Pubertät: Beginn Ablösung von der Familie		

Neue Einheit

Zwischen-abhängigkeit	Interdependenz	
Liebe	Kooperation Team	Integration Unternehmens-kultur

4. Die Umwandlung von Energien

Das Nutzen von Energien vollzieht sich auf mehreren Stufen: In einem ersten Schritt bringt das Loslassen festgehaltene, blockierte Energien wieder in Fluß. In einer anschließenden Konfrontation, also dem Dagegensetzen einer gleichstarken Kraft, baut sich ein energetisches Spannungsfeld auf. Die Energie ist hier gebunden und hat damit statischen Charakter. Durch Befreiung aus der polaren Spannung, durch Verwandeln, Umdeuten oder auch Reframing[1] gewinnt sie Dynamik. Sie steht nun für Aktionen zur Verfügung und kann z. B. in neue Entscheidungen oder alternatives Verhalten umgesetzt werden.

Dieser letzte Schritt ähnelt dem ersten wieder: aufgespeicherte Energie wird in eine Aktion hinein losgelassen. So gesehen entsteht eine Art Kreislauf, der dem Atemrhythmus sehr ähnlich ist.

Es ist eine uralte philosophische Frage, was Gut und was Böse ist. Meist finden wir in dem – was wir je nach Kontext geneigt sind, als „bös" zu bezeichnen – positive Aspekte, und umgekehrt. Beispiele hierfür sind, wenn wir aus Fehlern oder Niederlagen lernen. Hier wird negativ erscheinende Energie durch den Wechsel der Perspektive umgewandelt in positive.

Häufig versuchen Eltern durch bestgemeinte Ratschläge oder Verbote die Energie ihrer Kinder auf etwas zu richten, was ihrer Meinung nach auch für die Kinder gut ist. In ihrem Eifer aber blockieren und kontrollieren sie lediglich, und stoßen ihre Kinder in die Abhängigkeit der Symbiose zurück. Das wirkt wie eine chinesische Fingerfalle: je mehr Energie aufgewendet wird, um so stärker wirkt die Falle. Judo- und Aikidokämpfer nehmen die Energie des Gegners auf und wandeln sie in ihrem Sinne um.

---

1 Bandler, R., Grinder J.: Reframing, Junfermann-Verlag, Paderborn 1986, 2. Auflage.

Wie positiv die Entwicklung von Familien, Teams und Organisationen verläuft, hängt davon ab, wie gut sie die subtile Kunst, mit ihren Energien umzugehen, beherrschen. Je nach Situation und Entwicklungsphase benötigen Kinder, Familien, Gruppen und Organisationen entweder Anstöße oder Widerstand, stets aber unter dem Aspekt der Hilfe zur Selbsthilfe. Durch Loslassen im rechten Moment können Energien, die vorher zum Aufrechterhalten der symbiotischen Abhängigkeit nötig waren, umgewandelt werden in Energien zum Aufbau einer eigenen individuellen oder auch Gruppenidentität.

So besteht beispielsweise die Arbeit des therapeutisch arbeitenden Transaktionsanalytikers darin, mit dem Klienten hemmende und kontrollierende Ge- und Verbote, die das Lebensskript des Klienten bestimmen, aufzuspüren und mit ihm umzuwandeln in fördernde Erlaubnisenergie.

Wann immer es Eltern gelingt, das Interesse von Kindern zu erkennen und zu fördern, tun sich bei den Kindern oft unglaubliche Energiepotentiale auf. Ich habe viel zu tun, um meine beiden Buben vom Computer weg – hier haben sie sich bereits ein Experten-Image erarbeitet – hin zum Sportplatz oder einer anderen Aktivität zu motivieren.

Ähnliches geschieht in Arbeitsgruppen, sei es im Seminar bei Entscheidungsübungen, oder in ganz realistischen Arbeitsteams. Ich bewundere es, mit welcher Ausdauer und fast schon Arbeitswut die Gruppen an die Lösung ihrer Probleme gehen. Vermutlich entsteht eine solche Selbstmotivation nur dann, wenn einzelne und Gruppen auf etwas für sie Wesentliches gestoßen sind. Meist sind diese Erlebnisse verbunden mit existenziell wichtigen Fragen: Wie bekomme ich Kontakt? Wie löse ich Konflikte? Wie komme ich in die neue Entwicklungsphase?

Problemlösungen korrespondieren jeweils mit Konfliktlösung des einzelnen und der sozialen Gruppierung. Soziales Lernen und Arbeiten gehen gewöhnlich Hand in Hand. Die Kunst des Führens besteht darin, einen Rahmen zu schaffen, in dem solche Prozesse angeregt und möglich werden. Und hier ist wieder die Parallelität im Handeln von Eltern, Trainern und Führungskräften ersichtlich: Wenn sie es verstehen, zur rechten Zeit in angemessener Weise, direkt oder indirekt, Freiheit und Erlaubnis zur Selbstaktivität zu geben, erfolgt jener geheimnisvolle Prozeß der Umwandlung von kontrollierender in erlaubende Energie, den ich als sozialen Quantensprung bezeichne.

Regelmäßig erlebe ich in Selbsterfahrungsgruppen, daß sich einzelne und Gruppen entscheiden, ihre Blockierungen aufzugeben, ihre Gefühle zuzulassen und auszusprechen, um sie zugleich als Feedback ihren Lern- und Konfliktpartnern anzubieten. Blockierende Energie wird in Lernenergie umgewandelt.

Gleiches geschieht, wenn der Teamleiter, bzw. stellvertretend die Arbeitsaufgabe oder die Unternehmenskultur, bei einem Arbeitsprozeß im Team Ziel*vereinbarungen* zuläßt, anstatt das Team durch Ziel*vorgaben* in seinen Möglichkeiten zu beschränken. Arbeiten an selbstgewählten und für sinnvoll erkannten Zielen in einem Team, in dem die Beziehungen abgeklärt sind, macht Spaß. Leider wird allzuhäufig der entgegengesetzte Prozeß in Bewegung gesetzt, der Widerstände aufbaut und Energien bindet.

Der Mythos der Energieumwandlung und der Energienutzung kommt in den Phasen der katholischen Messe zum Ausdruck. Die Vorbereitung geschieht durch das Loslassen in der Opferung, dadurch wird eine Wandlung möglich von materieller Energie (Brot und Wein) in göttliche Energie, was schließlich in der Kommunion zu einer Wiedervereinigung auf höherer Ebene führt.

Loslassen, Wandlung und neue Einheit sind Urprinzipien menschlichen Geschehens. Der Trennung – in welcher Form auch immer, z. B. der Entzweiung im Konflikt – folgt meistens das Zusammenkommen in Kreativität, Kooperation und Liebe, wenn der naturbedingte Lernprozeß unterstützt wird.

5. Visionen und „Feedforward"

Loslassen und sich-einlassen auf Gefühle sind die Voraussetzung, um frei zu werden für eine effektive Konfliktbearbeitung. Gedanken und Gefühle haben die persönliche soziale Vergangenheit geprägt. In der Gegenwart sind sie wahrgenommen und bearbeitet worden. Für die Zukunft haben sie große Bedeutung. Menschliches Handeln ist immer auch bestimmt von der gedanklichen und gefühlsmäßigen Vorwegnahme der Zukunft. So wie wir uns vorausdenken und vorausfühlen, so werden wir sein. Visionen sind nichts anderes als Phantasien und Hypothesen von eigenem und fremdem Verhalten in der Zukunft. Lewis stellt dem gebräuchlichen, vergangenheitsbestimmten „Feedback" das zukunftsorientierte „Feedforward" gegenüber.[1] Die Qualität unserer Visionen bestimmt den Erfolg. Denn Gedanken und Gefühle prägen die Physiologie und tendieren dazu, sich zu verwirklichen. Je bunter unsere Visionen der Zukunft sind, desto wirksamer sind sie.

Kinder sind besonders in den ersten zehn Lebensjahren fähig, ganz natürliche Visionen zu haben. Sie sprechen zu Spielgefährten, die nur sie selbst sehen und hören. Kinder sind noch die meiste Zeit in Trance, in Kontakt mit ihrem Unbewußten. Wahrscheinlich hängt damit auch ihre großartige Lernfähigkeit zusammen. Dabei produzieren sie Alpha-Wellen[2]. In diesem lernfähigen Zustand wirken auch unsere Zukunftsvorstellungen. Wenn meine Erziehungs- oder Trainingsanstrengungen bei meinen Kindern bzw. meinen Klienten an einen toten Punkt gelangt sind, versuche ich es manchmal mit Märchen oder passenden Geschichten, die meistens gerne angenommen werden. Um unser Unbewußtes zum Verbündeten zu gewinnen, haben wir zu lernen, in Bildern, Geschichten, Klängen und Träumen zu kommunizieren. Dies ist im Lehrka-

1   Lewis, D.: The Alpha-Plan, London 1986, S.67ff u. S. 76.
2   Lewis, D.: a.a.O. S. 31.

non der Erwachsenenbildung und speziell des Management-
trainings bisher kaum zu finden, weil es von den „billig und
gerecht Denkenden" abgelehnt wird.

Bei meinen Klienten dagegen scheint ein starkes Bedürfnis
vorhanden zu sein, gerade auch in jene Bereiche vorzudringen.
Immer wieder bin ich fasziniert davon, wie bereit und begei-
sterungsfähig sich Erwachsene zum Beispiel durch Phantasiereisen, Traumarbeit, Malen, Dichten, Tanzen, Schauspielen u.
a. an ihr Unbewußtes heranführen lassen, ihre eigenen Möglichkeiten zu ahnen beginnen und damit weiterarbeiten.

Mehr als andere sind Trainer und Führungskräfte darauf
angewiesen, ihre theoretische Konzeption als positive Vision
über sich selbst und andere Gestalt werden zu lassen. Ihre
primäre Funktion ist es, ihre Adressaten in die Lage zu versetzen, in Form von Visionen, Bildern, Klängen ein Gespür für
sich selbst, die Gruppe und das, was sie erreichen wollen, zu
entwickeln und ihre Phantasien zu realisieren. Im Unterschied
zu den sogenannten – manchmal durchaus manipulativen –
Motivationstechniken helfen hier Trainer und Führungskräfte
den einzelnen und der Gruppe dabei, bereits vorhandene Zielsetzungen und Fähigkeiten zu aktivieren. Insofern haben Eltern, Trainer und Manager auf ihrem eigenen Weg eine wesentliche Aufgabe als Begleiter des Weges von Familien, Gruppen und Teams.

Handlungsaspekte

Konfliktmanagement

Häufig scheitert Kooperation und Konfliktbearbeitung an der
Unfähigkeit, unmißverständlich, direkt und auch gefühlsbe-
zogen zu kommunizieren. Viele psychische Krankheiten stehen damit in Zusammenhang. Die sozialen Geschicklichkei-
ten, Einstellungen und Regeln, die unseren Eltern von ihren

Eltern vermittelt wurden, können wir auch noch bei uns selbst bemerken. Leider sind hier viele Gefühlsverbote mit dabei.

Die Wahrscheinlichkeit ist groß, daß uns nicht nur rational und bewußt, sondern gerade auch über unbewußte, nonverbale, telepathische Kommunikation Handlungsregeln vererbt wurden und werden, die uns in unserem sozialen Verhalten behindern und sogar krankmachen können. Durch Bewußtwerden und Neuentscheidung können wir zu einer gesunden Kommunikation zurückfinden und Defizite beheben.

Die Einigung auf gesunde Kommunikationsregeln und die Einübung entsprechenden Verhaltens sind die Voraussetzung für gelungene Konfliktlösung in Familie, Team und Organisation. Unter anderem sprechen die überaus hohen Scheidungsziffern dafür, daß für Kommunikation und Konfliktlösung ein großer Nachholbedarf in unserer Gesellschaft besteht. Wie schwer gefühlsdirekte Kommunikation fällt und wie wir eher in Gruppen zu Konfliktvermeidung tendieren, schildert Riecken in ihrem Erfahrungsbericht[1]:

... Irgendwann fällt dann doch ein Begriff: – Gefühl – und einer beginnt, eine Geschichte zu erzählen. Er beschreibt, wie er sich einer administrativen Anordnung fügen mußte, obwohl er in seiner Position eine Sonderstellung beanspruchen konnte. Hierüber hat er sich zwar sehr geärgert, löst das Problem aber auf kultivierte Art, d. h. er signalisiert Verständnis gegenüber der die Anordnung übermittelnden Untergebenen und verhandelt seinerseits dann direkt mit der Stelle, die die Order ausgegeben hat. Da er aber auch hier kein Recht bekommt – nach dem Grundsatz: Gleichheit für alle – löst er das Problem kurzerhand, indem er für die erbetene Extraleistung aus eigener Tasche zahlt. Nun ist uns eine solche Geschichte und ähnliches Verhalten allen sicherlich aus eigener Erfahrung vertraut. Man verschafft sich für ein kleines Aufgeld leichter Dienstleistung oder meidet Unannehmlichkeiten. Aber ich werde trotzdem das Gefühl nicht los, daß uns unser Erzähler seinen wahren Ärger über diese Abhängigkeit entweder vorenthält oder bei sich selbst gar nicht zuläßt. Diese Vermutung weist er entrüstet zurück und legt mir nahe, solche Psychospielchen doch woanders auszuprobieren. Ich hätte zwar am Vor-

---

1 Riecken, L.: Erfahrungsbericht über das Gruppendynamik-Seminar vom 07.-12. Juli 1985.

abend gezeigt, daß ich meine Gefühle auslebe, möchte aber solche Duse- leien doch bitte auf mich beschränkt halten. Trotz dieser Abfuhr an mich, verbunden mit einer ausdrücklichen Abwehr gegenüber Vermutungen seine Privatsphäre betreffend, fühle ich mich weiterhin auf der „richtigen Seite" des gruppendynamischen Prozesses. Auch von einer anderen Seite, diesmal aus weiblichem Mund, kommt eine deutliche Abgrenzung und die nachdrückliche Erwartung, Trainingsmethoden und Führungsstil ler- nen zu wollen, und nicht zum Zweck einer gruppendynamischen Erfah- rung hergekommen zu sein. Nun schleppt sich das Gespräch wieder in nichtssagender Tolerierung oder besser: Schlagabtausch von Alltäglich- keiten, dahin. Mein Tischnachbar vom ersten Abendessen versucht, sei- nen Aktionismus auch auf die Gesamtgruppe auszudehnen und uns durch Gruppenbildung beim Meinungsaustausch zu dominieren. Bei dem einen oder anderen habe ich deshalb schon einen unterdrückten Seufzer oder eine verständnisheischende, hochgezogene Augenbraue ge- sehen, aber niemand hat bisher seinem Unmut Luft gemacht. Endlich scheint bei einer Zuhörerin die Reizschwelle erreicht zu sein. Sie gibt ihm unmißverständlich zu verstehen, daß sie seine Art, sich bemerkbar zu machen, hasse. Plötzlich hat jemand ein Gefühl geradeheraus benannt! Wie erleichtert scheinen alle die Klarheit dieser Aussage aufzunehmen und schütten nun ihrerseits ihr Mißbehagen über den Dauerredner aus. Die Urheberin dieses reinigenden Regens gewinnt damit die Einstufung als wirkungsvolle Persönlichkeit. Ich registriere bei mir, daß ich auch reichlich wütend geworden war, aber nie den Mut zu einer solch direkten Aussage gehabt hätte. Ich hätte die Abkehr der anderen wegen meiner vermutlich isolierten Meinung an diesem Morgen kein zweites Mal ris- kieren wollen.

Bei der Frage, welche Normen sich in unserer Gruppe gebildet haben, bescheinigen wir uns behutsamen vorsichtigen Umgang miteinander, Bereitschaft zur Kooperation, demokratische Meinungsbildung, die Be- reitschaft zur Akzeptanz aller Gruppenmitglieder. Wir finden, daß wir uns gegenseitig ausreden lassen und uns zuhören und daß unser Verhal- ten stark zielorientiert ist. Beim Schreiben im Nachhinein kommt es mir vor, als ob unsere Zielorientierung zu dem Zeitpunkt lediglich darin bestand, möglichst schnell zu einer Einigung zu kommen, die schwelen- den Konflikte tunlichst außer acht zu lassen, um nach Erledigung dieser Tatbestandsaufnahme möglichst umgehend an das angestrebte Lernziel Führungstechnik gehen zu können.

Eindeutige Botschaften auf allen Kommunikationsebenen, Übereinstimmung von Zielsetzung und Handeln, Theorie und

Praxis werden von den Adressaten überprüft. Ist die Diskrepanz groß, werden Zweifel geweckt. Die beste Zielsetzung, Theorie, Vision taugt dann nichts mehr. Daher ist das praktische Verhalten ausschlaggebender Faktor und das bestimmende Kriterium für die Stringenz von Trainings- und Führungsstilen.[1]

Die Fähigkeit, sich selbst und anderen gute und schlechte Gefühle zu machen, ist Grundlage von Erziehung, Training und Führung. Einstellungen zu sich selbst und zu anderen können, wie in der Transaktionsanalyse üblich, durch Kategorien wie O.K.-Sein und Nicht-O.K.-Sein ausgedrückt werden. Die O.K.- bzw. Nicht-O.K.-Kategorien, die auf weltanschaulichen Einstellungen einerseits und beobachtbarem Verhalten andererseits basieren, bieten ein für jedermann beobachtbares und verständliches Modell an. Ich verwende sie deswegen im folgenden, um meine praktische Theorie des Konfliktmanagements und der Feedbackkultivierung zu illustrieren.

Eine Quelle von Konflikten ist, wenn Menschen oder Gruppen einander und/oder sich selbst als Nicht-O.K. empfinden und sich entsprechend verhalten. Wir senden Botschaften aus, wie wir uns selbst und andere sehen, hören, spüren, was in dem Ausschnitt eines Berichtes einer Teilnehmerin deutlich wird[2]:

...Nun stellte sich jeder mit seinem Konfliktmotto und den Werten, die in diesem Motto zum Ausdruck kamen sowie den Zielen, die er im Seminar verfolgt, vor:
Mein Konfliktmotto: *„... und jetzt erst recht ..."* – begründet in einer Zeit, in der ich mich nicht traute, Auseinandersetzungen direkt und offen anzusprechen und begründet in einem absoluten Unterwürfigkeitsdenken (Konflikte nur nicht eskalieren lassen – sei lieber ruhig und denk dir deinen Teil, waren so Botschaften, die ich an mich gab).

---

1 Rosenkranz, H.: Theorie und Praxis sozialen Verhaltens, in: Rosenkranz H. u.a.: Von der Gruppendynamik zur Organisationsentwicklung, Wiesbaden 1982, S. 112 ff.
2 Wachowski, M.: Erfahrungsbericht über ein Konfliktmanagement-Seminar vom 07.-12. Febr. 1988.

Diese Botschaften sind O.K.- oder Nicht-O.K.-Impulse und lösen Reaktionen aus. Dabei werden Wirkzusammenhänge deutlich, für die sich Wahrscheinlichkeiten ableiten und Gesetze formulieren lassen, was in den Sozialwissenschaften ja relativ selten ist. Peter Molzberger schildert die entstehenden Kettenreaktionen sehr plastisch am Beispiel von „Ich bin O.K., du bist nicht O.K.-Botschaften"[1]:

... Es gibt so vieles, was Sie, besonders als Führungspersönlichkeit, wegzugeben haben, beispielsweise:
Information
Anerkennung
Freiraum
Nähe
Verstehen
Vertrauen
Zeit
Ansehen

Ich wollte hier auf den letzten Punkt hinaus: Ansehen oder unsere Größe! Nein, ich meine jetzt nicht, daß Sie jeden Montag bei Ihren Mitarbeitern vorbeigehen sollen, um ihnen zu sagen, was sie wert sind (das vielleicht auch, aber nur, wenn es Ihnen ernst damit ist). Ich meine es auf einer viel subtileren Ebene. Ich meine Ihre innere Haltung. Sie sind doch wertvoller als Ihre Mitarbeiter, Ihre Sekretärin, Ihr Pförtner. Irgendwer muß doch der Größte und Wertvollste im Unternehmen sein. Wer, wenn nicht der Chef? Oder? Die Haltung „ich bin größer, besser, wertvoller als du" heißt doch umgekehrt: „Du bist kleiner, schlechter, weniger wertvoll als ich". Das würden Sie zwar nie zu Ihren Leuten sagen, aber falls Sie, auch tief versteckt, diese innere Haltung haben, werden Ihre Leute das spüren. Und da Sie eine starke Ausstrahlung, eine suggestive Wirkung haben, fühlen diese sich kleiner, schlechter und weniger wertvoll.
Bitte schauen Sie einen Augenblick ganz ehrlich nach innen und machen Sie sich bewußt, ob die letzten Sätze in Ihnen eine ablehnende Haltung mir gegenüber erzeugt haben.
Was meinen Sie, welche Haltung Leute, die sich klein, schlecht und wertlos fühlen, gegenüber ihren eigenen Mitarbeitern und Kollegen ha-

1 Molzberger, P.: Synergetische Zusammenarbeit – ein Schwimmkurs für Führungskräfte, München o.J.

ben? Richtig! Sie müssen sich innerlich beweisen, daß sie doch größer, besser und wertvoller sind als sie sich fühlen, denn sonst tut das psychisch zu weh, ihre Leute fühlen sich also gezwungen, sich ein bißchen größer zu machen, sich eine Maske aufzusetzen, ein bißchen nicht so zu scheinen, wie sie wirklich sind. Damit setzen sie ihre Umwelt wieder herab, die dann ebenfalls zur Maskerade greift.

Sehen Sie die Kettenraktion, die Sie auslösen? Von Ihnen ausgehend breitet sich also eine Atmosphäre der allgemeinen Bedrücktheit in Ihrem Betrieb aus. Jeder möchte im Grunde von jedem, daß der andere kleiner, schlechter und wertloser ist. Das ist ihm im allgemeinen kaum bewußt. Sie haben damit eine gemeinsame Vision erzeugt! Wenn ich jetzt bösartig wäre, würde ich sagen, daß das Team damit synergetisch wird in der Verfolgung des Ziels, daß jeder klein, schlecht und wertlos ist.

In diesem Kapitel greife ich neben den O.K.-Positionen von Harris[1] auf die Rollen „Retter, Opfer, Verfolger" im sogenannten „Karpman-Dreieck"[2] und auf Gordons[3] „Theorie des Problembesitzes" zurück. Daraus habe ich eine für mich – und hoffentlich auch für andere – verständliche und praktizierbare Spielabbruchsstrategie und Konfliktlösungsmethode abgeleitet. Sie geht davon aus, daß alle Menschen sich in einem dieser Zustände befinden, O.K.- bzw. Nicht-O.K.-Botschaften senden und von den Empfängern O.K.- bzw. Nicht-O.K.-Reaktionen zurückerhalten.

1. Ich bin Nicht-O.K – Du bist O.K.

Vieles spricht dafür, daß diese Kombination von O.K.-Positionen den überwiegenden Anteil (nach Untersuchungen von Ferreira und Nilson ca. 70 %)[4] bei der Geburt darstellt. Kinder werden abhängig von den Eltern und mit mangelnder Organ-

---

1   Harris, Th.A.: Ich bin o.k. – Du bist o.k., Hamburg, Rowohlt, 1973.
2   Karpman, St.B.: Fairy tales and script drama analysis, Transactional analysis bulletin 7, 26, 1968.
3   Gordon Th.: Familienkonferenz, Reinbek 1972 und: Managerkonferenz, Reinbek 1979.
4   Zitiert bei Rottmann, G.: a.a.O.

ausstattung geboren. Sie können nur überleben, da ihnen von den Eltern und anderen geholfen wird, ihr eigenes Potential zu entfalten. Die Rolle des Opfers hat in mancherlei Weise Nicht-O.K.-Acessoires. Sie definiert sich hierdurch.

Versuchen Sie einmal, die Problemphysiologie einer bzw. ihrer Opferrolle am Spiegel nachzustellen. Es wird ihnen vermutlich nicht schwerfallen, je nach dem, wie stark Sie diesem Rollenverhalten verhaftet sind.

Unter Nicht-O.K-Sein verstehe ich im weiteren Sinn den Zustand der Abhängigkeit und eine mangelhafte Fähigkeit, die für Individuum und Gruppe jeweils anstehenden Probleme zu lösen.

2. Ich bin O.K. – Du bist Nicht-O.K.

Die eigene Identität zu finden erfordert zunächst das Abnabeln von der Mutter und den Widerstand gegen den Vater, um so in der Unterscheidung vom Du das eigene Ich zu entdecken. Diesen Vorgang kennen wir alle als die Trotzphase. Das kindliche Ich erfährt sich in der Abgrenzung von den Eltern oder einer Gruppe. Unterschiede werden betont und Altes, Gewohntes, Bestehendes aus Prinzip abgelehnt. Das Gefühl des Ungenügens – gleichsam der entwicklungs- und umständebedingte Minderwertigkeitskomplex – wird auf Kosten anderer, der Eltern, der anderen Generation, der Trainer, Lehrer und Vorgesetzten überspielt und kompensiert.

Die Unterscheidungsprozesse der Autoritätskrisen sind entwicklungsnotwendig. Sie finden in der Regel im zweiten Lebensjahr als Ablösung von der Mutter, im fünften als Ablösung vom Vater und in der Pubertät als Lösung von der Familie statt. Ähnliches geschieht in Trainingsgruppen und werdenden Teams während der Phasen, in denen Selbstwert und Legitimation der Gruppe schlechthin – als der symbolischen Mutter – zur Diskussion stehen. Dem folgen Zeiten der Autoritäts- und Beziehungsabklärung mit dem symbolischen

Vater der Gruppe in Gestalt des Teamleiters oder des Trainers. Ein Erziehungs-, Führungs- und Trainingsstil, der das richtige Maß an Widerstand und Loslassen findet, fördert den Prozeß der Identitätsfindung. Diese Phasen sind existentiell wichtig für die Entwicklung des einzelnen und der Gruppe. Daraus geht hervor, daß Konflikte und ihre Bewältigung unser Leben kennzeichnen. Konflikte zu verleugnen heißt Entwicklung zu verhindern.

3. Ich bin Nicht-O.K. – du bist Nicht-O.K

Wir alle kennen in verschiedener Intensität diese Phase. Sie gilt es, zu bewältigen. Wenn dies nicht gelingt, bedeutet das Entwicklungshemmung und im Extremfall den Tod.

4. Ich bin O.K.- du bist O.K.

Diese Position und Rolle stellt für viele das Ziel dar. Zeitweise erreicht jeder von uns dieses Ziel. Für Eltern, Führungskräfte und Trainer, für jeden einzelnen von uns stellt sich die Frage, wie wir diese Position und Rolle erlangen können, auch wenn uns von anderen und der Umwelt immer wieder Stimuli zum Nicht-O.K.-Sein angeboten werden.

Zur Demonstration spiele ich häufig in Seminaren die vier beschriebenen Führungsstile vor und bitte die Teilnehmer, auf ihre eigenen Reaktionen zu achten, während sie als Adressaten angesprochen werden. Das Ergebnis ist regelmäßig: Wenn in meinem Führungsstil ein irgendwie geartetes Nicht-O.K.-Element für die Teilnehmer beobachtbar ist, dann kommt mit großer Wahrscheinlichkeit auch eine Nicht-O.K.-Reaktion zurück. Das ist die Bestätigung einer alten Volksweisheit: „Wie man sich bettet, so schläft man", oder: „Wie du in den Wald hineinrufst, so hallt es zurück".

5. Wie erreiche ich O.K. – O.K.-Konfliktlösungen?

mit Opfern (Ich bin nicht O.K. – du bist O.K. oder: Ich bin nicht O.K. – du bist nicht O.K.)

Angenommen, ich habe es als Trainer oder Führungskraft mit einem Klienten oder Adressaten zu tun, der von der Position: Ich bin Nicht-O.K. – du bist O.K. oder von der Position: Ich bin Nicht-O.K. – du bist Nicht-O.K. ausgeht. Wenn ich eine O.K.-O.K.-Position erreichen will, so habe ich nach all dem, was oben gesagt wurde, darauf zu achten, daß in meinem Führungs- oder Trainingsstil kein Nicht-O.K.-Element enthalten ist. Das setzt voraus, daß ich zuerst mit mir selbst zurecht komme. Ich muß lernen, mir selbst gute Gefühle zu machen und meine Gefühle in für andere nichtverletzender Weise auszudrücken. Ich werde also auf seine Selbstabwertungen vorerst mit Zuhören und Reflektieren dessen reagieren, was er gesagt und getan hat. Ich spiegele seine Haltung und Körpersprache wider, um Kontakt zu ihm zu finden. Wann immer es für mich möglich ist, werte ich ihn auf, streichle ihn und ermutige ihn, die Verantwortung zur Lösung seines Problems zu übernehmen, anstatt in der symbiotischen Abhängigkeit des Nicht-O.K. zu verweilen. Seinen Versuchen, mir sein Problem aufzuhängen, begegne ich mit freundlicher Zurückweisung. Wenn ich es schaffe, selbst in einer O.K.-Haltung zu bleiben und meine Strategie beizubehalten, ergibt sich vielleicht die Chance, daß er sich entschließt, die Verantwortung für seine Probleme zu übernehmen, und selbständig zu handeln beginnt.

mit Rettern (Erster Fall von: Ich bin O.K., du bist Nicht-O.K.)

Trainer, Führungskräfte und Eltern neigen manchmal ganz gern dazu, in der Retterrolle zu agieren. Retter gehen von einer Haltung: Ich bin O.K., du bist Nicht-O.K. aus und stoßen

Klienten gerade durch ihre Fürsorge in die Symbiose zurück. Es liegt an der Kunst des Beraters, nur die unbedingt erforderlichen Impulse zu geben, um die Selbstinitiative des Klienten zu erreichen.

Versucht umgekehrt ein Retter, dir dein Problem zu lösen, so besteht für dich – als jemand, der ins O.K. kommen möchte – die Möglichkeit, freundlich sein Angebot abzulehnen und auf deine eigene Verantwortung hinzuweisen. Nichtsdestoweniger bedarf es häufig eines Anstoßes oder einer Ermutigung durch andere, um unsere eigenen Probleme besser lösen zu können.

mit Verfolgern (Zweiter Fall von: Ich bin O.K. – du bist Nicht-O.K.)

Als Verfolger machen uns andere ein Problem, während wir uns im Recht fühlen. Wir verspannen uns und aus der Verschanzung des vermeintlichen Rechthabens gehen wir zum Angriff über. Unser Körper allerdings zeigt uns untrüglich, daß auch wir ein Problem haben, nämlich unsere vorwurfsvolle oder anklagende Haltung dem anderen gegenüber. Hier hilft richtig dosiertes Feedback. Wenn ich es nun fertigbringe, Verhalten des anderen oder der anderen Gruppe nichtwertend oder eher wohlwollend zu beschreiben, dann akzeptiert der andere meine Botschaft wahrscheinlich als Hilfe, anstatt einen Vorwurf oder eine Verletzung darin zu sehen. Je konkreter ich Feedback, oder – in Gordons Terminologie – Ich-Botschaften[1] auf das Verhalten des anderen beziehe, desto eher kann der Empfänger etwas damit anfangen. Natürlich kann ich nun auch noch eine Begründung hinzufügen, weshalb ich mich in diesem Zustand befinde. Halte ich diese Strategie der Nichtabwertung durch und bin ich auch in der Lage, echte Ich-Bot-

---

1   Gordon Th.: a.a.O.

schaften der Situation entsprechend mit Worten und Körpersprache zu dimensionieren, dann besteht die reelle Chance, daß der andere Abwertungen aufgibt, und für beide Konfliktpartner eine O.K.-O.K.-Situation erreichbar wird. Wohl setzt diese Handlungsstrategie voraus, daß Menschen an einem gesunden und positiven Verhältnis zueinander interessiert sind und ihre Gefühle und Verantwortungsbereiche respektieren wollen. Auch die Erkenntnis für die Konfliktpartner, daß ihnen Nicht-O.K.-Strategien eher Verluste bringen, könnte zu einer Einstellungs- und Verhaltensänderung beitragen. O.K.-O.K.-Strategien gehen immer davon aus, daß es gut ist, die Verantwortung für den eigenen Bereich zu verteidigen als auch dem anderen seinen Bereich zu lassen.

Häufig lassen sich einzelne und Gruppen durch freundliche Konfrontation dazu animieren, das zu tun, was sie angeht. Mit Opfer-, Retter- und Verfolgerstrategien – Überbleibsel einer symbiotischen Vergangenheit – versuchen wir zeitweise alle, die Verantwortung für die eigenen Probleme wegzuschieben und andere zur Problemlösung zu ködern. Wird der Köder angenommen, kommt es zu den endlosen und wenig effizienten psychologischen Spielen[1], die allen Beteiligten schlechte Gefühle machen.

Als ein Ziel von Seminaren zu Konfliktmanagement betrachte ich es, Fähigkeiten zu spielfreien und niederlagelosen Lösungen einzuüben. Dies gelingt den Teilnehmern, wenn sie sich bewußt werden, daß mit der Weigerung, die Verantwortung für die eigenen Probleme zu übernehmen, immer auch Selbst- und Fremdabwertungen verbunden sind. Abwertung ist die Ursache von Fehlentwicklung.

Der Weg hieraus führt über eine freundliche Konfrontation im Rahmen eines Konfliktmanagements, das durch den Verzicht auf Abwertungen selbst Modell steht und positive Phasen anbahnt. Verstehen es Führungskräfte und Trainer, den

---

1   Siehe Kap.: Psychologische Spiele

Austausch von authentischer Zuwendung und Anerkennung in ihren Gruppen und Organisationen zu fördern, verbessern sie Klima und Leistung. Das setzt voraus zu lernen, sich selbst und anderen zu vertrauen.

Nach Ende eines Konfliktmanagementseminares gönnte sich ein Teilnehmer zur Erholung einige Stunden Skifahren und geriet dabei unversehens in einen Konflikt. In einem Brief an die Seminarteilnehmer schildert er sehr lebendig, wie es ihm gelang, das frisch Gelernte anzuwenden:[1]

... Also, ich werde ohne [Skistöcke] fahren, aber wo? Blättere ein bißchen in dem Prospekt und jetzt platzt mir wirklich der Kragen. Hat mir dieser Drecksack von Liftheini doch eine Punktekarte für 200 Schillinge [ca. 28 DM] verpaßt (100 Punkte), und jetzt muß ich hier lesen, daß ein Halbtagspaß ab 13.00 Uhr 11.000 Lire [ca. 15 DM] kostet. Lire hatte ich keine mehr und mit österreichischem Geld habe ich sonst nie etwas zu tun – und wenn ein paar Tausender im Portemonnaie herumfliegen, können 200 ja wirklich nichts Nennenswertes sein. – Es ist halb vier, und ich habe einen Konflikt!

Aber Freunde, ohne Angabe, der Lift war noch nicht angekommen, und ich hatte die Lösung. Und das Ausmalen dieser Situation machte mir so einen Spaß, daß ich plötzlich wieder gut gelaunt war und auf der Stelle beschloß, Euch davon zu schreiben, wenn es klappen würde. Jetzt probier ich es einmal in einer harmlosen Situation, wo ich ein Ausgelacht-Werden riskieren kann. Aber extrem probier ich's, nach allen Regeln der Kunst!

Fahre mit dem Schlepper ganz hoch (7 Punkte), ich habe noch 69 Punkte, und der Lift schließt gleich. Gurke ganz erbärmlich runter; ...Unten lande ich im Tiefschnee – ja kann man denn hier nicht ins Tal abfahren? 10 kleine, blaue Skimöpse kommen vorbei, sicher nicht älter als 6-8 Jahre. „Wir helfen dir (Opa, denke ich), wenn du nicht mehr weiter weißt!" Pflüge hinter dem Kindergarten her, lande zweimal im Schnee, aber in Trance bin ich trotzdem: Ich denke nämlich nur daran, was gleich passiert, lege mir jedes einzelne Wort, die Gestik, Mimik und Lautstärke zurecht, und das macht mich ganz gespannt und lustig: Das Gesicht möchte ich sehen! Ich stehe wieder am Schalter, jetzt oder nie: „Ich hatte Sie eben nach der billigsten Lösung gefragt, noch anderthalb Stunden Ski zu laufen, Sie haben mir diese Punktekarte verkauft." (Beobachtung, Tatsachenschilderung, keine wertenden Elemente)

---

1   Austermann, J.: Brief vom 12.2.1988 an die Teilnehmer des Seminars.

„Als ich im Lift saß, habe ich gelesen, daß die Halbtageskarte 11.000 Lire kostet."(Fakten, Fakten, Freunde, keine Anschuldigung)

So, jetzt, was ist bei mir los, Körpergefühle: „Als ich das gelesen habe, hab ich plötzlich so ein unangenehmes Ziehen in der Magengegend gespürt."(Ich habe das echt gesagt, Leute, wirklich, aber fast wäre ich vor Lachen herausgeplatzt, so komisch kam ich mir vor.) Warten, wirken lassen, ihn offen anschauen, etwas bedrückt. Meint Ihr, der hätte blöd geguckt? Der hatte nicht mal einen „Ja, aber"-Spruch drauf! Gerade will ich weitermachen, da geht der zu seinem Kollegen, tuschelt mit dem, geht zur Kasse und drückt mir 9.000 Lire in die Hand. Entschuldigt sich sogar, dabei war ich noch gar nicht fertig. Ich wollte doch dieses Bauchgefühl noch als Ärger und Wut auf mich und ihn interpretieren, hatte mir auch schon genau die Mimik und Tonlautstärke zurechtgelegt.

Jetzt steh' ich da mit meinen 9.000 Lire und gucke selber blöd. Das klappt tatsächlich! Der guckt auch noch ganz zufrieden, wie macht der arme Kerl denn jetzt seine Abrechnung? Am Ende fällt der noch einem blutrünstigen Revisor in die Hände und landet noch nachträglich im Nicht-O.K.

Also, Hand aufs Herz, das Geld hätte ich vielleicht auch auf meine übliche Mecker-Druck-Kampf-Tour bekommen. Wenn's um Geld geht und ich sauer bin, lasse ich mich nicht so schnell abwimmeln. Aber selbst wenn's geklappt hätte, das Spiel wäre nicht ohne Wortgefecht, Beschuldigungen und garantiert – / – ausgegangen. Und jetzt steht's + / +!

Konfliktmanagement bedeutet für mich, zu sich selbst zu stehen und den Mut zu finden, die eigene Haltung sympathisch zu vertreten sowie auch bei Konfrontationen nichtverletzendes Feedback zu geben. Aufgabe von Führungskräften und Trainern ist es, den Rahmen zu setzen, in dem O.K.-O.K.-Lösungen möglich werden können. Voraussetzung und zugleich Weg hierfür ist die Kultivierung von Feedback.

Feedbackkultivierung

In Personen, Gruppen und Organisationen gehen ständig Veränderungen vor sich. Sollen diese nicht aus einem einfachen Aktions-Reaktionsschema heraus in Abwertungszirkel einmünden, so ist eine Regulierung durch Feedback erforderlich.

Durch Feedback ohne Abwertung können Abwertungszirkel angehalten und positive Verhaltensspiralen eingeleitet werden. Dies kann einen Wendepunkt[1] im Umgang miteinander markieren und ein wichtiger Schritt hin zu einer geplanten ganzheitlichen Systementwicklung sein. Ich kenne einige Personen, für die die Teilnahme an Gruppendynamikkursen mit Feedbackübungen zu solch einem Wendepunkt führte. Ich kenne auch einige Teams und Organisationen, die eine Zeit *vor* und *nach* dem Beginn von Team- bzw. Organisationsentwicklung unterscheiden.

Was ist nun „Feedback" und wie wirkt es? Die Bezeichnung ist aus der Kybernetik übernommen und bedeutet „Rückkoppelung". Jegliches innermenschliches sowie soziales Geschehen ist von einem Interaktions-Reaktionsmechanismus gekennzeichnet. Auch eher zufällige Reaktionen auf einen irgendwie gearteten Reiz stellen eine Form von Rückkoppelung dar.

Wie oben erläutert scheint soziales Geschehen eher die Tendenz zu Chaos denn zu Ordnung zu haben. Das Bewußtmachen von Reaktionsmechanismen bietet die Möglichkeit, sie über neue Entscheidungen und Verhaltensalternativen auf ein bestimmtes Ziel hin planvoll zu verändern. Diesen Vorgang – soweit er sich im zwischenmenschlichen Geschehen abspielt – nennen wir soziales Lernen. Er drückt sich im Idealfall in einer aufwärtsgerichteten Verhaltensspirale aus. Die Schaltstelle in diesem Regelkreis ist das Feedback. Es fügt sich bestimmten Regeln, von denen eine der wichtigsten die Nichtabwertung ist. Gute Regeln bedeuten Kultivierung.

Soziales Feedback definiere ich unter Einbeziehung der vorangegangenen Ausführungen als die bewußte und möglichst wertfreie Rückmeldung von Verhaltensbeobachtungen und Gefühlen an die Verursacher. Gekonntes Feedback und die Induzierung von systemadäquaten, d. h. zum jeweiligen Sy-

---

1   Siehe Kapitel: Die Wende

stem Person, Familie, Gruppe, Organisation passenden Feed-backformen, sind der Dreh- und Angelpunkt für Wachsen und Lernen sowohl für die Person als auch für Gruppen und Organisationen.

Jede Person kann durch Selbstbeobachtung, das heißt durch die Wahrnehmung des Atems, des Herzschlages und anderer gefühlsbedingter Körperreaktionen diese verändern. Darauf basieren übrigens auch autogenes Training, Meditation und Selbsthypnose. Teilt eine Person nun Körperreaktionen, durch die ja Gefühle evident werden, in nicht verletzender Weise einem anderen, auf dessen Verhalten hin sie entstanden sind, mit, so entsteht ein doppelt heilsamer Effekt. Zum einen verzichtet die mitteilende Person darauf, Gefühle ständig zu verdrängen und infolge der Akkumulierung krank zu werden. Zum anderen wird die Beziehung durch den Ausdruck der Gefühle entlastet, und beim Empfänger ein Bewußtwerdungsprozeß angeregt. Das Gewahrwerden von Gefühlen und seine Mitteilung bedeutet bereits den ersten, wahrscheinlich wichtigsten Schritt zur Heilung. Die Gestalttherapie hat eine Reihe von Methoden entwickelt, um diesen Prozeß zu verstärken und zu fördern.

Wir können lernen, andere zu beobachten und gleichzeitig uns selbst, d. h. die eigenen entstehenden Gefühle bzw. die Körperreaktionen, in denen sich unsere Gefühle manifestieren. – Th. Huber schildert seine Erfahrungen beim Lernen von Feedback im Seminar[1]:

... Die anschließende Übung war spannend und kostete mich gleichzeitig einige Überwindung. Überwindung deshalb, weil wir uns nämlich einem auserwählten Risikopartner gegenübersetzen und an ihm die Kunst der „Beobachtung" und des „Feedbacks" üben sollten. Aber dann wurde es für mich zunehmend interessanter zu spüren, wie ich mich langsam an mein Gegenüber herandachte, versuchte, mich langsam in ihn hineinzu-

---

1   Huber, Th.: Erfahrungsbericht über das Gruppendynamik-Seminar vom 08.-13. Nov. 1987.

versetzen und bei ihm den gleichen Vorgang bemerkte. Besonders schwer fiel mir dabei, nur zu beobachten und die Beobachtung nicht gleich durch eine Interpretation des Gesehenen zu verwässern. Bei einer anderen Übung war mir die geforderte Form der Selbstbeobachtung neu und machte mir meinen Körper und seine (meine) Reaktionen auf bestimmte Situationen bewußt.

Bei Gruppe und Organisation treten ebenso heilsame Wirkungen auf, wenn die Feedbackintervention zur rechten Zeit, der Kultur des Systems angepaßt und in der nötigen Intensität gegeben wird. Der Feedbackempfänger erhält eine Spiegelung der Wirkung seines Verhaltens, worauf Führungskräfte, Mitarbeiter, Trainer, Teams und Organisationen ja notwendig angewiesen sind. Je weniger verletzend, authentisch und in der Stärke richtig dimensioniert Feedback gegeben wird, desto größer ist die Chance, daß die Adressaten mit Feedback sorgfältig umgehen, daraus lernen und ihr Verhalten ändern. Als Berater und Trainer sehe ich mich bei der Arbeit mit Gruppen im Seminar oder mit Teams im Betrieb in der Rolle des Organisators von Lern- sprich Feedbacksituationen.Obwohl fast jegliches Geschehen in der Gruppe zur gemeinsamen Metakommunikation geeignet ist, biete ich gezielt Aufgaben und Rollenspiele zu Bereichen an, auf denen die Teilnehmer lernen wollen. Ich selbst leite dann das Feedback. Auch diese Funktion überlasse ich den Teilnehmern, wenn sie sich an gegenseitig hilfreiche Feedbackregeln gewöhnt haben. Wie ich Trainer und Teamleiter praktisch anleite, Feeback zu induzieren, finden Sie in dem folgenden Arbeitspapier:

Anleitung für Feedbackleiter beim Verhaltenstraining

I. Ablauf

1. Frage den Klienten nach seiner Zielsetzung – helfe ihm, möglichst überprüfbare Ziele zu formulieren:
a)   Was willst du lernen ?

b) Was willst du mit deiner Gruppe in der vorgegebenen Zeit erreichen? Vereinbare Zeit und halte dich daran. Meist genügen fünf Minuten – in vielen Fällen weniger –, um das Verhalten zu beobachten, mit dem gearbeitet werden kann.

c) Wie wirst du merken, wie werden es die anderen merken, daß du und die Gruppe ihre Ziele erreicht haben?

2. Lasse eine kurze Situationsbeschreibung mit Rollenanweisung an die Mitspieler durch den Klienten geben; je nach Situation einige vom Klienten auswählen lassen (achte auf Assoziationen und Projektionen), während andere beobachten.

3. An Beobachtungskategorien, die vorher schon einmal gesammelt wurden, erinnern – einzelne herausstellen.

4. Klienten nach dem Rollenspiel zuerst äußern lassen: Wie geht es dir? Wie hast du dich, die Gruppe erlebt? Was brauchst du jetzt von uns? Wie weit bist du mit deiner Zielsetzung gekommen? Was hat dir an deiner Arbeit gefallen? Wenn Rollenspiel mißlungen ist, Feedback abkürzen und nochmals vorspielen lassen.

5. Beobachtungen und Eindrücke der Mitspieler und Beobachter einladen, wenn Klient darum bittet: Wie ist es euch bei dem Rollenspiel gegangen? Was habt ihr beobachtet? Wie hat sich euere Beziehung zu dem Klienten gewandelt? Konzentriert euch bitte vorerst nur auf das, was euch gefallen hat.

6. Hole dir die Erlaubnis, das Feedback zu korrigieren. Dadurch kannst du den Prozeß beeinflussen und Feedbackfähigkeiten mittrainieren.

7. Klienten nochmals äußern lassen. Unterbreche humorvoll Rechtfertigungsansätze und Erklärungen. Reframing: Seid froh für jede Gelegenheit, in der ihr mit Verhalten experimentieren könnt. Wir sind hier zusammengekommen, um Fehler zu machen und daraus zu lernen. Lasse keine Dialoge oder Abschweifungen aus der Feedbacksituation zu. Für Theorie kannst du später Beispiele aus der Rollenspielsituation aufgreifen.

8. Video-Feedback – was wollt ihr überprüfen? Wiedergabe der AV-Aufzeichnung des Rollenspieles ganz oder mit Zwischenstops (für Fortgeschrittene) und Kurzfeedbacks. Sorgsam mit der Identitätskrise des Klienten umgehen. Setze dich so, daß du guten Kontakt mit dem Klienten hast. Anschließend wieder:

a) Gefühle des Klienten
b) Beobachtungen der Gruppe
c) Wichtiger Punkt: Hast du schon eine Idee, was du ändern und welches neue Verhalten du einüben willst?

Hier sind bei genügend Zeit weitere Feedbackschleifen, Vorspielen durch andere, Imitations- und Modellernen (NLP!) und weitere Einzelarbeit möglich. Interventionsrepertoire zulegen.

9. Schaffe eine gute Abschlußstimmung durch Ermutigung und Anerkennung.

Halte dich, wenn du mit Rollenspieltraining beginnst, an die vorgeschlagene Struktur – Spielgefahr! Wenn ihr – du und die Gruppe – mit Feedback umgehen könnt, kannst du kreativ variieren.

II. Feedbackregeln

A) für den Feedbackgeber:

1. Beziehe dich auf selbst beobachtete konkrete Einzelheiten – was hast du gehört und beobachtet, und wie hat es ganz subjektiv auf dich gewirkt?

2. Beziehe Feedback auf vom Empfänger veränderbare Verhaltensweisen.

3. Beschreibe! Benütze dein Erwachsenen-Ich, aktiviere deine Gefühle aus dem freien Kind-Ich. Laß dein kritisches Eltern-Ich ruhen.

4. Feedback direkt geben – verbal und nonverbal.

5. Das Feedback des Feedbackleiters wird besonders beachtet. Deswegen entscheide erst am Ende der Feedbackrunde, ob deine Beobachtungen und Eindrücke zum Ausgleich, zum Schutz oder zur Verstärkung und zur Ermutigung (dies meist immer) noch wichtig sind.

B) für Feedbacknehmer:

1. Zuhören und einfließen lassen.

2. Nicht argumentieren oder rechtfertigen.

3. Sparsam nachfragen, wenn du etwas nicht verstanden hast.

4. Entscheide selbst, was du weiter beobachten, wobei du bleiben, was du ändern und woran du arbeiten willst.

5. Wenn du so weit bist, fang an zu üben, mache einen weiteren Versuch mit neuem Verhalten – frage nach Hilfe von Lernpartnern in der Gruppe und außerhalb. Suche dir Modelle.

6. Werde dir bewußt, ob du noch aufnahmefähig und lernbereit bist.

7. Sage rechtzeitig : Halt!

Mit einer gekonnten Feedbackleitung kannst du sowohl als Trainer wie auch als Teamleiter soziales Lernen von einzelnen und Teams wirkungsvoll unterstützen.

Die Kunst von Führungskräften, von Trainern, Beratern, Therapeuten, Eltern u. a. ist es, Macht zu erlernen, kultivierte Feedbackprozesse vorzubereiten, anzuleiten und Modell zu stehen.

Gehen wir von der Vorstellung aus, daß Menschen im Grunde bereit und willens sind, ihre eigenen Angelegenheiten selbstverantwortlich zu bewältigen und daß sie weder verletzen noch selbst verletzt werden wollen, so besteht die Hoffnung, daß Lernen durch kultiviertes Feedback ein Weg aus dem Chaos ist. In vielen Lernprojekten hat sich das für mich bewiesen.

Wenn die Konfrontation durch Feedback nicht greift, bleibt noch das nicht verletzende Dagegensetzen einer gleichstarken Macht. Voraussetzung hierfür ist natürlich, daß der Konfrontierende sich seiner Macht bewußt ist oder bereit ist, sie durch Lernen zu erwerben.

In den nächsten Kapiteln gebe ich Beispiele dafür, wie ich meine Ziel- und Methodentheorie umsetze.

Die Lerngruppe

Das Gruppendynamische Seminar

Das gruppendynamische Seminar ist der Prototyp einer Lern-
gruppe. Menschen kommen eine Woche zusammen und erleben Geburt, Entstehung, Krisen, Höhepunkte und Ende einer
Gruppe, der sie angehören. Viele werden durch die Art und
Weise, wie sie an den ablaufenden Gruppenprozessen beteiligt
sind, an ihre eigene Entwicklung erinnert. Dabei können sie
Entstehung und Veränderung von Selbst- und Fremdbild im
Lichte einer Gruppe nachvollziehen. Sie bringen ihre Erfahrungen mit und sind, wie wir alle, abhängig davon. Wünsche,
Ängste und Hoffnungen spiegeln sich in ihrem Verhalten. Sie
suchen Partner, mit denen sie Symbiosen eingehen können. Oft
bieten sich hierfür Trainer und Trainerinnen[1] besonders an.
Diese gehen je nach Situation darauf ein – oder auch nicht –
und haben in vielfältiger Weise für Auseinandersetzungen mit
Autoritäten herzuhalten, oft genug für die nachträgliche Abklärung der symbiotischen Beziehung zu Vater und Mutter.
Ein Austausch von Beobachtungen und Reflexionen findet
statt. Die Trainer halten sich zurück und regen allenfalls an,
möglichst in der Gegenwart der Gruppe zu bleiben und wahrzunehmen, was geschieht. Früher oder später lernen die Teilnehmer, Feedback zu geben und zu nehmen, und wie sie durch
ihr Verhalten, was immer sie tun, die Dynamik der Gruppe
beeinflussen. Hat die Gruppe sich mit ihren Abhängigkeiten
und Gegenabhängigkeiten auseinandergesetzt, sie analysiert
und durch Feedback abgeklärt, können auch die Trainer aktiv
werden, indem sie weitere Hilfen, z. B. Erklärungsmodelle
anbieten. Haben sich Teilnehmer entschieden, ihr Verhalten zu

---

1   Siehe den Erfahrungsbericht von J. Austermann am Ende des Buches.

ändern, können z. B. Anregungen zur Übung neuen Verhaltens und zum Transfer in andere Lebensbereiche gegeben werden. Dies hängt aber weitgehend von der Auffassung, dem Stil und Repertoire des jeweiligen Trainers ab.

Das gruppendynamische Laboratorium ist in seiner besonderen Art, eigenes symbiotisches Verhalten bewußt zu erleben und neues Verhalten auszuprobieren, für viele eine überraschende, sehr intensive und oft sogar lebenswendende Lernerfahrung. Vielleicht ranken sich auch deswegen so viele Phantasien, Vorurteile und Ängste um das Stichwort „Gruppendynamik". Ich habe die Erfahrung gemacht, daß gesunde Gruppen schützende Weisheit entwickeln und meistens selbst dafür sorgen, daß „keiner kaputtgemacht wird".[1] Wenn das nicht der Fall ist, hat der Trainer Autorität und Liebe einzusetzen, um den Prozeß in positive Richtung zu lenken.

Die Selbsterfahrungs- oder Trainingsgruppen sind das Herzstück der Gruppendynamikkurse. Ohne formale Führung, nur auf sich selbst und das Feedback der Kollegen angewiesen, entdecken Teilnehmer häufig verschüttete Persönlichkeitsbereiche. Es ist schwer zu sagen, warum so intensive Erfahrungen in einer solchen erfahrungsorientierten Lerngruppe zustandekommen. Ist es, weil nun einmal wirklich Zeit genug ist, sich mit dem Wesentlichen zu beschäftigen? Ist es vielleicht, weil man gemerkt hat, daß es nicht nur erlaubt sondern sogar erwünscht ist, sich mit Gefühlen, Bedürfnissen, Wirkungen des eigenen Verhaltens auf andere Personen auseinanderzusetzen. Im Trubel des Geschäftes finden wir meist keine Muße dazu. Es ist eher sogar verpönt, sich mit Dingen zu beschäftigen, die wegen ihres emotionalen oder irrationalen Charakters verdächtig und gefährlich erscheinen.

Im Unterschied zu konventionellen Führungstrainings bieten Gruppendynamikkurse die ansonsten häufig vernachläs-

---

1 Dederichs, S.: Gelitten, gelernt, erlebt, aber keiner wurde kaputt gemacht, in: Congress & Seminar, 10/81, S. 52-56.

sigte Chance zu Freiheit und Aktivität, die Gelegenheit zur Selbstauseinandersetzung mit dem eigenen Verhaltensstil. Dies führt zu einer starken Identifizierung mit dem Lern- und Arbeitsergebnis und dessen praktischer Umsetzung.

Ich habe viele Trainer und Führungskräfte kennengelernt, die auf solchen Seminaren entdeckten, daß sie neben dem meist brillant geschulten Kopf auch noch Gefühle hatten. Ihre Energie hatten sie über Jahre hinaus verschwendet, um ihre Gefühle kleinlich zu kontrollieren und zu verdrängen. Ihre Absicht war wohl, dem beim Vorgesetzten, im Betrieb und in unserer Gesellschaft vermuteten Ideal des ausschließlich kopfgesteuerten Managers zu entsprechen. Ich selbst erinnere mich an eine Trainingsgruppe 1970 in London, an der ich als Teilnehmer über die Aufforderung des Trainers, meinen Ärger zu zeigen, höchst überrascht war. War ich doch mühevoll über Schule und Universität zu einem – so schien es mir wenigstens damals – ganz passablen Selbstkontroll- und Maskenverhalten gekommen. Und dies sollte ich nun plötzlich riskieren? Daß wir uns mit solchem Verhalten auf einen Bruchteil unserer Fähigkeiten reduzieren, kann uns durch Konfrontation in den Selbsterfahrungsgruppen klarwerden, wenn wir bereit sind, uns auf das Risiko der Selbsthinterfragung einzulassen.

In der relativ kurzen Zeit von ein paar Tagen häufen sich in einem Gruppendynamikseminar die emotionellen Erlebnisse so stark, als ob lang Verdrängtes befreit und oft Versäumtes nachgeholt werden will.[1] Viele Teilnehmer sind danach eher bereit, ihre eigenen und die Gefühle anderer als einen wertvollen Teil ihrer selbst zu akzeptieren. Mit der Annahme unserer selbst gewinnen wir außer Ganzheit noch mehr: Energien, die durch unsere Kontrollanstrengungen blockiert waren, werden frei für anderes. Die eingeengte Persönlichkeit hat Luft zur Entfaltung, Gefühle sind nicht mehr tabu, sondern die Basis offener, direkter Kommunikation und individueller Dynamik.

---

1   Siehe dazu J. Austermann, a. a. O.

Reduktionistische und ganzheitliche Formen von sozialem Lernen in Familie, Schule und Betrieb

Bei Umfragen, wieviel Prozent ihrer Fähigkeiten Führungskräfte und Mitarbeiter im Betrieb nützen, erhalte ich fast durchwegs erschreckende Zahlen: Selbst in der Hierarchie sehr hoch angesiedelte Führungskräfte meinen, nicht mehr als 50% ihres Potentials an Fähigkeiten im Betrieb aktualisieren zu können. Ihre Schätzungen darüber, was alle Mitarbeiter in die bestehende Organisation insgesamt einbringen, liegen meist weit unter 30 %. Ich vermute, daß die fremd- oder selbstverschuldete Reduzierung auf für „ordentliche Manager und Mitarbeiter" akzeptable Verhaltensweisen hier ein bestimmender Einflußfaktor ist.

Reduktionistisches Denken und Handeln findet im betrieblichen Führungstraining eine einladende Spielwiese. Wie oft wird heutzutage viel Geld für Training ausgegeben, das schon als Stückwerk geplant ist oder das als „Tropfen auf den heißen Stein" oder als Versuch mit untauglicher Methode eher Alibifunktion als Effektivität erbringt?

Wir alle haben in irgendeiner Weise die Erfahrung gemacht, daß wir unter geeigneten Lernbedingungen oftmals große Motivation und ungeahnte Talente entwickelten. Umgebung, Lehrer, Interesse – alles schien zusammenzustimmen, gleichsam als ob aus Stückwerk plötzlich ein Ganzes geworden wäre. Ein Schlüssel für eine größere Nutzung unseres Potentials könnte sein, die Gesetzmäßigkeiten herauszufinden, die so einer ganzheitlichen Situation zugrunde liegen.

Das schulische Bildungssystem unserer Zeit ist eher sehr einseitig orientiert, wie die sogenannte Wissenschaftsorientierung der Lehrpläne, insbesondere an den Kollegstufen der Gymnasien, erkennen läßt. „Logische Strukturen sollen die komplizierte und gefährlich werdende Lebenswirklichkeit erschließen, aber die Schüler begreifen immer weniger und werden immer lustloser".[1] Kein Wunder – Lust, Gefühl und Bedürfnis sind zugunsten einer überbewerteten sogenannten „kognitiven Kompetenz" nicht gefragt. Ebenso wenig wird angeregt oder ist es erwünscht, sich auf Erfahrungen einzulassen, darüber nachzudenken, einen neuen Versuch zu machen, aus dem Feedback zu lernen. „Lernlust statt Schulfrust" kann durch Gestaltpädagogik erreicht werden.[2] Sie ist der Gruppendynamik eng verwandt und zielt darauf, vereinzelte Persönlichkeitsanteile zu aktivieren und in der Gesamtpersönlichkeit zu integrieren.

Nicht nur beim betrieblichen Training und in der Schule rächt sich das Außerachtlassen des Ganzen. Überall, wo Denken und Handeln reduziert sind, zeigen sich üble Folgen in der Form von symbiotischem Hierarchiedenken und unreflektierter Autoritätsgläubigkeit. Indem ich mich auf die Autorität verlasse, brauche ich nicht selbst Verantwortung zu übernehmen. Passivität aber kann zum Brachliegen von Potential führen.

Ziemlich regelmäßig erlebe ich in Seminaren, daß bei Fallstudien und Entscheidungsübungen der falschen Lösung scheinbarer Autoritäten gefolgt wird. Aber nicht nur simulierte Laboratoriumssituationen, sondern auch tagtägliche Beobachtungen in der Praxis von Betrieben und Behörden zeigen, welch ungeheure Reserven durch die offene Abklärung von Autoritätsproblemen, wie sie im gruppendynamischen Seminar geschieht, freigelegt werden können.

Ähnlich wie die Krankheit im Sinne ganzheitlichen Denkens eine wichtige Funktion für den Menschen hat, so ist es auch mit dem Konflikt in der Gruppe. Zwar leidet der Gruppendynamiker ebenfalls unter Konflikten, aber er ist eher geneigt, die

1 Klingenberg, G.: „Unsere weltfremde Schule", Nr. 87, Feuilleton-Beilage der Süddeutschen Zeitung, 16./17. April 1983.
2 Büro, O.A.: „Gestaltpädagogik, Lernlust statt Schulfrust", in „Psychologie Heute", Nr. 6/1983, S. 65 ff.

Illusion einer konfliktfreien Kommunikation aufzugeben. Er ist bereit, durch das offene Austragen von Konflikten ihre positiven Energien zu nützen und aus ihnen das Beste zu machen.

Den Ausweg aus dem Dilemma reduktionistischen Denkens und Handelns weist die Besinnung auf ganzheitliche Methoden und Ansätze. Gruppendynamik und Organisationsentwicklung (im folgenden als OE abgekürzt) sind solche Ansätze. Hier werden vom Denken und von der Methode her Verstand und Gefühl, Aufgabe und Prozeß, Struktur und Strategie, Leistung und Zufriedenheit integriert.

Sowohl der gruppendynamische Ansatz als auch die OE gehen davon aus, daß diejenigen, die Probleme haben, sie auch lösen sollen. Im gruppendynamischen Seminar wird das ureigenste Problem des Lernens den Teilnehmern und der Gruppe überlassen. OE geht von dem Grundsatz aus, „Betroffene zu Beteiligten" zu machen.

Die Funktion und Kunst des Trainers bzw. Beraters besteht darin, Individuen, Gruppen und Organisationen zu veranlassen, die Verantwortung für ihre eigenen Probleme selbst zu übernehmen. Bei allem, was er tut oder läßt, hat er abzuwägen, ob sein Verhalten diesen Prozeß stört, wie er ihn fördern und beschleunigen kann. Wenn er seinen Gruppen vertraut und ihnen ihre Lernarbeit überläßt, zeigt sich anfangs oft abwartende Passivität.

Später ist häufig sowohl bei Selbsterfahrungsgruppen als auch bei Gruppenunterricht in der Schule eine fast explosionsartige Steigerung der Arbeits- und Lernleistung zu bemerken. Wo immer Lernsituationen in der Schule, Hochschule oder der Erwachsenenbildung zu organisieren sind, lassen sich durch Einsatz von Selbsterfahrungsmethoden und durch Anwendung des Feedbackprinzips beachtliche Lernleistungen erzielen. So sind z. B. Formen des Gruppenunterrichts im Sinne einer Kleingruppenarbeit sowohl bei der Reproduktion von Wissen, der Kreativität von Problemlösungen als auch – verständlicherweise – bei dem Werden der Sozialpersönlichkeit überlegen.[1]

Erfahrungen sind vergangenheits-, Probleme zukunftsbezogen. Durch Nachspielen von Situationen in Formen des Psycho- und Soziodramas lassen sich alte Entscheidungen entdecken, neue vorbereiten und alternative Verhaltensweisen einüben. Sowohl Vergangenheit wie Zukunft lassen sich simulieren. Die Gruppenkollegen spielen mit, übernehmen Schlüsselrollen nicht anwesender Personen (z. B. Vater, Mutter, Vorgesetzte etc.), und sind eine unerschöpfliche Quelle konfrontierenden und unterstützenden Feedbacks. Vergangenheit wie Zukunft der Gruppe und der an ihr teilnehmenden Personen spiegeln sich im wahrsten Sinne des Wortes sichtbar, hörbar, spürbar in ihrem Körper und den veränderten Bewegungen wider. Erinnerungen einerseits und zielsetzende Vorstellungen und Gedanken andererseits prägen die Dynamik der Lerngruppe. Wenn wir sie wahrnehmen und nützen, zeigt sich ihr Vorteil beim Lernen.

Ob es sich bei der Lerngruppe um eine Schulklasse, einen Gruppendynamikkurs für Manager oder einen Transaktionsanalyse-Kurs handelt, ob es um Familientherapie, Psychodrama oder Rollenspiel geht, immer kommt es darauf an, durch Selbsterfahrung höhere Bewußtheit für Gefühle und Verhalten zu erreichen, eigenbestimmte Verhaltensalternativen einzuüben, sich damit zu identifizieren und die Verantwortung dafür zu übernehmen. Die Trainer und Therapeuten haben dabei im wesentlichen eine „Hebammenfunktion".

Mit den Seminaren „Trainingsstile I und II" (Aus- und Fortbildung für betriebliche Trainer) biete ich eine Möglichkeit, diesen Grundsatz praxisnah zu erproben, indem ich die Teilnehmer animiere, den Kurs selbst zu gestalten. Sie lernen, Trainer zu werden, indem sie die für dieses Seminar nötigen

---

1   Dietrich, G.: Bildungswirkungen des Gruppenunterrichts, München 1969, S. 185 f. und Sjolund A.: Gruppenpsychologie für Erzieher, Lehrer und Gruppenleiter, Heidelberg 1974, S. 204 ff.

Bereiche wie die Analyse der eigenen Trainingsbedürfnisse, die Zieldefinition für Teilnehmer und Gruppe, Didaktik und Methodik bis hin zur Erfolgskontrolle selbst erarbeiten und präsentieren. Die Kollegen fungieren als Adressaten und Feedbackgeber. Ich selbst sehe meine Aufgabe darin, den Rahmen zu organisieren, in dem die hilfreichen Feedbackprozesse stattfinden können. Anfangs leite ich das Feedback der Teilnehmer bei den lehrprobenähnlichen Rollenspielen. Auch das übernehmen die Teilnehmer nach einiger Zeit selbst. Ein Seminarteilnehmer schildert seine Erfahrungen bei einem Trainerseminar:[1]

Vorbemerkung:

Das Seminar Trainingsstile I ist für die meisten Teilnehmer der erste methodische Baustein in der Ausbildung zum Berater in Organisationsentwicklung bei Teamtraining Dr. Hans Rosenkranz. Vorausgesetzt werden dabei Grunderfahrungen in der Gruppendynamik und in der Transaktionsanalyse. Erfahrungen im Konfliktmanagement und in der Organisationsentwicklung sind von Vorteil. Dem Seminar Trainingsstile I war ein Einführungswochenende unmittelbar vorgeschaltet. Hier hatten die Teilnehmer Gelegenheit, ihre Motive, Ziele und Wünsche abzuklären, die sie mit der Ausbildung zum Berater für Organisationsentwicklung verbinden.

Mir selbst ist in den letzten Jahren immer klarer geworden, daß ein erfolgreiches Bestehen im Wettbewerb vor allem davon abhängt, in welchem Geist und in welchem Stil Führungskräfte und Mitarbeiter eines Unternehmens zusammenarbeiten. Je besser es gelingt, die Fähigkeiten aller Mitarbeiter für das Unternehmen, für dessen Kunden und im Interesse der Mitarbeiter selbst umzusetzen, desto erfolgreicher wird sich das Unternehmen am Markt entwickeln.

Wie nun dieser Lernprozeß in einem Unternehmen in Gang gebracht und zielgerichtet beeinflußt werden kann, möchte ich bei meiner Ausbildung zum Berater für Organisationsentwicklung lernen. Als Vorstand einer Sparkasse mit 105 Mitarbeitern erwarte ich mir wertvolle Anregungen für unseren eigenen Entwicklungsweg. Aber auch in der Beratung unserer Firmenkunden möchte ich für diesen anspruchsvollen Gestaltungsbereich ein kompetenter Gesprächspartner werden.

---

1   Kinzelbach, H.: Erfahrungsbericht zum Trainingsstile I-Seminar vom 20.11. – 05.12.1986.

1. Tag: Einführungsabend

Motto: „Es geht bereits los, bevor es anfängt!"

Nach dem Abendessen treffen sich die 14 Seminarteilnehmer im Gruppenraum, Hans Rosenkranz begrüßt uns als Seminarleiter und bietet uns zum Einstieg eine Trancemeditation an, bei der die einzelnen und gleichzeitig die Gruppe zur Mitte gelangen können. Die Arbeitsweise im Seminar ist wieder so angelegt, daß wir die einzelnen Lernschritte sowohl intellektuell als auch ganzheitlich verarbeiten können. Wir haben die Chance, in einem Theaterstück gleichzeitig Zuschauer und Akteur zu sein. Dies ist aber noch nicht alles. Wir können unser Augenmerk auch auf die Prozesse innerhalb der Gruppe richten und den Verlauf der Seminarwoche weitgehend selbst gestalten. Wir sind also gleichzeitig noch Drehbuchautor und unser eigener Regisseur.

Nach der Einigung auf den vorgeschlagenen Zeitplan üben wir den Einstieg in ein Seminar, wie beispielsweise Trainingsstile I, in kleinen Gruppen. Die Einleitungsmethoden werden dann im Plenum vorgestellt.

Die Auflösung von Blockaden und Hemmungen vor Besprechungen gehört zu meinen persönlichen Lernzielen. Aus diesem Grunde war ich sehr gespannt auf die verschiedenen Möglichkeiten und vor allem auf die jeweilige Wirkung, die sie bei mir hervorrufen. Der spielerische Ansatz, bei dem die Teilnehmer sich als Musikinstrumente oder in Tierform darstellen, machte mir richtig Spaß. Zumal dann auch noch klar wurde, wie der einzelne heißt und wie er angeredet werden wollte.

Denkbare Varianten wären auch die Vorstellung durch ein Plakat oder durch einen Steckbrief, in Form eines Symbols oder nach Partnerarbeit als gegenseitige Vorstellung gewesen.

Mit der Einführung in ein Seminar oder in einen Gesprächskreis werden gleichzeitig verschiedene Regeln festgelegt. Sie können signalisieren, ob gelacht werden darf, ob Kreativität gefragt ist oder auch klar herausstellen, wer das Sagen hat.

Zum Abschluß werden noch wichtige Aufgaben für den Seminarverlauf verteilt. So werden von einzelnen Teilnehmern Interventionsprotokolle oder Erfahrungsberichte erstellt. Wir sind aber auch selbst für die Technik und für den reibungslosen Einsatz der sonstigen Hilfsmittel zuständig. Nach der Reflexion über die verschiedenen Gruppenstrukturen und der Prozeßerlebnisse geht die Gruppe auseinander.

2. Tag: Erarbeitung des Trainingsbedarfs für das Seminar und in der Unternehmenswirklichkeit.

Motto: „In heißen Phasen entscheidet die Lernfähigkeit der Gruppe."

Gemäß dem Leitsatz „Lernen durch eigenes Tun" soll die Gruppe selbst ihren eigenen Stoff und Zeitplan erarbeiten. Hans-Peter und Uwe haben sich darauf bestens vorbereitet und werden auch demonstrieren, wie sie in ihrem Unternehmen den Trainingsbedarf aus den geschäftspolitischen Zielen ableiten und ermitteln.

Mit einem bildhaften Vergleich von einer Bergtour fesselt Hans-Peter zum Einstieg das Interesse der Zuhörer. Ich glaube ihm gern, daß er ein Seminar genauso angeht: Das Ziel ausmachen, den Weg erkunden, immer wieder einmal voraus- und auch zurückschauen, gelegentlich eine Pause einlegen, um Kräfte zu schöpfen, und dann weitermarschieren. Und so kam es auch: „Ausgangsort" waren die von der Seminarleitung empfohlenen Trainingsblöcke, wie Trainingsbedarfsanalyse, soziales Lernen, Moderationstechnik und Trainingserfolgskontrolle. In Partnerarbeit wurden dann die persönlichen Lernziele der Teilnehmer eingebracht, zu denen noch die von den Teilnehmern vorgeschlagenen Spezialthemen kamen. Elegant und gekonnt führten Uwe und Hans-Peter die Gruppe Etappe für Etappe auf dem Pfad zum Wochenplan. Dabei wechselte das Prozeßgeschehen in Partnergruppe, in wechselnden Kleingruppen und in der Gesamtgruppe.

Die ersten Hürden wurden leicht genommen, und zufrieden standen die Teilnehmer in Kleingruppen vor den Metaplanwänden. Die eine war mit den Kärtchen der persönlichen Lernziele und die andere mit den Trainingsblöcken und den Spezialthemen bestückt. Im nächsten Schritt sollten nun die beiden Lerngebiete auf einen Nenner gebracht und nach den bevorstehenden Arbeitstagen gegliedert werden. Da wurde es zum ersten Mal brenzlig. An den Metaplanwänden konnte ja nur eine Gruppe sinnvoll arbeiten. Wird sich die stärkste Gruppe durchsetzen? Müßte nicht vorher der Klein-Gruppenverband aufgelöst und wieder eine Großgruppe hergestellt werden? Sollten die einzelnen Gruppensprecher im Triumvirat die Zuordnung vornehmen? – Oder wäre es nicht besser, ein Boß sagt, wo's längs geht, dann geschieht wenigstens etwas!

Während es bei einigen Teilnehmern noch kribbelte, fingen andere Teilnehmer aus verschiedenen Kleingruppen an, ihre eigenen Kärtchen den festen Trainingsblöcken zuzuordnen. Sie stellten damit eine neue Regel auf, nämlich „Jeder darf, wenn er mag". Dieses Tun wurde akzeptiert und kurz darauf war die Aufgabe von allen gemeinsam einvernehmlich und in lockerer Stimmung gelöst.

Dann stand der schwierigste Teil der Übung bevor: Die Teilnehmer mußten sich entscheiden, für welches Thema sie an dem dafür vorgesehenen Tag das Training übernehmen wollen. Vorher versammelte Uwe nochmal alle Teilnehmer, indem er die Frage stellte, ob jeder mit der getroffenen Zuordnung einverstanden sei.

Kleine Meinungsverschiedenheiten führten zu einem kurzen gruppendynamischen Geplänkel. Mit einem inzwischen bereits geschulten gruppenanalytischen Denken erkannte ich sofort, daß Hans-Dieter seine eingebrachten Regeln zur Geschäftsordnung den Lernzielen zugeordnet hatte. Damit wollte er eine Trainingseinheit für den nächsten Vormittag buchen. Da wir sein Anliegen alle gern akzeptierten, war der Gruppenkonsens gleich wieder hergestellt.

Doch dann gings ans Eingemachte: Wer konnte jetzt schon entscheiden, welche Trainingseinheit er beispielsweise am Mittwochnachmittag übernehmen möchte, ohne vorher genau zu wissen, wie die vorangehenden Trainingsblöcke und Spezialthemen gegliedert und aufgearbeitet werden? Hans-Peter wollte aber gerne sein Ziel, den Trainingsplan der Woche, erreichen und ließ daher nicht locker. Die Unsicherheit wuchs bei einzelnen zu einer unerträglichen Spannung. Gemurmel, Unmut, hilfesuchende Blicke zu Hans Rosenkranz – schließlich kam die rettende Idee: Die Teilnehmer hatten sich mit ihren Namenskärtchen bereits für einzelne Themenschwerpunkte zu den verschiedenen Tagen entschieden. Da lag es nahe, daß die drei oder vier Teilnehmer zusammen als Gruppe die Verantwortung für die Gestaltung des jeweiligen Seminartags übernehmen würden.

Das allgemeine Aufatmen war deutlich spürbar. Über die Erreichung des Zieles waren Hans-Peter und Uwe bestimmt am meisten erleichtert. Sie versammelten dann die Teilnehmer im Kreis und schilderten, wie sie im Grundsatz nach den gleichen Prinzipien den Trainingsbedarf in ihren Unternehmen erarbeiten. Die größte Schwierigkeit liegt darin, die von den geschäftspolitischen Erfordernissen abgeleiteten Lernziele in persönliche Lernziele der Teilnehmer zu transformieren.

Hans-Peter und Uwe tat die wirklich verdiente Anerkennung aus der Feedback-Runde gut. Die heißen Phasen hatten auch sie als kritisch erlebt. Bei einer so lernfähigen und bereits gut aufeinander eingestellten Gruppe konnte jedoch fast nichts passieren.

Auch ich war sehr zufrieden mit dem Vormittag, denn diesmal hatte ich die verschiedenen Prozesse bei der Bildung und Auflösung von Gruppen, im Gegensatz zu früheren Jahren, doch recht genau mitbekommen. Die Gruppenstrukturen waren genau auf den jeweiligen Teilschritt abgestimmt. Mit kleinen Geschichten, schlauen Sprüchen und einladenden Bewegungen wurde der Prozeß von Hans-Peter und Uwe in freundschaftlicher Art vorangebracht. Die beiden haben sich übrigens auch für die Ausbildung zum Trainer für Organisationsentwicklung beim Hans entschieden. Sie sind schon sympathische Burschen, die beiden, etwa 30 Jahre alt und besitzen schon eine so hohe Integrations- und Schubkraft. Für einen kurzen Moment werde ich recht nachdenklich und fast ein wenig neidisch. Wieviel Mühsal hätten wir uns in unserer Sparkasse ersparen können, wenn wir Vorstände schon Jahre früher angefangen hätten, uns für unseren Weg eine geeignetere Ausrüstung zuzulegen!

Aus meinen Gedanken wurde ich durch das Lachen in der Gruppe herausgerissen, und als ich dann beim abschließenden Blitzlicht meine momentane Situation beschrieb, fiel es mir leicht, die Bewunderung für Hans-Peter und Uwe auch auszudrücken und ehrlichen Herzens zu sagen, daß der Vormittag für mich sehr wertvoll war.

2. Tag: Das Feedback-Prinzip

Motto: „Spieglein, Spieglein an dem Bauch...."

Günther und Jürgen haben es übernommen, uns das Feedback-Prinzip in einer Trainingseinheit nahezubringen. Wirklich erstaunlich, mit welchem Pfiff und mit welcher Mühe für eine optimale Visualisierung uns die beiden überraschten.

Das Feedback-Prinzip ist unverzichtbarer Bestandteil des Umgang in Gruppen und Organisationen, deren Führungsstil auf ein offenes und akzeptiertes Miteinander ausgerichtet ist. Im unmittelbaren Austausch erfahren die Beteiligten, welche Wirkungen das eigene Tun beim anderen auslöst. Ausgangspunkt ist eine genau zu beobachtende Begebenheit, die beide erlebt haben. Der Actio des einen wird die Reactio des anderen gegenübergestellt, und zwar in der Mitteilung von Körper-, Gefühls- oder Verstandesreaktionen, die unmittelbar im Zusammenhang mit der Beobachtung ausgelöst wurden. Die Regeln für ein sauberes Feedback werden in der Gruppe genau herausgearbeitet und zu Grundsätzen für den Feedback-Geber, für den Feeback-Nehmer, wie auch für den Feedback-Leiter verdichtet. Für den vertrauensvollen und vertrauensfördernden Umgang in Gruppen und Organisationen ist dies sehr wichtig. Alle Teilnehmer sind daher damit einverstanden, daß die für diese Trainingseinheit vorgesehene Zeit deutlich überzogen wird.

Vor allem in hierarchisch geprägten Organisationen wird das Feedback-Prinzip häufig mißbraucht, den anderen über Du-Botschaften massiv abzuwerten. Sind Gefühle in einem Unternehmen bereits gestattet, dann wird häufig über Pseudogefühle ein Hauch von Modernität vorgespiegelt, ohne daß sich tatsächlich eine Vertrauensbeziehung entwickeln kann.

Überall dort, wo Menschen gerne zusammenleben, einander achten und schätzen und jeder für den anderen wichtig ist, muß es möglich sein, Wünsche und Erwartungen zu äußern, die den sich laufend entwickelnden Bedürfnissen der einzelnen gerecht werden. Dies verlangt geradezu nach einem sorgsamen und fürsorglichen Umgang miteinander. Dazu nun endlich ein Beispiel:

A wird im Gespräch mit B von C mehrmals unterbrochen. A wendet sich an C. „Mich stört es, wenn du mich laufend unterbrichst. Da verliere ich den Faden und dies verwirrt mich." C weiß nun, wie sein Verhalten auf A wirkt und hat nun die Möglichkeit, sich dazu zu entscheiden, A nicht mehr im Gespräch zu unterbrechen.

Der Moderationswechsel zwischen Günther und Jürgen klappt reibungslos. Entsprechend dem unterschiedlichen Naturell ist Jürgen mehr schwungvoll und Günter eher bedächtig.

Wie ausschlaggebend für den Lernerfolg der Gruppe die didaktischen Stilmittel sind, erlebe ich unvermittelt an mir selbst. Bei der Zusammenstellung der Feedback-Regeln benützt Günther zur eigenen Kontrolle einen Leitfaden und stellt der Gruppe Fragen, für die er selbst die Antworten parat hat. Ich bemerke da etwas betont Lehrerhaftes an Günther. Mir wird allerdings erst später bewußt, wie ich daraufhin, von einer Sekunde zur anderen, in mein Schülerverhalten zurückfalle und damit 30 Jahre Lebenserfahrung ohne jeglichen Widerstand überbrücke: Mich neckt der Schalk, und ich fange an, ein Gaudium zu inszenieren. Da fehlen nun nur noch die Papierflieger und der Radiergummi für den glühenden Kanonenofen in der Schulbaracke. Auch so ein kleiner Ausflug in die eigene Vergangenheit ist erlaubt: daß er nicht ausufert, dafür sorgt schon die Gruppe nach den Regeln eines sauberen Feedbacks.

Bei den wichtigsten Erkenntnissen und Erfahrungen des sich in den Abend hinein verlängernden Nachmittags bleibt neben dem Dank und der Anerkennung für die „Trainerkollegen" eine Sorge zurück. Und die heißt: „Zeitmanagement!" Wie der permanente Besprechungszeitdruck, der im eigenen Unternehmen über fast allen Besprechungen lastet, abgebaut werden kann, ist mir in der gegenwärtigen Phase unseres Seminars noch unklar.

3. Tag: Soziales Lernen und Gruppenprozesse

Motto: „In der Gruppe ist immer was los, auch wenn nichts los ist."
Fritz und Hans-Dieter haben für diese Einheit die Trainingsleitung übernommen. Auf die Minute pünktlich beginnen sie mit der Einleitung. Das Sammeln der Teilnehmer und der Gruppe, das Abfragen nach besonderen Erlebnissen seit der letzten Sitzung und nach Störungen läuft schon wie geschmiert. Ingrid berichtet über ihre inneren Spannungen. Sie wünscht sich, daß die Gruppe über das Stadium der ersten Höflichkeit hinauswächst. Bruno prophezeit offene Konflikte, die er schon ahnt. Diese und andere Äußerungen nimmt Fritz als Aufhänger für eine Analyse der Gruppenstruktur. In zwei Kleingruppen werden die Beziehungen in der Gruppe dargestellt. Als methodisches Mittel setzt er ein Soziogramm in

Form einer Gruppenskulptur ein. Dieser Ansatz stammt ursprünglich aus der Familientherapie.

Das Spannungsgefüge, das sich aus der Position und dem körperlichen Gesamtausdruck in Beziehung zu den anderen „Skulpturfiguren" ergibt, spiegelt in anschaulicher Weise das momentane Gruppenbewußtsein wieder. Der einzelne erlebt sich in dem Teil seiner Persönlichkeit, die er in die Gruppe überwiegend einbringt, und gleichzeitig auch die Gesamtsituation. Meine Vorliebe für das Spielerische kommt dadurch zum Ausdruck, daß ich mit einem imaginären Spielzeugauto zwischen den anderen wie ein „3jähriger" herumrutsche und sie zum Mitspielen einlade. Dafür hat jedoch „Gott-Vater", der mit einem Arm das „scheue Reh" festhält und mit dem anderen zum Umarmen einlädt, kein Verständnis. Der „Vorsichtige", der sich mit einer Packpapierhülle bedeckt hält, schaut abweisend, und die „Strenge" achtet wie ein Schäferhund darauf, daß keiner aus sich herausbricht. Da vergeht auch mir die Lust am Spiel – und läßt in mir den Wunsch wachsen, mit den anderen ganz natürlich umzugehen.

Die Teilnehmer der anderen Gruppe haben Gelegenheit, uns zuzuschauen und die Beziehungen innerhalb der Gruppenskulptur mit ihren eigenen Erfahrungen zu vergleichen.

Nach einer knappen Aussprache im Kreis gibt Fritz den Impuls für eine Kartenabfrage, die dann zu einem weiteren Soziogramm führt. In offener Weise kann jeder Teilnehmer andere, zu denen er noch nicht den gewünschten Kontakt gefunden hat, dies auch wissen lassen. Damit wird für die Betroffenen und für die Gruppe offenkundig, wo Defizite bestehen. Aus der Tatsache, daß ich nur eine Karte bekommen habe, leite ich zweierlei Interpretationen ab. Einmal bin ich für die anderen wohl nahe und durchschaubar, zum anderen will nur einer zu mir näheren Konakt haben. Hans fragt mich, für welche Interpretation ich mich entscheiden möchte? Nun: für sowohl als auch.

In seiner Theorieeinheit stellt Hans-Dieter das soziale Lernen als Regelkreis vor. Der einzelne hat durch sein Verhalten, auf das er von anderen eine Rückmeldung erhält, Gelegenheit, sich für eine Verhaltensänderung zu entscheiden. Verändertes Verhalten führt wieder zu Spiegelungen aus der Gruppe und eröffnet die Möglichkeit zu weiteren Entscheidungen. Im täglichen Umgang innerhalb von Gruppen und Organisationen wird damit das Feedback zum wichtigsten Instrument für Verhaltensänderungen.

Aufbauend auf der Kartenabfrage von Fritz, bittet nun Hans-Dieter diejenigen, die Distanzkarten anderen übergeben haben, jeweils eine Frage für die Kartenempfänger zu formulieren und dazu gleichzeitig eine wahrscheinliche Antwort zu entwerfen. Der offene Austausch übt einen deutlich spürbaren Einfluß in den Zweierbeziehungen und damit auch auf das Gruppengefüge aus.

Bei der nun folgenden Skulptur der gesamten Gruppe rücken die Teilnehmer wesentlich enger zusammen. Die meisten Teilnehmer berühren andere mit Armen, Beinen oder Körper. Lediglich die „Strenge" bleibt wacker standhaft, die Hände mit geballten Fäusten in der Hosentasche.

Ob diese grundlegende Veränderung dem tatsächlichen Gruppenklima entspricht, ist für mich eine nebensächliche Frage. Ich genieße die Wärme, die von meinen Nebenleuten auf mich überströmt. Diese vertraute Wohligkeit löst in mir Erinnerungen an Umarmungen in der Familie aus, wenn wir uns alle vier, manchmal noch dazu mit unserem Hauskater, fest drückten. Ganz unvermittelt sehe ich mich auch wieder mit alten Zechbrüdern aus der Jugendzeit, nicht ganz schwankungsfrei, an einer Theke stehen, die Arme auf die Schultern der anderen, in dem sicheren Gespür, daß wir tolle Burschen sind und es im Kreuz haben, die Welt aus den Angeln zu heben.

Wie spüren wir eigentlich die vertrauensvolle Zusammenarbeit in unserer Führungsspitze? – Ein bißchen weniger Förmlichkeit und Distanz, ein bißchen mehr Mögen und Nähe, das müßte sich doch ein jeder wünschen. – Körperkontakt über das Händeschütteln hinaus? Ist das unter Männern erlaubt? Riecht das nicht gleich nach Kumpanei und Klüngelei, nach Anbiederung und Gemauschel? Wenn uns dabei einer entdecken würde, wenn wir im Kreis stünden und uns die Hände halten würden? – Zuverlässigkeit erleben, Vertrauen spüren – was heißt das eigentlich?

Aus der Abschlußrunde nehmen Fritz und Hans-Dieter außer der Anerkennung auch wichtige Anregungen für ihre künftige Trainingsarbeit mit.

3. Tag: Der Umgang mit Konflikten

Motto: „Jeder hat seine eigene Lieblingsmethode."

In einer Supervisions-Einheit bot Hans verschiedene Alternativen zu den bisherigen Trainingseinheiten der Teilnehmer an. In seiner mitreißenden Art sprühte er nur so von Ideen. In die Umsetzung band er die Teilnehmer einzeln oder in kleinen Gruppen ein, so daß jeder in sich spürte und erlebte, welche Bedeutung seine Anregungen für ihn haben könnten. Die vereinzelten Irritationen, die dadurch entstanden, daß die Übungen nicht voll ausgearbeitet werden konnten, nahmen alle gerne in Kauf.

In das Thema Konfliktsteuerung stimmte er uns mit einer Minitrance-Sitzung ein, bei der jeder in Gedanken zurückging, in seinen Betrieb oder in seine Familie und sich selbst daraufhin anschaute, wie er bisher mit

seinen Konflikten umgegangen ist. Daraus entwickelte sich eine Partner-
übung, in der als Skulptur die drei wichtigsten Phasen der Konfliktbewältigung, nämlich Einleitung, Höhepunkt und Beendigung des Konfliktes,
dargestellt werden sollten. Die Szenen wurden im Plenum zunächst ohne
Erläuterung der Darsteller gespielt. So hatten die übrigen Gruppenmitglieder die Möglichkeit, abzuschätzen, um wessen persönlichen Konflikt
der beiden Partner es sich handelt.

So sensibilisiert konnten sich die Teilnehmer selbst in einen Teil des
Seminarraumes begeben, der für die jeweilige Grundform der Konfliktbewältigung – nämlich Kampf, Flucht oder konstruktive Lösung – vorge-
sehen war. Die Kämpfer, Flüchter und Konstruktivler hatten Gelegenheit,
sich über ihre persönlichen Konfliktstrategien auszutauschen.

Anhand des Dramadreiecks mit den Grundpositionen „Opfer – Retter
und Verfolger" und den verschiedenen O.K.-Beziehungen – ich und/oder
du sind O.K. bzw. Nicht-O.K. – wurde in Kleingruppen geübt, inwieweit
es gelingt, die Trainingswiderstände bei Opfer-oder Verfolgerhaltungen
zu überwinden. Zuvor spielte Hans in 3 Episoden die Grundhaltungen,
die mit einer Nicht-O.K.-Position verbunden sind, durch. Die Gruppenmitglieder erlebten dank der eindrucksvollen Schauspielleistung von
Hans hautnah, wie sich die eigene Stimmung verändert, je nach dem, ob
der Trainer in der Opferrolle jammert oder als Verfolger die Gruppe
zusammenstaucht.

In Kleingruppen erlebten dann die Mitglieder, daß es für einen Trainer
kaum möglich ist, die Gruppe zu führen, wenn er für sich oder in den
Augen der anderen nicht O.K. ist. Außerdem wurde auch ganz klar, daß
bei massiven Blockaden einzelner Gruppenmitglieder ein Training erst
möglich ist, wenn diese aufgelöst sind.

Die Begeisterung der Teilnehmer entlud sich dann in der Feedbackrunde für Hans, der den Dank, die Anerkennung, aber auch die Anregungen
aus der Gruppe gerne in sich aufnahm und uns versicherte, damit sorgsam umzugehen.

Ich erlebte wieder einmal deutlich, daß eine konstruktive Lösung von
Konflikten verhältnismäßig einfach ist, wenn auch die bevorzugte Grundposition meines Konfliktpartners die O.K.-Position für sich und andere
ist. Eine momentane Verärgerung aus einem bestimmten Anlaß kann
dann, wenn sie direkt angesprochen wird, relativ schnell wieder zurück-
genommen werden und dann eine gute Ausgangssituation für Vereinbarungen abgeben, zu der beide stehen. Weit schwieriger ist es, wenn
Nicht-O.K.-Positionen zur Grundhaltung geworden sind. Dann ist eine
konstruktive Lösung ohne eine gezielte Vertrauensstrategie kaum zu
erzielen. Das wäre doch ein tolles Thema für meine Trainingseinheit am
Donnerstag!

Motto: „Erlaubt ist, was gefällt" – oder: „Ein Spiel fast ohne Grenzen".
Unglaublich! Was sind das für verrückte Leute, die Trainer! Sie arbeiten
wie besessen – allein, zu zweit oder in kleinen Gruppen – bis spät in die
Nacht hinein, einzelne weit über Mitternacht hinaus. In der Tat, die
Vorbereitung der Trainingseinheiten erfordert eine gründliche Vorarbeit
und kostet viel Zeit. Dafür ist der Trainingserfolg umso sicherer und die
Gruppe empfindet eine liebevolle Vorbereitung bis ins Detail als wohltu-
ende Anerkennung. Hans meinte heute beim Frühstück, auf dieses Phä-
nomen angesprochen, ganz gelassen: „Bei den Trainingsstil-Seminaren ist
es immer so. Wenn die Teilnehmer alles selbst gestalten können und es
Spaß macht, dann geben sie das Letzte von sich her!"

Die Trainergruppe mit den beiden Ingrids, Achim, Alfred und Michael
hatte sich auf das umfangreiche Thema „Trainingsmethoden und Me-
dieneinsatz" vorbereitet. Die kurze Einführungsmeditation mit leiser
Hintergrundmusik führte uns zu uns selbst und in die Gruppe. Nachdem
die verschiedenen Trainingsmethoden im „Brainstorming" gesammelt
und die für uns wichtigsten herausgearbeitet waren, gingen wir rasch zur
Gruppenarbeit mit den Schwerpunktthemen „Selbsterfahrungsmethoden", „Superlearning" und „Gruppenunterricht" über.

Zusammen mit Jürgen und Hans-Dieter beschäftigte ich mich mit
Selbsterfahrungsmethoden im Training. Da hatten wir uns zusammenge-
funden, weil wir an diesem Thema besonders interessiert waren. Nun
hatten wir die Aufgabe, die verschiedenen Methoden so aufzuarbeiten,
daß wir dann das Ergebnis den anderen in anschaulicher Form präsentieren können. Dabei sollten wir die Vor- und Nachteile, die Voraussetzung
und die Bedingungen für die jeweiligen Methoden herausstellen. Klar war
nur der Auftrag und die auf 45 Minuten begrenzte Zeit. Sonst war alles
unklar: Wie können wir dieses Gebiet überhaupt bearbeiten, wenn wir es
nicht beherrschen?

Die Verwirrung erlebten wir alle drei gemeinsam. Wir trugen die
Situation mit Humor und vertrauten einfach auf die in uns liegenden
Kräfte. Wir gingen an das Thema ran wie die Weltmeister. Und siehe da,
die Gedankenblitze sprühten nur so. Im Nu hatten wir herausgearbeitet,
was für uns wesentliche eigene Erfahrungen sind und wie wir sie aufnehmen. Eine kleine Anekdote und anschauliche Beispiele gipfelten schließlich in einer zündenden Idee: Das „Beratungsgespräch" als eine Form der
Selbsterfahrungsmethode kann der Gruppe vermittelt werden durch eine
Analogerfahrung der eigenen Kraft, die die härtesten Problemnüsse
knackt. – Wie knacke ich eine Nuß? – Nüsse als Erfahrungsmaterial
erhielten wir gerne von der Hotelleitung und dem Ganzen noch eine

Karikatur eines autoritären Lehrvortrages vorangestellt – und schon hatten wir unsere eigene „Nuß" geknackt.

Superlearning – dieses modische Schlagwort regt die Phantasien der Teilnehmer an; kaum einer weiß, was darunter verstanden werden kann, doch inzwischen haben wir's erfahren. Außerdem erlebten wir eine eindrucksvolle Demonstration, wie die verschiedenen Medien auf die unterschiedlichen Erfahrungsbereiche abgestimmt werden können. Und dennoch: Eine aussagefähige Graphik über den Overheadprojektor bleibt bei aller Erfahrungsorientierung nach wie vor ein Schmankerl für den Verstand. Die tieferen Schichten unseres Bewußtseins erreichen wir über Entspannung und innere Ruhe. Dazu natürlich auch das Lehrgespräch mit Karten und Pinwand, im Dialog mit den Teilnehmern.

In der Aussprache wurde das Erfolgserlebnis der Präsentationsgruppen durch das Feedback der anderen verstärkt. Die Stimmung war so positiv, daß man die Wolke des Vertrauens in die eigene Kraft beinahe hätte sehen können. Und dieses Potential liegt in jedem, der den Weg gefunden hat, seine schöpferischen Kräfte frei einzusetzen. Nur die zierlichere Ingrid hatte Magendrücken. Sie war für das Zeitmanagement zuständig. Und die Zeit hatten wir wieder einmal überzogen. Allerdings ausdrücklich und stillschweigend akzeptiert von allen anderen, und darum war es gut so, wie es war. Da verflüchtigte sich dann auch das „zierliche" Bauchgrimmen.

Der Schwerpunkt „Gruppenunterricht" wurde uns sowohl inhaltlich als auch vom Prozeß her über die Präsentation der Gruppe von Uwe, Klaus und Fritz nahegebracht. Aus der Gruppenbeobachtung konnten wir viele Vorteile und auch einige Nachteile der Gruppenarbeit miterleben. Daß aus zeitlichen Gründen die methodischen Inhalte ein wenig zu kurz kamen, wurde hingenommen.

Achim faßte dann als Moderator das Ergebnis des Trainingstages zusammen, reflektierte die Methoden und die Möglichkeiten des abgestimmten Medieneinsatzes. Bei der Abschlußrunde wurde allen klar, daß dieser Seminartag wohl an Brillanz und Intensität kaum mehr zu überbieten sein dürfte.

Beim „Mikroteaching" werden Elemente der Gruppenarbeit, des Rollenspiels und der Gruppendynamik so verarbeitet, daß sich der „Teacher" und die übrigen Mitglieder der Kleingruppe zu gegenseitigen Lernprozessen anregen. Die Videounterstützung ermöglicht eine Wiederholung der äußerst kurz gehaltenen Trainingseinheiten, um so allen Beteiligten die wichtigsten Szenen in ihrem Zusammenwirken wieder vor Augen führen zu können. Eine straffe Feedback-Leitung sorgt für den ständigen Entwicklungsprozeß innerhalb der Gruppe. Dies bietet die Möglichkeit, ähnlich wie bei Filmaufnahmen, in kürzester Zeit die Szenen zu wiederholen und sowohl inhaltlich als auch von der Beziehungsseite her zu entwickeln.

Daß dies recht strapaziös sein kann, erlebte ich in meinem Rollenspiel über eine Stabssitzung in unserer Sparkasse. Obwohl ich zunächst ganz ruhig und gelassen an die Aufgabe heranging, stand ich unvermittelt unter einem starken Zeitdruck und einem sehr stark empfundenen Ablehnungsdruck durch die Gruppenmitglieder. Anstatt ruhig und offen auf die Wünsche der anderen einzugehen, ließ ich die anderen kaum zu Wort kommen, sprach immer schneller, legte Gedankensprünge ein, die die anderen verwirrten und in der Rückspiegelung meine Verwirrung noch steigerten.

Bei der dritten Wiederholung – am liebsten hätte ich schon aufgegeben – da fand ich wieder zu meiner Mitte und konnte ohne Angst und Zeitdruck auf meine wichtigsten Führungskräfte in natürlicher Weise eingehen.

Die wichtigste Erfahrung für mich dabei war, daß – ähnlich wie in Ärgersituationen – auch frühere Ablehnungen in ihrer Wirkung in Sekundenbruchteilen wieder lebendig werden können. Nicht aufgearbeitete Ablehnungen nehmen wohl keine Rücksicht darauf, ob sich die Zusammenarbeit inzwischen schon konstruktiv weiterentwickelt hat. Da sind also noch Restbestände, die als verdrängte Konflikte ab jetzt zur Stärkung der Vertrauensbasis genützt werden können. Wie mag es in dieser Hinsicht bei meinen Partnern aussehen?

5. Tag: Trainingsstile, Manipulation und Konfliktsteuerung

Motto: „Alles Tun und Lassen bedeutet Einfluß nehmen"

Bei der Einführungsrunde war ich darauf eingestellt, daß Günther seinen inneren Konflikt in der Gruppe ablädt, den er seit Montag mit sich herumschleppt. Im Gespräch vorher meinte er noch, daß die Gelegenheit dafür nicht günstig wäre. Er blieb bei seiner Entscheidung und behielt seine Bedrückung weiter für sich. Diese Form des „Genießens" liegt bestimmt in seiner Lieblingsstrategie, mit Konflikten umzugehen.

Michael stieg in die erste Einheit über Trainingsstile mit einer Partnerarbeit ein, bei der die einzelnen ihr eigenes Führungsverhalten im Spannungsfeld zwischen Steuerung und emotionaler Ausstrahlung erfahren konnten. Jedes Paar hatte ein Haus, einen Baum und einen Hund in einem Bild zu erstellen. Dabei sollten folgende Bedingungen gelten: Der Stift wird immer gleichzeitig von beiden geführt, es wird nicht geredet, das Bild soll eine Künstlerunterschrift tragen. Damit es zu einer glatten Paarbildung kommen konnte, machte ich nicht mit, da ich die Übung schon kannte. Die spielerische Freude bei einzelnen Gruppen war leicht zu beobachten. Um den Grad der gegenseitigen Einflußnahme abschätzen zu können, mußte ich schon ganz genau beobachten.

Bei der anschließenden Aussprache und der Auswertung wurde mir wieder einmal klar, wie deutlich die Unterschiede zwischen Eigenbild und Fremdbild sein können. Ob ein persönlicher Führungsstil von anderen beispielsweise als stark steuernd empfunden wird, hängt allein von der jeweiligen subjektiven Empfindung ab – zum Glück gibt es da keine Objektivität.

In seine Trainingseinheit über Manipulation führte uns Klaus über eine Gruppenarbeit ein. Jede Gruppe hatte gemeinsam ein Bild zu malen, in dem sich die Auseinandersetzung mit der Beeinflussung durch andere widerspiegelt. Im Zuge der Präsentation und der Erläuterung der Bilder wurden Aussagen über Manipulation entwickelt. Dabei wurde klar, daß jeder Mensch, ob nun bewußt oder unbewußt durch sein Tun oder Unterlassen ständig Einfluß auf andere ausübt und damit manipuliert. Manipulation findet also immer und überall statt, wo Menschen miteinander in Beziehung stehen.

Die Erfahrungen über das eigene Führungsverhalten und über die Beschäftigung mit der ständigen gegenseitigen Einflußnahme der Menschen untereinander war eine gute Einstimmung für meine Einheit über Konfliktstrategien. Ausgehend von den verschiedenen Grundpositionen im O.K.-System und im Dramadreieck knüpfte ich an die Erfahrungen aus den Übungen über unser eigenes Konfliktverhalten von vorgestern an.

Im Beratergespräch mit den Seminarschatten hatten dann alle Gelegenheit, sich mit der Frage auseinanderzusetzen, aus welcher Grundposition im O.K.-System heraus Konflikte angegangen werden, welche Ziele damit verfolgt werden und wie groß die Wahrscheinlichkeit ist, diese auch zu erreichen. Die Teilnehmer konnten sich dabei Gedanken machen, wie ihre Lage in 5, 10 oder 20 Jahren aussehen wird, wenn sie an ihrer bisherigen Strategie festhalten und wie es dann in ihrem persönlichen, familiären und beruflichen Bereich aussehen mag.

In der Aussprache wurde klar, daß diejenigen, die in ihrer Grundposition für sich oder für andere ein Minuszeichen haben, mit ihrer Strategie ihre Ziele nicht erreichen werden. Nun war meine „Sternstunde" gekommen. Endlich hatte ich Gelegenheit, meine in den letzten Jahren gebastelte Vertrauensstrategie „der Welt" vorzustellen. Die Anregung von Hans, das Gordon-Modell der Problemlösungsstrategie des O.K.-Trainers einzubauen, kam mir höchst willkommen. Es war einfach herrlich für mich, zu demonstrieren, daß es nur eine einzige dauerhafte erfolgreiche Konfliktstrategie geben kann, nämlich die, aus der Grundposition „Ich bin O.K. – du bist O.K."

Der erste Schritt zu dem Ziel ist, sich vorzustellen, wie das ständige Wechselbad im Dramadreieck unterbrochen werden kann. Mein Angebot heißt: Zur Mitte kommen – zur Mitte im Dramadreieck, zur Mitte in sich selbst. Für den Umgang mit anderen bedeutet dies nach Gordon: Wenn ich das Problem habe, dann muß ich meine Störung äußern, im Wege des Feedbacks. Wenn andere das Problem haben, muß ich mich auf sie einstimmen und die Störungen der anderen aus ihrer Sicht heraus aufgreifen. Auf diesem Weg nähern sich Training und Führen einander weitgehend an, der O.K.-Führer und die Trainierten bzw. Geführten werden ein sich entwickelndes System.

Meinen Höhepunkt erreichte ich, als ich anschaulich darlegen konnte, wie wir in anderen uns immer nur selbst sehen. Ob wir uns über andere ärgern oder freuen, ob wir sie sympathisch oder unsympathisch empfinden, immer liegt die tiefere Ursache in uns. Jeder Konflikt mit anderen bedeutet letztlich einen Konflikt mit sich selbst.

Da redete ich mich in einen richtigen Höhenrausch, schilderte Beispiele aus meinem Leben, wie ich es schaffte, auch in schwierigen Situationen nicht aus der O.K.-Grundposition herauszufallen und sah schließlich nur noch mich selbst. Ich spürte dies zwar an meiner aufkommenden Euphorie, fand aber nicht den Ausstieg. So verschenkte ich die Gelegenheit, die Gruppe an die Frage heranzuführen, welche praktischen Konsequenzen sich für sie ergeben, wenn sie sich an die konstruktive Konfliktstrategie heranwagen wollen. Da war ich schließlich über die Intervention von Hans richtig froh, als er mich wieder in die Realität unserer Seminargruppe zurückholte. In kleinen Partnerübungen machte er die Strategie eines O.K.-Trainers erlebbar, für den Fall, daß entweder er oder die Gruppe ein Problem hat.

In einer gestrafften Abschlußrunde hatten die einzelnen Gelegenheit, ihre wichtigsten Eindrücke und deren Wirkungen anhand von konkreten Beobachtungen und Erlebnissen zu äußern. Das Feedback der Gruppe zeigte uns wieder die Spielräume auf für eigene Veränderungen, falls wir uns dazu entscheiden sollten.

Am Nachmittag übten wir dann einzeln, zu zweit und in kleinen Gruppen die Interaktionsansätze für den O.K.-Trainer im Umgang mit anderen. Dabei dreht sich alles um die zentrale Frage: „Wer hat das Problem?" und „Wie setzt er seine Möglichkeiten ein, den anderen dahin zu führen, daß er in die Lage kommt, sein Problem selbst zu lösen?". Wie schwierig es dabei ist, auf die angemessene Kommunikationsebene zu kommen, spürten wir hautnah aus eigenem Tun.

Für die Abendsitzung hatten sich Jürgen und Klaus etwas Besonderes einfallen lassen. Sie überraschten uns im abgedunkelten Seminarraum mit einer warmen vorweihnachtlichen Stimmung, die durch fünf Kerzen im

Rund des Stuhlkreises hervorgezaubert wurde. Sie standen auf einer am Boden ausgebreiteten Tischdecke, die mit Tannenzweigen geschmückt war. Zu der festlichen Musik von Vivaldi führte uns Hans in einer Meditationssitzung durch die „Vierjahreszeiten", die den Lauf eines jeden Jahres ausmachen, so wie auch das Seminar seinen Anfang und sein Ende nimmt und jede Zeit ihre besonderen Eigenheiten hat. Klaus erzählte von den Oberammergauer Bergen, von den zwei Männern, die ins Tal steigen – der eine der heilige Nikolaus und der andere sein Knecht Krampus. Sie stapfen vom Kofel herunter zu unserm Hotel und treffen einen Ober, dessen Geschichte dann Jürgen vorträgt: Am Heiligen Abend erhält er die Kündigung, weil er sich mit einem Jungen angefreundet hatte und ihm als Spielkamerad für einen ganzen Abend einen Wunsch erfüllt hatte – für das gemeinsame Murmelspiel ein Loch in das Holzparkett zu schlagen.

Ja, es stimmt schon, die Kinder bringen den Menschen die Liebe nahe, und durch die Liebe werden die Menschen zu Kindern.

6. Tag: Erfolgskontrolle und Abschied

Motto: „In jedem Ende liegt ein neuer Anfang."
Bei der Eröffnungsrunde, mit der die Teilnehmer in die Seminarwirklichkeit gebracht werden, fiel auf, daß viele schon in Gedanken vorauseilen und sich auf das Widersehen mit ihren Familien freuen. So war der richtige Zeitpunkt gekommen, noch einmal Rückschau zu halten, zurückzugehen zu den ursprünglichen Erwartungen und Lernzielen und darauf zu achten, was erreicht wurde und was offen geblieben ist. Bruno hatte diese letzte Trainingseinheit übernommen und bot uns an, an seinem Gemälde vom Kofel, dem Wahrzeichen von Oberammergau, zu kennzeichnen, inwieweit wir den Gipfel unserer Ziele erreicht haben. In der anschließenden Gruppenarbeit konnten die eigenen Vorstellungen anhand der Einschätzung der anderen überprüft werden.

Die Bedeutung der Erfolgskontrolle in der Trainingsarbeit und die verschiedenen Möglichkeiten hierzu erarbeiteten wir im Gruppendialog. Der Schwerpunkt lag bei der offenen Seminarbeurteilung durch die Teilnehmer. Das Loch nach dem Seminar, sowohl für Trainer als auch für die Teilnehmer, läßt sich am leichtesten schließen, in dem sich die einzelnen klare Vorstellungen bilden, was sie für sich in ihrer Abteilung oder im Betrieb umsetzen möchten, mit wem sie sprechen müßten und wessen Hilfe sie dazu brauchen. Dadurch kann dem „Inseleffekt" eines Seminars vorgebeut werden. Es wird vielmehr zu einem echten Trainingslager, bei dem die künftigen Aufgaben klar im Visier sind.

In der Abschlußrunde legte Hans uns allen ans Herz, gerade in den nächsten Tagen mit uns selbst und anderen pfleglich umzugehen. Wir waren ausnahmslos erfüllt und voller Zuversicht in dem Bewußtsein, daß jeder jedem sehr viel verdankt.

Ein weiteres Beispiel dafür, wie ich versuche, auch im Seminar Praxis zu erfahren und den Lerntransfer zu erleichtern, sind die Seminare „Organisationsentwicklung" (jetzt Prozeßberatung I + II genannt). Die Teilnehmer lernen Organisationsentwicklung als Philosophie und Beratungsstrategie kennen, indem sie das ausprobieren, was ein OE-Berater in der Praxis tut. Das Gesamtseminar wird als Unternehmen zur Produktion von Lernsituationen betrachtet. Es besteht aus insgesamt drei bis vier Gruppen zu je etwa 12 Teilnehmern, von denen eine Gruppe Prozeßberatung und die übrigen Gruppendynamik machen. Der Seminarveranstalter nimmt die Rolle des Unternehmers ein, was ja der Realität entspricht. Die Trainer der gruppendynamischen Gruppen treten als Abteilungsleiter auf. Die Gruppe des Prozeßberatungsseminars fungiert als innerbetriebliche Stabsabteilung, welche das Unternehmen dahingehend berät, wie dieses seine Ziele erreichen kann. Während einer Woche Seminarzeit probieren die Teilnehmer der Prozeßberatungsgruppe aus, wie sie die Philosophie von OE in eine geeignete Beratungsstrategie umsetzen können. Sie erleben die Probleme bei Eintritt, Diagnose, Aktionsforschung und Prozeßanalyse, sie lernen am Projekt und erhalten Rückmeldung für ihre Interventionen. Am Ende können sie ihre Erfahrung auf ihre eigene Betriebsorganisation transferieren und überprüfen, wie weit ihr Selbstbild, der Teamkontrakt und die Unternehmensleitlinien mit ihrer praktischen Arbeit und den tatsächlich angewandten (Verhaltens-)Strategien übereinstimmen. Eine Teilnehmerin, die gemeinsam mit ihrem Ehepartner dieses Seminar besucht hat, beschreibt dies wie folgt[1]:

---

1   Kloiber, G.: Partner-Erfahrungsbericht über ein Organisationsentwicklungs-Seminar vom 05. – 10. Juli 87.

... Die Organisationsentwicklungsgruppe hat die Möglichkeit, über die Zusammenarbeit mit den zwei anderen Gruppen (Gruppendynamik) praktische Erfahrungen in ihren Beratungsaktivitäten zu sammeln.

Habe ich mir sowas erwartet? Ganz und gar nicht! Aber mit welchen Phantasien im Kopf bin ich nach Westerham gefahren?

Genau weiß ich das nicht mehr. Ich kann mich nur erinnern, daß ich bei der Herfahrt zu Peter gesagt habe: „Jetzt noch fünf Tage Erholung und dann stürze ich mich voll auf meine Dissertation!" Das war reines Wunschdenken.

Sonntag:

Ein gerissener Keilriemen war die Ursache dafür, daß wir zum Abendessen kamen, als die anderen gerade von ihren Tischen aufgestanden sind. Etwas verloren aßen wir und gingen dann sofort in den Seminarraum, wo sich die Gruppen versammeln sollten.

Nur langsam wurden die ca. 40 Stühle besetzt, neugierig schaute ich die Menschen an, mit denen ich nun die weiteren fünf Tage verbringen würde.

Hans sprach die Begrüßungsworte und wechselte sich mit den anderen Trainern in einer Art „Worttrance" ab, die vermutlich alle Teilnehmer in den Raum holen sollte. Meine Bilder im Kopf mischten sich mit den Gesichtern um mich herum – ich spürte in mir die Spannung und Erwartung auf das, was jetzt kommen würde.

Eine tolle Überraschung: Es wurde jeden Morgen um 7 Uhr Yoga angeboten.

Die folgende „Übung" ermöglichte das Erleben verschiedener Gruppenwahlverfahren – Hans einmal als autoritärer „Einteiler", ein Selbstfindungsprozeß, dann die Organisation durch die Vorauswahl einer Kerngruppe.

Für uns OE'ler war die letzte Variante keine, da wir acht uns auf Grund unserer Anmeldung zum OE-Seminar zusammenfanden.

Schön erlebte ich, daß sich 6 Partner aus dem Selbstfindungsprozeß in unserer Gruppe wiederfanden.

Die Gruppen zogen sich dann jeweils in ihre Seminarräume zurück. Unser Trainer war Wolfgang[1], den ich schon aus einem früheren Seminar kannte und für den ich viele Sympathien hatte. Er ließ uns die vorigen

1 Dipl. Handelslehrer, Dipl. Kaufmann Wolfgang Stürzl arbeitet seit Jahren erfolgreich bei OE-Projekten des Instituts mit. Zur Zeit promoviert er mit einer Arbeit über OE. Ich schätze an seinem Arbeitsstil besonders die gelungene Synthese von Theorie und Praxis.

„Wahlsituationen" noch kurz überdenken. Wir sollten Vermutungen über die Entwicklungen der zwei Gruppendynamik-Gruppen anstellen. Irgendwie war ich aber nicht ganz bei der Sache. Ich beobachtete an mir, daß ich neugierig meine „Mitstreiter" betrachtete, und Phantasien über sie entwickelte. Deshalb war ich von dem Vorschlag, daß jeder sich kurz vorstellen sollte, schon mehr angetan. Als wir um 23 Uhr mit dem Versuch, unser Beratungsmotto zu benennen, endeten, wurden wir von den anderen Gruppen im „Bierstüberl" sehr überrascht begrüßt, denn ihre Arbeitszeit war um 22 Uhr bereits zu Ende. (Die Tatsache, daß wir länger arbeiteten als es die Seminarzeiten angaben, wurde ein Dauerzustand.)

Wir mischten uns dann noch unter das „Volk", da uns Wolfgang zuvor über unsere Rolle und Aufgabe aufgeklärt hatte: Berater der anderen Gruppen in ihrem gruppendynamischen Prozeß.

Montag:

Zuerst trafen sich jeweils Vertreter der drei Gruppen zu einem „Triaden-Gespräch". Dort beschnupperten wir uns zuerst einmal: Wie heißt du? Was machst du? Wieso bist du auf diesem Seminar? Was ist eigentlich OE und was macht ihr da?

Dann wechselte das Thema schnell auf die Entwicklung in den Gruppendynamik-Gruppen, wobei ich sozusagen als „Fachfrau" für auftauchende Fragen herangezogen wurde. Da mich diese zugeschriebene Rolle überraschte, fühlte ich mich denkbar unwohl.

Nach einer halben Stunde traf man sich wieder in seiner eigenen Gruppe. Dort erlebte ich eine Überraschung. Ich sollte meine Ziele von Beratungstätigkeit, meine Definition der Beraterrolle, mein Verständnis von Beratungskonzepten und Beratungstechniken formulieren. Sowas, dachte ich mir. Bisher hatte ich mir das nie so bewußt gemacht.

Ich habe jetzt beim Schreiben das Bild von Dornröschen vor Augen, das plötzlich geweckt wird – aber in diesem Fall nicht von einem schönen Prinzen, sondern von der Tatsache, daß ich mich auf einem Organisationsentwicklungs-Seminar mit *mir* auseinandersetzen muß. Langsam verstehe ich den Terminus „Selbsterfahrung" in den Prospekten von Hans.

Nach der Aufarbeitung der obigen Fragestellung zur Beratung, zuerst in Kleingruppen und dann in der Gesamtgruppe, wählte jeder seinen Seminarschatten. Ich gab mir einen beträchtlichen Ruck – überwand mein Harmoniebedürfnis und wählte Roland – jemand, von dem ich glaubte, daß er mir verschieden ist.

Wir bekamen von Wolfgang einige Aufgaben (z. B. Fertigkeiten, Fähigkeiten, Einstellungen eines OE-Beraters auflisten, unsere persönlichen

Ziele zum Seminar in einen Beratungsvertrag umsetzen). An der ersten Frage habe ich mich sehr gestoßen. Nur – liegt es an der Frage oder an Wolfgang?

Auch in unserer Gruppe zeigten sich langsam die gruppendynamischen Prozesse, die auch die anderen Gruppen durchmachten. Eine Autoritätskrise bezüglich dem Trainer begann. Er gab keine Ziele des Seminars vor (steht ja auch im Prospekt), er erklärte seine Methoden und den Zweck der Fragen nicht (nachher kommt man dann sowieso selber drauf), und „überhaupt" brachte er sich selber kaum ein, zeigte wenig von sich.

Natürlich wurde er für eine kurze Zeit das Thema in unserer Gruppe – aber nur in den Pausen, wo wir unter uns waren (?!).

Hier bestätigte sich mir meine These, daß man von diesem OE-Seminar Gruppendynamik nicht ausschließen konnte. Dies zeigte sich konkret in der Situation, als wir gemeinsam eine Aufgabe zu lösen hatten – das aber später. Wir überlegten sogar einmal (mehr spaßeshalber?!), ob wir uns nicht von den Gruppendynamikern beraten lassen sollten.

Am Nachmittag berichtete jedes „Seminarschatten-Paar" von seinen Ergebnissen. Dann gab es endlich mal etwas zur Entspannung: theoretische Modelle für OE-adäquate Intervention.

Lange hatte das nicht gedauert. Denn plötzlich überraschte uns Wolfgang damit: „Wenn ihr die Chance nützen wollt, euch in praktischer Beratung zu erproben, dann gibt es nur zwei Möglichkeiten, die ihr aber zuerst mit den Trainern der Gruppendynamik-Gruppen verhandeln müßt".

Hier wurde ich nochmals aufgeweckt. Es war also gar nicht selbstverständlich, daß wir hier unsere Spielwiese hatten – wir mußten uns selber darum kümmern. Es entbrannte eine rege Diskussion. Anscheinend war nicht nur ich aufgerüttelt worden.

Wir organisierten uns selbst zu einem Treffen, indem wir überlegten, wie wir uns verkaufen könnten, welche Strategien während der Verhandlung wir wie verfolgen sollten, was wir an Rahmenbedingungen für unsere Arbeit benötigen, welche Sitzordnung wir bei der Verhandlung anstreben sollten, wer von uns verhandeln sollte. Wir bauten uns so richtige „Feindbilder" auf, stolperten dauernd über unsere eigenen Vermutungen und machten diese zu Realitäten. Klarheit war kaum in die Diskussion zu bekommen. Ein Bild fällt mir gerade ein: wie ein aufgescheuchter Hühnerstall!

Ich spürte immer mehr, daß die Energie freigesetzt wurde. Keiner lehnte sich mehr in seinem Sessel zurück. Alle waren drinnen im Spiel. Meine Identifikation mit meiner Rolle wuchs mehr und mehr.

Ja – und dann kam alles ganz anders.

Daraus habe ich etwas Wichtiges gelernt. Es ist sinnlos, auf Vermutungen sein Handeln zu stützen, besser ist es, abzuwarten, wie sich die Dinge tatsächlich ergeben.

Die Trainer der anderen Gruppen mußten wir erst gar nicht überzeugen. Sie wollten unsere „Beratungsleistungen" und machten uns ganz konkrete Vorschläge. Wir bekamen genau unsere Grenzen gesteckt. Wir hatten einzig die Wahlmöglichkeit, welche Angebote mit den Gruppen zu arbeiten, wir annehmen wollten bzw. konnten.

Mir wurde klar, daß jetzt die Arbeit begann, daß jetzt das passierte, was man „erfahrungsorientiertes" Lernen nennt. Mir wurde zwar ganz schummrig bei den zeitlichen Dimensionen der Arbeit, aber – ich wollte diese Chance. Nach den Verhandlungen über den Beratungsvertrag blieben wir acht noch sitzen. Die anderen waren genauso kaputt wie ich. Unsere ganze lange „Herumtaktiererei", basierend auf Vermutungen, war für die Katz gewesen.

Gut so – und wie weiter ? Für den nächsten Tag stand die Möglichkeit offen, die Gruppen – ihr Einverständnis vorausgesetzt – aufgrund einer Ist-Analyse und daraus folgender „Daten-Feedback-Runde" zu beraten. Zusätzlich war eine Supervision bei einer „fish-bowl-Übung" auf dem Programm.

Wir machten noch einen Zeitplan und gönnten uns dann den Feierabend.

Dienstag:

Der Dienstag brachte für mich ganz neue Perspektiven. Ich erlebte, wie ich einfach handelte, ohne mich vorher lange in Überlegungen zu ergehen. Ich erlebte genau die gleichen Probleme in der Diskussion der Vorgehensweise bei der Befragung, bei der Präsentation, usw. , wie in meiner beruflichen Arbeitsgruppe. Auch bekam ich am eigenen Leibe zu spüren, wie wichtig es ist, sich der Vertragsgrundlage der Beratung und gemeinsamen Arbeit bewußt zu sein. Sich vorher klar zu werden, ob man „damit leben kann".

Wir schafften es in zähen Diskussionen dann doch, uns auf eine gemeinsame Vorgehensweise zu einigen. Wir hatten die Einwilligung der Gruppen, wir führten die Interviews durch, wir beobachteten die Gruppen bei ihrer Übung und gaben ihnen Feedback, wir präsentierten die Befragungsergebnisse (und das alles zwischen 9 und 17 Uhr).

Wir erahnten unsere Fehler, wir durchlebten eine aggressive Trainerschelte, wir bekamen die negativen und positiven Reaktionen der Gruppendynamiker zu spüren und trafen uns dann wieder um 17 Uhr.

Jetzt weiß ich, was Feedback wirklich ist, und bin überrascht, daß ich jemals geglaubt habe, das mit „durchleben" von Büchern zu lernen. Auch weiß ich, wie ich auf Partner reagiere, die gegen formelle und informelle Geschäftsgrundlagen der gemeinsamen Arbeit handeln.

...Mensch, war ich danach erledigt!

In zwei Kleingruppen, die wir wegen der Präsentation in den zwei Gruppendynamik-Gruppen gebildet hatten, arbeiteten wir unsere Erfahrungen auf (wie ist es gelaufen?, was war gut bzw. schlecht?, welche Konsequenzen hat das für das nächste Projekt?).

Ich habe jetzt das Gefühl, daß ich die Fehler, die ich so „hautnah" selbst erlebt und miterlebt habe, nie wieder vergessen werde.

In der Abendsequenz bereiteten wir den Tag nach: meine Direkt-Aufzeichnungen dazu beschreiben folgendes:

Eine Aussage eines Gruppendynamikers in der Triade, daß er nicht wisse, was er tun könne, um seine Gruppe aus der Sackgasse zu führen, fällt mir ein. Mir geht es genauso. Wieso wiederholen sich die Probleme der gemeinsamen Problemlösung in Arbeitsgruppen immer wieder? Was mache ich falsch? Wieso hört man einander nicht zu, fällt einander ins Wort, arbeitet sich nur zäh an Probleme und vor allem an konkrete Entscheidungen heran?

Anscheinend ist das ein gruppendynamisches Gesetz, daß die Arbeitsfähigkeit einer Gruppe erst mit dem Durchlaufen bestimmter Phasen hergestellt werden kann.

Ich finde es gut für mich, daß ich das so bewußt erleben konnte.

Mittwoch

Am Mittwoch morgen gab es wieder Theorie. Diese Entspannungspause tat mir gut, denn ich war seit Montag auf Hochspannung. Wichtig war für mich die Erfahrung, daß ich klar und mit viel Energie an Dinge herangehen konnte, wenn es nötig war – trotz wenig und unruhigem Schlaf, der mit Träumen von dem Erlebten beschickt war. Aber es ging nicht nur mir so.

Wolfgang zeigte uns Arten von Beratungsstilen und besprach sie in einer Form, daß ich keine Chance hatte, abzuschweifen. Er zeigte uns weiter Interventionstechniken, von denen wir gleich eine an uns selbst ausprobierten: das Soziogramm.

Ich kannte diese Methode aus einem Gruppendynamik-Seminar. Nur die kleine Nuance, mit der Wolfgang sie mit uns praktizierte, machte dieses Instrument für mich erst sinnvoll. Die Nuance war, daß man seine Wahl (für Berater, für Nicht-Berater, Vertrauensperson, Abwertung – die man durch ein bestimmtes Verhalten von jemandem erfahren hatte) mit einem Feedback versehen sollte.

Es fiel mir sehr schwer, Entscheidungen darüber zu treffen, wen ich als Berater haben möchte, wen ich als Berater ablehne, wem ich mein Vertrauen schenke, usw.

Als wir nach der Übung zum Mittagessen gingen, machte ich eine Feststellung. Das Soziogramm hatte eine ganz bestimmte Stimmung in der Gruppe erzeugt – wir waren sehr nachdenklich und ruhig.

Im Blitzlicht darüber, wie sich diese Methode auf unsere Gruppe ausgewirkt hatte, kamen wir zu folgenden Ergebnissen: Sie hatte unsere Beziehungen geklärt und zusätzlich oder trotzdem waren wir einander nähergerückt.

Mein Interesse an den anderen war gewachsen – meine Bilder von ihnen und der Gruppe klarer. Die Einschätzung der Gruppe und der in ihr geltenden Normen fiel mir leichter als zuvor.

Für den Abend war eine weitere Beobachtung von uns in den Gruppendynamik-Gruppen geplant. Wir sollten sie während einer Kooperationsübung beobachten. Ihre Aufgabe war es, 15 Gegenstände nach ihrer Wichtigkeit in eine Reihung zu bringen. Die Gegenstände waren Überlebenshilfen nach einer Bruchlandung mit dem Flugzeug in der Wüste.

Für die Vorbereitung teilten wir uns in zwei Gruppen und besprachen unsere Vorgehensweise – natürlich alle Fehler und Pluspunkte des vorigen Projektes beachtend: Wie informieren wir alle Teilnehmer?, wie beziehen wir den Leiter der Gruppe mit in unsere Vorgehensweise ein und wie koordinieren wir uns mit ihm?, wie sitzen wir während der Beobachtung?, wie teilen wir die Beobachtungsaufgaben zwischen uns auf?, usw. Aber über allem schwebte noch die offene Frage: erlaubt die Gruppe unser Dabeisein?

Wir hatten Glück. Dem anderen Teil unserer OE-Gruppe wurde es nicht erlaubt, als Beobachter anwesend zu sein (wie sich später herausstellte, war einer der Gründe die zu geringe Information darüber, was eigentlich die Rolle und Aufgabe der Beobachter dabei sein sollte).

Mit Einverständnis „unserer" Gruppendynamik-Gruppe konnten die anderen auch teilnehmen. Das Ganze begann ca. um 20 Uhr und endete um 2.30 Uhr. Ich erlebte streckenweise ähnliche Prozesse wie in unserer eigenen Gruppe, manchmal wurde ich sehr stark an den Film „Die 12 Geschworenen" erinnert, manchmal war ich traurig, manchmal lachte ich, weil ich sonst hätte weinen müssen, manchmal suchte ich den Blick von jemandem aus meiner eigenen Gruppe, manchmal ging ich nach innen, weil ich mich von außen erholen mußte.

Um 22.40 Uhr waren meine Kräfte geschwunden, ich gab auf und ging zu Bett, ohne jedoch schlafen zu können – mein Kopf arbeitete weiter. Als Peter um 1.30 Uhr auch zu Bett ging, redeten wir noch lange über das, was wir eben erlebt hatten. Es war zwar Realität, aber doch kaum be-greifbar. Als ich kurz ans Fenster ging, sah ich noch Licht in dem Raum, wo sich das Ganze abspielte und durch ein anderes erleuchtetes Fenster sah ich Teilnehmer aus der anderen Gruppendynamik-Gruppe ebenfalls in ein intensives Gespräch verwickelt.

Es war wahrscheinlich nicht nur für mich eine kurze und unruhige Nacht.

Donnerstag / Freitag

Am Morgen arbeitete Hans mit seiner Gruppe die Erlebnisse des vergangenen Abends und der vergangenen Nacht auf.

Wir waren mit dabei und konnten anschließend unsere Feedbacks geben. Zum Teil spürten wir großes Interesse von Seiten der Gruppendynamik-Gruppe, besonders als Eckhard jedem seine Beobachtung bezüglich Mimik und Gestik widergab und als Evelyn wortwörtliche Aussagen von Teilnehmern der Diskussion an die Gruppe zurückspielte.

Anschließend arbeiteten wir in unserer OE-Gruppe diese Feedbacks auf: Welche Feedbacks waren gut angekommen, was war richtig/falsch an den einzelnen Feedbacks, wie sind wir mit der Masse von Beobachtungen und der kurzen Zeit, diese zurückzuspielen umgegangen?

An Wolfgangs in einer Story verschlüsseltes Feedback kann ich mich gut erinnern:

Eine Katze erzählt der anderen: „Da stellt man sich doch kostenlos den Hasen zur Verfügung, um ihnen das Mäusejagen beizubringen, und keiner kommt".

Als ich dann in einem Feedback sagen sollte, wie ich mich jetzt fühle, brachen die ganzen Kartenhäuser über mir zusammen: der Mißerfolg des nicht Durchhaltens bis zum Ende der Übung, die Reflexion der Fehler, die ich gemacht hatte, die Aggression gegen einen Partner in der Gruppe, die ich im Bauch hatte, die ich mir aber vom Kopf her verbiete, die dauernde Spannung dieser Tage, die mich in ihre Enge getrieben hatte. Und ich ließ meinen Tränen freien Lauf, so daß alles aus mir „herausrinnen" konnte und mein Kopf sich klärte.

Wolfgang half mir durch eine Übung, daß sich diese Klarheit noch verstärkte, indem ich alles mal raus-redete. Das hatte gut getan und war notwendig. Ich war für mich einfach an einer Grenze von körperlicher Kapazität – aber nur diese Grenze hat es mir erlaubt, diese Erfahrungen von mir für mich zu bekommen.

Dann kam eine Phase, die ich als sehr „lern-reich" erlebt habe. Jeder stellte ein laufendes oder zukünftiges Organisationsentwicklungs-Projekt seiner beruflichen Tätigkeit vor. Die Aufgabe war, das auf diesem Seminar Gelernte mit einzubeziehen. Daraus hatte ich neben der vorher beschriebenen Selbsterfahrung die meisten Impulse gezogen.

Ich habe „Transfer" in einem Seminar für mich noch nie so erfolgreich erlebt. Meine Direktnotizen dazu lauteten: Das ist also Transfer, ich bin fasziniert von der Methode. Das gemeinsame Nachdenken über die Projekte fasziniert mich vollkommen, mein Kopf dreht jedes Rädchen, ich bin voller Ideen für meine eigene Arbeit.

Ein Satz von Wolfgang hängt noch in meinem Kopf: „Ratschläge sind auch Schläge" Und das „Organisationsentwicklungs-Gedicht", das uns Wolfgang gegeben hat, hängt in meinem Arbeitszimmer:

Niemand gewährt dir Freiheit
Du fesselst dich selbst
Und wenn du es getan hast
    gibst du die Fessel vielleicht weiter –
    an einen anderen
    an viele andere
    an alle anderen oder
    an dich selbst.

Das letzte ist vielleicht am schlimmsten
Denn jener Sklavenmeister ist am schwersten zu erkennen
Und am schwersten zu stürzen
Aber er ist am leichtesten zu hassen – und zu verletzen
Ich weiß nicht, wie ich dir helfen soll, frei zu sein
Ich wünschte, ich könnte es
Aber ich kenne einige Zeichen der Freiheit
Eines ist, zu tun, was du tun möchtest –
    obwohl dir jemand sagt, es nicht zu tun
Ein anderes ist, zu tun, was du tun möchtest –
    obwohl dir jemand sagt, es zu tun.

Stanley M. Hermann

Als ich meinen Koffer packte, nahm ich vieles mit und ließ einiges da: Mit nahm ich meine Identität als Berater und als Arbeitskollegin, ein Stück mehr „Selbst-Erfahrung" und damit verbunden „Selbst-Bewußtsein", das Wissen um die Chancen und Grenzen von Feedback, die Erfahrung der Notwendigkeit bewußter Verträge und Geschäftsordnungen, das Bewußtsein für Entwicklung und für Organisationsentwicklung, die Begegnung mit netten Menschen.

Da ließ ich meine Schwäche in der Konsequenz, auf meine Gefühle zu achten und sie zu vertreten und meinen Frust über sich immer wiederholende, lähmende Gruppenprozesse.

Peter und mir hat dieses Seminar auch Aufgaben für unsere Beziehung gestellt. Das gemeinsame Erleben hat noch ein Stück mehr Intensität gebracht. Ich hoffe, noch mehr solche gemeinsame Lernchancen zu haben und kann sie nur empfehlen.

Die beiden angesprochenen Seminardesigns (Trainingsstile und Prozeßberatung) veranschaulichen die beabsichtigte Richtung: Ich motiviere Führungskräfte, Verkäufer, Trainer, Organisatoren, Berater sowie Gruppen und Betriebe, Erfahrungen zu machen, über sie nachzudenken, daraus zu lernen und so den Handlungsspielraum, der ihnen zusteht, verantwortlich auszufüllen. Die beschriebenen Selbsterfahrungsmethoden fördern zugleich die Entwicklung von Individuen, Gruppen und Organisationen. Richtig angewendet sind sie mehrfach lernwirksam und entsprechend effektiv. Mit bewußter und geplanter Aktivität besteht die Chance, gegebene symbiotische Restriktionen zu überwinden und Potential zu entfalten.

Lernen in einem geschützten Raum hat den Vorteil der Spielsituation im positiven Sinn, Lernen im Laboratorium ist gerade aber auch deswegen nur die halbe Wahrheit. Die Ernstsituation der reellen Arbeit im Team des Betriebes kann nicht ersetzt werden. Deswegen gelten die nächsten Fragen der praktischen Teamarbeit und ihrer Verbesserung.

Die Arbeitsgruppe

Warum Teamarbeit?

Gründe für Teamarbeit gibt es viele: Zunächst macht es einfach Spaß, mit Menschen zusammen zu arbeiten. Denn über Kontakt und Kommunikation werden all die Bedürfnisse nach Zuwendung und Sicherheit befriedigt, die uns am Leben erhalten. Sicherlich lassen sich diese Bedürfnisse auch ganz gut, oder vielleicht sogar noch besser, in Freizeitgruppen befriedigen. Aber auch in Arbeitsgruppen, wenn es darum geht, durch Teamarbeit das Leistungs- und Entscheidungsniveau im Vergleich zur Einzelleistung anzuheben, sind sie ganz wesentliche Motive. Wahrscheinlich ist die Befriedigung der sozialen Bedürfnisse sogar die Prämisse dafür, daß sich Zusammenarbeit in Gruppen und Organisationen lohnt.

Wenn sich die Gruppe nun aus Individualisten und Spezialisten zusammensetzt, denen die eigene Sachidee überaus wichtig ist, die aber nicht gelernt haben, ihre Beziehungskonflikte zu bearbeiten, leidet die Kooperation. Die individuellen Anerkennungsbedürfnisse kollidieren mit dem Teamziel.

Zugleich gerät die sachliche Lösung in Mitleidenschaft. Eigene Ideen im Interesse einer möglicherweise besseren Gruppenidee zurückzustellen erfordert Toleranz, Mut, Verstand und Gefühl. Ähnliche, vielleicht noch größere Anstrengungen sind damit verbunden, in einer Gruppe die eigenen Ideen so lange zu diskutieren, bis ein Konsens erreicht wird. Vielleicht besteht das Geheimnis erfolgreicher Teamarbeit überhaupt darin, die vielen individuellen Beiträge zu *einer* Gruppenidee zu transformieren, anstatt sich von den Möglichkeiten der eigenen Macht verführen zu lassen und die eigene Idee ohne Diskussion durchzusetzen. Natürlich kann sich am Ende trotz allem die Einzelidee als besser herausstellen. Dann wartet auf den „Sieger" eine Probe anderer Art: Je nach innerer Reife hat er sich mit all den damit verbundenen Gefühlen der Schadenfreude und des heimlichen oder offenen Triumphs herumzuschlagen.

Eines der wesentlichen Argumente für Gruppenarbeit im Betrieb ist die sogenannte Wissensexplosion. In den letzten 75 Jahren hat sich der Fundus beruflichen Wissens vervielfacht. Auch der bestinformierte Spezialist kann selbst ein abgegrenztes Fachgebiet kaum mehr übersehen. Und es wird immer schwieriger. Beispielsweise muß ein Professor, der ein Jahr lang die Funktion eines Dekans – eine Verwaltungsaufgabe – übernommen hat, anschließend mindestens zwei Jahre hart arbeiten, um in seinem Fachgebiet wieder einigermaßen auf den aktuellen Stand zu kommen.

Durch Teamarbeit kann das Wissen mehrerer Spezialisten einer Problemlösung nutzbar gemacht werden, vorausgesetzt, diese Spezialisten verfügen nicht nur über den Willen und das Wissen, sondern auch über die entsprechenden sozialen Fähigkeiten für eine erfolgreiche Teamarbeit. Das Problem: Weder auf Schule und Uni noch im Berufsleben kann Teamfähigkeit systematisch und gezielt erlernt werden. Gerade Fachexperten tun sich auf diesem Gebiet sehr schwer, weil sie von ihren Vorerfahrungen her auf Einzelarbeit und Individualismus geprägt sind. Hinzu kommen Konkurrenzdenken und der jahrhundertealte universitäre Grundsatz der klaren Zuordnung von Einzelleistungen und Erfolg. Soll Teamarbeit erfolgreich sein, so müssen soziale Komponenten miteinbezogen werden, d. h. die Gruppenmitglieder müssen zusätzlich zu ihrem Fachwissen eine soziale Kompetenz erwerben.

Unbestritten sind auf dem Weg zu echter Teamarbeit – Kooperation ganz allgemein und kooperativer Führungsstil im besonderen – große Schwierigkeiten zu überwinden. Aber der erreichbare Vorteil – wenn er als solcher erkannt wird – wiegt die Mühen des Gruppentrainings auf. Denn das Ergebnis einer erfolgreichen Teamarbeit ist mehr als die Summe seiner Einzelleistungen: aus 2 + 2 wird 7. Mangelnde Teamfähigkeit, insbesondere nicht ausgetragene Beziehungskonflikte, verursachen soziale Reibungsverluste und machen eine Rechnung von 2 + 2 = 3 wahrscheinlich.

Worin konkret besteht nun eigentlich der Vorteil der Kooperation und der Gruppe? Wie Allport[1] vor Jahren in einem Experiment nachgewiesen hat, wirkt sich allein schon räumliches Zusammensein vorteilhaft auf die Leistung aus. Menschen, die sich vorher nicht kannten, erzielten in einem gemeinsamen Raum selbst bei Einzelarbeit bessere Arbeitsergebnisse, als bei räumlicher Trennung. Um wieviel besser müßten die Ergebnisse ausfallen, wenn die Menschen soziale Interaktion und Kooperation erlernt hätten.

Auch die berühmten amerikanischen Hawthorne-Experimente sowie andere Erfahrungen bei der Fließbandarbeit in Industriebetrieben sprechen dafür, daß das räumliche Beisammensein unter bestimmten Bedingungen eine stimulierende Wirkung auf die Arbeitsleistung haben kann. Gründe hierfür liegen wiederum in der Bedürfnis- und Motivationsstruktur des Menschen. Er ist ein soziales Wesen mit einem ausgeprägten Kontaktbedürfnis. Durch Verbindung und Austausch mit anderen übt und erlernt er menschliches Verhalten. Ohne soziale Kontakte und gegenseitige Hilfe kann der Mensch nicht zum Menschen werden.

Wird der Zustand des Beisammenseins kultiviert und werden Kontaktformen entwickelt, die über die Befriedigung der Sicherheits- und Sozialbedürfnisse hinaus auch noch soziales Lernen sowie kooperatives Verhalten und Arbeiten ermöglichen, so ergibt sich daraus insgesamt gesehen für das Team der folgende Vorteil: Die Gruppe erreicht ein höheres soziales Niveau, auf dem weitere Lernpotentiale freigesetzt werden. Sie lernt sich selbst zu organisieren und die verschiedenen

---

1   Allport, F.H.: Social psychology, Boston 1924, zitiert bei Hofstätter a.a.O. S. 60.

Bedürfnisse der Gruppenmitglieder unter einen Hut zu bringen. Dadurch werden Energien für die Bearbeitung von Problemen und Aufgaben frei, die entweder von außen an die Gruppe herangetragen werden oder sich aus ihrem Zweck ergeben.

Im einzelnen läßt sich der Vorteil des Teams – unter Annahme einer grundsätzlichen Lernfähigkeit – in eine Reihe von Komponenten untergliedern:

1. Der statistische Fehlerausgleich

Stellt man Gruppen eine Aufgabe, die vom Typus her mit Suchen und Beurteilen zu tun hat, wie z. B. das Schätzen von Entfernungen, so ergibt sich in aller Regel, daß die durchschnittliche Gruppenleistung den Einzelleistungen der Gruppenmitglieder überlegen ist. Dieser Vorteil beruht nicht auf geschulter Zusammenarbeit, sondern stellt sich, wie bei vielen Versuchen immer wieder nachgewiesen wurde, als eine „statistische Naturgesetzlichkeit" heraus.[1]

Durch das Bilden des Durchschnittes werden mit hoher Wahrscheinlichkeit die Fehler der einzelnen, unabhängig voneinander ermittelten Ergebnisse ausgeglichen. Obwohl schon diese Rechenoperation auf eine Ergebnisverbesserung hinwirkt, können wir hier noch nicht von einem Team sprechen, da die Vorbedingung der geschulten, aufeinander abgestellten Interaktion der Gruppenmitglieder nicht erfüllt ist.

2. Dilemma und Chance subjektiver Wahrnehmung

Stellt man einer Gruppe von 25 Personen ein einfaches Problem, wie zum Beispiel: Wieviele Quadrate können Sie in dieser Figur sehen (zählen)?

---

1 Hofstätter, P.R.: a.a.O. S. 43.

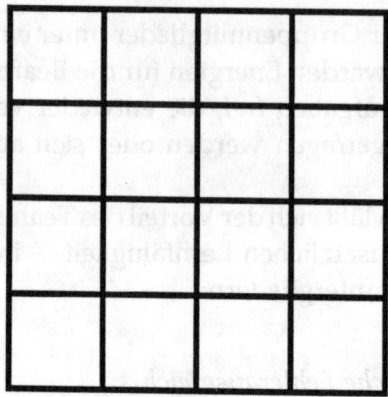

Wieviel Quadrate sehen Sie in dieser Figur?

...So mag es überraschen, daß sich ziemlich regelmäßig mehr als 15 verschiedene Antworten ergeben. Oftmals ist keine davon richtig. Schlägt man dann vor, die Aufgabe nochmals in kleinen Gruppen von 4-5 Teilnehmern zu diskutieren, ist die richtige Lösung meist schnell gefunden. Diese Beobachtung läßt sich bei Gruppen von Top-Managern ebenso machen wie bei Kindern. Obwohl die Aufgabe relativ einfach ist, zeigt sich schon hier ein wesentlicher Vorteil der Gruppe. Forschungsergebnisse belegen, daß sich dieser Vorteil umso klarer abzeichnet, je komplexer und schwieriger die zu lösende Aufgabe ist[1] und je besser das Team trainiert ist.

Worauf sind diese überraschenden Abweichungen in den Sichtweisen der Menschen zurückzuführen? Sie hängen zusammen mit der Subjektivität der Wahrnehmung und der Art und Weise, wie wir von klein an Sehen, Hören, Spüren, Schmecken usw. gelernt haben. Unsere Wahrnehmungsorgane sind bei der Geburt unterentwickelt. Ja, man könnte mit

---

1 Schutz, W.C.: What makes groups productive? Hum. Rel.1955, 8, S.429-465, zitiert bei Krech, D., Crutchfield, R.S., Ballachey, E.L.: Individual in Society, New York, u. a. 1962, S. 465.

Herder und Gehlen[1] den Menschen als ein „organisches Mängelwesen" bezeichnen. Die Mängel können durch Lernen im Laufe des Heranwachsens kompensiert werden. Da jedermann aber unter sehr verschiedenen Voraussetzungen lernt, entwickeln sich seine Organe auch unterschiedlich. Wir nehmen die Welt nach wie vor subjektiv wahr. So führt also die von Natur aus mangelhafte Organausstattung zu einem menschlichen Grunddilemma. Mißverständnisse infolge unterschiedlicher Wahrnehmungen können Konflikte zwischen zwei Personen heraufbeschwören, aber auch Menschheits-Katastrophen wie Kriege. Andererseits ist die Unterschiedlichkeit menschlicher Wahrnehmung eine unerschöpfliche Quelle von Kreativität.

Die wohl naheliegendste Konsequenz aus der Unterschiedlichkeit menschlicher Wahrnehmung ist, durch Austausch der eigenen Sichtweisen und Anschauungen innerhalb der Gruppe aus dem Dilemma eine Chance zu machen. Lernt man, Wahrnehmungen so mitzuteilen, daß sie verständlich und auch für andere annehmbar sind, hat der einzelne die Chance, sein subjektives Wahrnehmungsfeld auszuweiten. Der Effekt für die Gruppe können Problemlösungen auf einer breiteren Erkenntnis- und Informationsbasis sein. Gleichzeitig kann das zweifellos vorhandene Potential der Gruppenmitglieder an Phantasie und Kreativität der Problemlösung zugute kommen. Die Gruppe tut einen wichtigen Schritt, um ein Team zu werden.

3. Vorteile bei der Umsetzung von Gruppenentscheidungen in die Praxis

Wer hat noch nicht das wohlbekannte Klagelied vieler Manager von der mangelnden Initiative der Mitarbeiter gehört? Fast wie ein Echo kann man aus dem Kreis der Mitarbeiter hören:

---

1 Herder: Über den Ursprung der Sprache, 1772 und Gehlen, A.: a.a.O.

„Wir möchten ja, aber wir dürfen nicht!" Dem Manager wird dann oftmals schnell zum Allheilmittel „Motivation" geraten. Sogenannte „Motivationstechniken" haben häufig einen recht üblen Beigeschmack. Wenn sie rein technisch, also ohne ernsthaft kooperative Einstellung angewandt werden, geraten sie sehr bald in den Geruch der „Manipulation". Mitarbeiter aber sind hellhörig. Stimmt die Melodie nicht, dauert es nicht lange, bis der oben zitierte Vorwurf wieder die Runde macht. Es wurde viel Porzellan zerschlagen – und vielleicht dürften die Mitarbeiter sogar etwas mehr, aber was nützt es, wenn sie nicht mehr wollen.

Wir erkennen hier symbiotisches Verhalten in Form von gegenseitiger, entwicklungshemmender Abhängigkeit wieder, begleitet von gegenseitigen Abwertungen. Wie kann diese fruchtlose Situation überwunden werden?

Der Manager hat die Möglichkeit, das aus der Kindheit übernommene Abhängigkeitsverhalten seiner Mitarbeiter ganz einfach nicht zu akzeptieren und das damit verbundene Rollenangebot abzulehnen. Wenn er es versteht, die ihm bisher zugemuteten, aber ihn nur indirekt betreffenden Entscheidungen mit sanfter Beharrlichkeit immer wieder an die Gruppe zurückzugeben, geschieht etwas Ungewöhnliches: die Mitarbeiter werden verunsichert – Beginn und Voraussetzung jedes Lern- und Kooperationsprozesses. Meint der „Chef" es wirklich ehrlich? Ist dies der Fall, so machen sich die Mitarbeiter anfangs noch zögernd tatsächlich an die Arbeit. Gelingt es dem Manager, diese Arbeit zu unterstützen ohne zu dominieren, seine Sachargumente einzubringen, aber auch bereit zu sein, bessere Argumente anzuerkennen, kann es zu Gruppenentscheidungen von hoher Qualität kommen. Die ersten Prozesse sind mühsam, langwierig und meist mit Rückschlägen verbunden. Erkennt die Gruppe aber nach einiger Zeit, „wie der Hase läuft", und wird sie womöglich durch ein Teamtraining zusätzlich unterstützt, kann sich der Prozeß stark beschleunigen. Die Arbeit beginnt Spaß zu machen, da man etwas leistet, wozu man einen persönlichen Bezug hat, etwas Eigenes, für das man gerne Verantwortung übernimmt. Motivation entsteht aus der Lust am Gelingen, sozusagen aus „Spaß an der Freude". Die Menschen sehen, daß die eigene Initiative zu intelligenten Lösungen führt. Und zu diesen Lösungen stehen sie auch, da sie eine Frucht der eigenen Entscheidung und des persönlichen Einsatzes sind.

Soll die gemeinsam erarbeitete Problemlösung nun in die Praxis umgesetzt werden, sind die „ach so trägen" Mitarbeiter plötzlich peinlich darauf bedacht, daß sich jeder an das gemeinsam Beschlossene hält. Sie entwickeln Interesse, Motivation und Phantasie jetzt auch in der Umsetzung bzw. Anwendung. Die leidige Kontrolle, die sonst immer beim Chef lag, wird nun von den Mitgliedern selbst übernommen.[1] Dem ehedem so überlasteten Manager bleibt nun sogar noch Zeit, um darüber nachzudenken, welche Vorteile es bringt, eine Gruppe zu einem echten Team zu entwickeln, und vielleicht auch, was Gruppenentscheidungen und kooperativer Führungsstil miteinander zu tun haben.

Störfaktoren bei der Teamarbeit

Leider ist alles nicht so einfach, wie es klingt. Im folgenden spreche ich eine Reihe von Fallstricken und Störfaktoren an, die die Gruppenarbeit und den Prozeß der Teamentwicklung behindern können.

1. Nicht gelernte Kommunikation

Es reden mehrere Personen gleichzeitig. Die anderen können nicht verstehen, was gesagt wird. Gruppenmitglieder mit weniger Durchsetzungsvermögen, Zungenfertigkeit und Sprech-

---

1 Schwarz, G.: Die Problematik der Gruppe, in: Heintel, P. (Hg.): Das ist Gruppendynamik, München 1974, S. 94 f.

bereitschaft kommen nicht zu Wort und verzichten darauf, ihre Argumente einzubringen. Informationen und Argumente gehen verloren.

2. Autoritätsprobleme

Es gibt in der Gruppe unbearbeitete Autoritätsprobleme. Ein Gruppenmitglied wird mehr gehört, weil es einen höheren Rang in der Hierarchie hat, nach dem Motto: der Chef hat immer recht, auch wenn er nichts vom Problem versteht. Die größere soziale Geschicklichkeit, Durchsetzungsvermögen, ja sogar gutes Aussehen führen oft dazu, einen Mangel an Fachkenntnissen, Informationen und Argumenten zu verdecken. Sach- und problemfremde Momente gewinnen Einfluß und verschlechtern die Gruppenentscheidung.

3. Beziehungsprobleme

Beziehungsprobleme zwischen den Gruppenmitgliedern können dazu führen, daß Informationen und Argumente nicht gehört oder berücksichtigt werden. Beziehungsprobleme werden auf die Inhalts- und Sachebene übertragen. („Da ich den anderen nicht leiden kann, überhöre und unterbewerte ich seine sachlich vielleicht ganz guten Argumente, nur weil sie von ihm kommen.")

4. Probleme mit der Geschäftsordnung

Die Gruppe hat für das anstehende Problem nicht die angemessene Geschäftsordnung gefunden. Geschäftsordnungsprobleme wie Sitzordnung, Gruppenleitung und deren Befugnis, Entscheidungsmodus, Zeit u. a. haben auf Teamarbeit wesentlichen Einfluß.

178

5. Fehlende abweichende Meinung

Die Gruppe ist nicht bereit, von der Mehrheit abweichende Meinungen anzuhören und, falls sie eventuell doch geäußert werden, sorgfältig damit umzugehen. So werden oftmals geniale Einfälle von den „billig, gerecht und normal Denkenden" lächerlich gemacht und unter den Tisch gebügelt. Mut zu ungewöhnlichen Problemlösungen wird im Keim erstickt, vorhandenes Potential an Phantasie und Kreativität bleibt ungenutzt. Es mangelt an konstruktiver Konfliktbereitschaft und gesunder Ich-Stärke.

6. Fehlender Mut zu einer Wahrscheinlichkeitsentscheidung

Die Gruppe findet, obwohl die meisten Argumente auf dem Tisch sind, vor lauter Analyse nicht mehr den Mut zu einer Wahrscheinlichkeitsentscheidung.

7. Zeit, Leistungs- und Konkurrenzdruck

Die Gruppe setzt sich selbst unter so starken Zeit-, Leistungs- und Konkurrenzdruck, daß sie „vor lauter Wald die Bäume nicht mehr sieht". Besonders bei Entscheidungen mit hohem Risiko oder Langzeitwirkung kann dies verheerende Folgen haben.

8. Schlechtes Verhältnis von Aufgaben- und Erhaltungsrollen

Häufig werden sach- und zielorientierte Aufgabenrollen mehr wahrgenommen als die auf den Schutz der Gruppe, des Gruppenklimas oder einzelner Mitglieder gerichteten Erhaltungsrollen. Daraus ergeben sich Frustrationen, da private Bedürfnisse und Sonderinteressen nicht befriedigt werden. Die Bereitschaft zur Mitarbeit an einer Gruppenlösung sinkt.

9. Schlechtes Verhältnis von Systematikern und Intuitiven

In der Gruppe dominieren entweder die sogenannten Systematiker, also solche, die versuchen, ein logisches System für eine Lösung zu finden, oder die mehr spielerisch und praktisch veranlagten Intuitiven. Die meisten Probleme lassen sich aber nur im ausgewogenen Zusammenspiel beider Typen schnell und richtig lösen.

10. Fehlende Konfliktbearbeitung

Die Gruppe verzichtet auf jegliche Konfliktbearbeitung, um das (vermeintlich) gute Gruppenklima nicht zu gefährden. Man ist ängstlich darauf bedacht, Argumente, Informationen und Meinungen zu vermeiden, die einen Konflikt heraufbeschwören könnten. Die im Konflikt verborgenen konstruktiven Energien bleiben für die Gruppenentscheidung ungenutzt.

11. Fehlende Identität

Die Gruppe hat ihre Identität noch nicht gefunden, d. h. die Gruppe ist für die Mitglieder noch nicht so attraktiv, daß sich jeder voll einbringen und mit den Gruppenentscheidungen identifizieren will.

Wie sich Störfaktoren in einer simulierten Arbeits- und Entscheidungsgruppe auswirken, schildert eine Seminarteilnehmerin[1]:

---

1   Ostwinkel, G.: Erfahrungsbericht über das Gruppendynamik-Seminar vom 04.–09. Okt. 1987 in Oberammergau.

... Das Chaos

Abends kommen beide T-Gruppen im Seminarraum zusammen. Die Trainer geben uns eine Aufgabe: Ein Flugzeug hatte eine Bruchlandung in der Wüste. Pilot und Copilot sind tot, das Wrack ist völlig ausgebrannt. Die Passagiere sind unversehrt und müssen nun versuchen zu überleben. Dabei könnten ihnen 15 Gegenstände helfen. Diese Gegenstände müssen in eine Rangfolge gebracht werden. Der für das Überleben bedeutendste Gegenstand kommt auf Platz 1, der am wenigsten wichtige auf Platz 15.

Zuerst soll jeder allein die Aufgabe lösen, die Blätter werden nach ein paar Minuten wieder eingesammelt. Ich habe Schwierigkeiten, mich zu konzentrieren. Heute mittag habe ich aufgehört, mir im Anschluß an jede T-Gruppensitzung Notizen zu machen und damit gleichzeitig aufgegeben, das Geschehen in der Gruppe unmittelbar zu verarbeiten. Jetzt schwirrt mir der Kopf, ich löse die Aufgabe irgendwie und gebe mein Blatt ab. Anschließend soll die Gruppe gemeinsam die Aufgabe lösen. Kooperativ. Das heißt: logisch argumentieren, einstimmig die Liste beschließen, ohne Mehrheitsabstimmung, kein Kuhhandel, kein Aufzwingen der eigenen Meinung.

Es ist ungefähr 20.15 Uhr, als wir beginnen. Die Trainer sitzen diesmal nicht mit uns im Kreis. Sie werden von außen beobachten, wie wir arbeiten. Gerhard sitzt mir – wie fast immer in der Gruppe – gegenüber.

Wie fangen wir an? „Wir brauchen einen Moderator", sagt Manfred. „Einen, der die Sache in die Hand nimmt, steuert usw. Ich schlage Gerhard vor. Der hat bisher wenig gesagt, noch nie versucht, in der Gruppe Macht und Einfluß zu gewinnen." Einige nicken zustimmend. Gerhard will nicht Moderator sein. Er will überhaupt keinen Moderator für die Gruppe. Thomas, einige andere und ich wollen auch keinen Moderator. Keine Einigung, also beginnen wir ohne Moderator. Jeder soll kurz sagen, wie er die Situation beurteilt. Ludwig fängt an. Er will sofort seine fertige Lösung verkaufen und zählt seine Gegenstände auf. Einsprüche. So geht es nicht. Wir müssen doch zuerst entscheiden, ob wir gehen oder ob wir beim Flugzeug bleiben, um auf Hilfe zu warten. Überraschung in vielen Gesichtern, daß es überhaupt Alternativen gibt.

Nach kurzem Hin und Her einigen wir uns darauf, daß jeder erstmal sagt, ob er gehen oder bleiben will. Ich bin auch einfach von „gehen" ausgegangen, habe aber jetzt Zweifel, ob „bleiben" nicht besser ist. Ich sage, daß ich mehr Informationen benötige, um entscheiden zu können. Wieder fangen einige an, ihre Lösung zu verkaufen. Wir diskutieren wieder das weitere Vorgehen. Die Argumente, die jeder hat, sollen ungeordnet auf den Flipchart geschrieben werden.

Gerhard schlägt vor, das Ganze zu strukturieren: In der ersten Runde soll jeder Argumente überlegen, die für „bleiben" sprechen. Anschließend soll jeder ebenso Argumente für „gehen" finden. Damit wird seiner Meinung nach erreicht, daß sich jeder auch wirklich mit der jeweiligen Alternativlösung auseinandersetzt. Er stößt auf Widerstand: „Wir sind hier in der Wüste, da gibt es keinen Flipchart! Laßt uns endlich anfangen". „Wir können auf die Tragflächen schreiben." Klaus-Dieter erkennt, daß Gerhard gut strukturiert denken kann. Ich werfe noch ein: „Außerdem sparen wir doch Zeit, wenn wir so vorgehen und nicht einfach alles unsystematisch untereinander schreiben. Wir sehen dann sofort, für welche Lösung es die besseren Argumente gibt." „Klingt logisch", sagt Klaus-Dieter. „Hast du mir wohl nicht zugetraut, daß ich auch logisch denken kann", schieß ich ihn an. „Doch", kommt es gedehnt zurück.

Wir sind zwar in der Wüste, doch Bier gibt es. Daran zweifelt niemand. Wann kommt endlich der Kellner mit der ersten Runde?

Keine weiteren Einwände mehr gegen Gerhards Vorschlag. In einem Brainstorming sollen die Argumente gefunden werden. Der Versuch gelingt nur teilweise. Ist Gerhard nicht richtig verstanden worden? Nicht nacheinander, sondern gleichzeitig werden Argumente für beide Lösungen vorgebracht. Anders als bei einem echten Brainstorming werden Beiträge auch sofort bewertet, abgewertet. So wird verhindert, daß sich jeder auch wirklich mit beiden Alternativen auseinandersetzt. Ich habe den Eindruck, daß wieder nur das Durchsetzen der eigenen Lösung im Vordergrund steht. Doch schließlich stehen in beiden Spalten ungefähr gleich viele Argumente.

Wie geht es jetzt weiter? Es folgt eine chaotische Diskussion. Alle reden durcheinander. Ungeduld ist spürbar. Rosi und einige andere wollen erst die Liste machen und dann entscheiden. Das geht doch nicht, wo bleibt denn da die Logik? Die Reihenfolge der Gegenstände hängt doch davon ab, ob wir bleiben oder gehen! Dann machen wir eben 2 Listen! Sie springt zum Flipchart und will zu schreiben beginnen. Gerhard sagt ungewohnt energisch: „Setz dich hin Rosi!" Verblüfft sieht sie ihn an: „He, was ist denn mir dir auf einmal los? Das ist wohl deine Sternstunde. Gerhard, mir graut vor dir!"

Wir sitzen längst nicht mehr im geschlossenen Kreis. Die Raucher stehen am geöffneten Fenster, andere laufen hin und her. Ist Rosi so ungeduldig, weil sie noch etwas anderes unternehmen wollte und gerne schnell fertig werden will? „Nein", antwortet sie auf meine Frage.

Ich bin sehr angespannt. Der Umgangsstil in der Gruppe strengt mich an. Mehr und mehr gewinne ich den Eindruck, daß viele keine echte Zusammenarbeit suchen, nicht an einer Lösung interessiert sind, die von allen getragen werden kann. Sie wollen nicht die bestmögliche Lösung, sondern ihre Meinung durchsetzen. Doch irgendwie kommen wir dann wieder einen Schritt vorwärts. Die Argumente sollen bewertet werden. Jeder erhält 4 Klebepunkte, mit denen er bei „gehen" und „bleiben" je 2 Argumente kennzeichnet, die für ihn am wichtigsten sind. Da Mißtrauen herrscht, daß mit den Klebepunkten manipuliert wird, bringt jeder einzeln die Punkte an und begründet kurz seine Entscheidung.

Übrig bleiben auf der „Gehen"-Seite die Argumente: „Bessere Moral" und „Verdoppelung der Überlebenschance durch Teillösung Suchtrupp". Auf der „Bleiben"-Seite ragen die Argumente: „Größere Chance, gefunden zu werden" und „Wasser reicht länger" heraus. Wir machen eine Pause.

Manfred erklärt mir, warum er in seinem Betrieb so wie hier keine Entscheidungen herbeiführen kann. Da ist keine Zeit zum Diskutieren, da muß schnell gehandelt werden. Ich räume ein, daß das sicher häufig richtig ist. „Für alle Situationen paßt nun mal nicht das gleiche Verhalten. „Hast du auch schon mal die Zeit berücksichtigt, die benötigt wird, um Konflikte zu lösen, die entstanden sind, weil Mitarbeiter nicht beteiligt wurden, obwohl es möglich gewesen wäre?" Wir können ganz gut miteinander reden.

Rosi hat in der Pause schon mal die Argumente zusammenfaßt. Damit wir endlich fertig werden. Mit immer größerer Ungeduld wird auch von Manfred und anderen auf eine Entscheidung gedrängt. „Die andere T-Gruppe ist schon längst fertig!" Vor allem Franz ist sehr ungehalten, daß die „Uneinsichtigen" einfach nicht „gehen" wollen.

Er selbst zeigt für mich nur wenig Bereitschaft, sich mit Gegenargumenten auseinanderzusetzen. Wieder einmal hat er mir gar nicht zugehört, macht eine abfällige Bemerkung. Ich springe auf, baue mich vor ihm auf und schreie ihn völlig entnervt an: „Hör gefälligst zu, wenn ich etwas sage. Ich lasse mir nicht länger gefallen, daß du meine Bedürfnisse einfach mißachtest. Was bildest du dir eigentlich ein, so mit mir unzugehen?!" Franz schaut mich verblüfft und erschrocken an. Ruhig gehe ich wieder zu meinem Platz und setze mich. Mir ist so etwas noch nie passiert, daß ich einfach losbrülle, jemanden anschreie. Aber habe ich auch schon jemals vorher so stark dieses Gefühl gehabt, daß meine Bedürfnisse – nicht nur von Franz – vollkommen mißachtet werden?

Die Diskussion geht weiter. War sie überhaupt unterbrochen, als ich geschrien habe? Es wird vorgeschlagen, daß jeder sagen soll, wie er sich jetzt entscheidet. Die zusammengefaßten Argumente stehen ja an der Tafel. Das Ganze läuft auf eine Mehrheitsbildung hinaus. Gerhard äußert Bedenken. Ludwig läßt ihn nicht ausreden: „Ich habe immer wieder versucht, dich in die Diskussion einzubeziehen. Doch von dir kommen keine Argumente, kein Vorschlag. Immer blockierst du nur die Lösung!"

Mir verschlägt es die Sprache. Ich finde das haarsträubend. Ludwig hat entschiedener als alle anderen ausschließlich versucht, seine Lösung durchzusetzen, nichts weiter. Außerdem brauchte er Gerhard nicht „einzubeziehen". Gerhard war mittendrin, hat mehr Vorschläge gemacht als irgendein anderer.

Noch einmal versuche ich, Einfluß zu nehmen: „Wir wollen alle überleben! Unsere Aufgabe besteht aber nicht nur darin, irgendwie diese Liste zu erstellen. Auch das „wie" ist wichtig, die Kooperationsregeln." Ich halte das Aufgabenblatt in die Höhe: „Hier steht, wir müssen einstimmig beschließen, keine Mehrheitswahl, kein Aufzwingen der eigenen Meinung!" Rosi nimmt auch ihr Blatt in die Hand und liest laut: „Betrachten Sie abweichende Meinungen eher als einen nützlichen Beitrag, statt sie als störend zu empfinden." Na endlich!

Es kommen weitere Vorschläge. Es soll ein Suchtrupp losgeschickt werden, der Rest kann beim Flugzeug bleiben. Die Frage, nach welcher Gruppe die Reihenfolge der Gegenstände ausgerichtet werden soll, bleibt unbeantwortet. Aber es soll jetzt abgestimmt werden, wer für den Suchtrupp ist. Ich spreche mich gegen die Abstimmung aus: „Das läuft doch auf Mehrheitswahl hinaus, wir müssen einstimmig beschließen. So kriegen wir auch nie die Liste zusammen." Kurt und Peter fahren mich wütend an: „Sag jetzt, ob du gehen oder bleiben willst. Immer stellst du dich quer!"

„Ich bin am Ende, ihr macht mich kaputt, merkt ihr das nicht? Ihr wollt mir Schuhe verkaufen, die mir nicht passen, in denen ich blutige Füße bekomme. Warum macht ihr das? Ich gehe doch auch nicht so mit euch um."

Ich beginne heftig zu weinen, empfinde nur noch Verzweiflung. Es wird weitergeredet. Ich halte mir die Ohren zu. Doch es ist zu spät für deine Ohrstöpsel, Michael, ich habe schon zu viel gehört. Ich weiß jetzt, daß es gleichgültig ist, ob wir gehen oder bleiben. Ihr werdet niemals die Lösung „bleiben", das geduldige Warten auf Hilfe, wirklich akzeptieren. Die Vorstellung, mit euch zu bleiben, macht mir fast mehr Angst, als zu gehen. In dieser Gruppe gibt es kein Überleben für mich.

Zusammengekauert sitze ich mit geschlossenen Augen auf meinem Stuhl. Ich habe meinen Kopf zwischen die Hände genommen, die Ellbogen auf die Knie gestützt und weine. Helmut[1] sitzt hinten im Raum und beobachtet uns schweigend. Sehen kann ich ihn jetzt nicht, aber ich weiß ganz sicher, daß er da ist. Ich habe das Gefühl, daß er aufsteht und herüberkommt zu mir; nun steht er hinter mir, umfaßt meine Schultern

---

1   Helmut Kinzelbach ist Vorstand einer Sparkasse und gerade dabei, seine Ausbildung zum OE-Berater und gruppendynamischen Trainer abzuschließen.

und richtet mich auf. Er klopft mir sanft auf den Rücken. „Gib nicht auf, du schaffst das schon", höre ich ihn sagen. Gerhard kommt zu mir, umarmt mich. Ich bin froh, seine Wärme zu spüren. Vorsichtig öffne ich meine Augen und werfe einen Blick nach hinten: Helmut sitzt unverändert auf seinem Stuhl.

Ich gebe Gerhard zu verstehen, daß ich mich wieder besser fühle. „Du brauchst nicht mehr bei mir zu bleiben, es geht schon wieder."

In der Zwischenzeit ist ohne mich die Abstimmung durchgeführt worden: Es steht 7:5 für die „Geher". Die Vertreter der Mehrheitsfraktion fühlen sich stark. Sie müssen nur noch die 5 dazu bringen, sich ihnen anzuschließen. Rosi dauert das alles zu lange. Sie schreibt schon mal die Gegenstände auf den Flipchart, damit endlich die Reihenfolge festgelegt werden kann.

Eine neue chaotische Diskussion beginnt, in der beide Lager nichts unversucht lassen, ihre Argumente zu untermauern. Haarsträubende Behauptungen werden gemacht, wie einfach es ist, Wasser und Nahrung in der Wüste zu finden, wie stark die menschliche Leistungsfähigkeit in Extremsituationen gesteigert werden kann und so weiter. Hohle Argumente, mit dem Brustton der Überzeugung vorgetragen. Mit unverständlichen medizinischen Fachausdrücken werden Ängste vom Tisch gewischt, eindeutige Risiken unter den Teppich gekehrt. Klaus-Dieter entwickelt eine abenteuerliche Hypothese, die beweisen soll, daß beim Gehen weniger Wasser verbraucht wird.

Die ersten Überläufer zur Mehrheitsfraktion sind zu verzeichnen. Triumphierend wird auf dem Flipchart das neue Ergebnis dokumentiert. Es steht jetzt 9:3.

Ich habe immer noch nicht gesagt, was ich will. „Bleiben" wäre vernünftiger. Doch habe ich mich wirklich durch die Argumente überzeugen lassen oder folge ich lediglich Gerhard, weil er mir persönlich näher steht? Alte Vorwürfe fallen mir ein, ungelöste Konflikte aus dem Alltag. Ich will immer offen sein für die Argumente anderer, erst nach sachlicher Diskussion Entscheidungen treffen. Aber sind es nicht immer die besseren Argumente, die ich unterstütze und nach denen ich entscheide?

Die drei restlichen „Bleiber" sitzen nebeneinander: Gerhard, Kurt und Jürgen. Sie sollen Gelegenheit erhalten, den anderen ihre Position darzulegen. 15 Minuten Zeit werden ihnen eingeräumt. Dabei sollen sie in ihrem Vortrag nicht unterbrochen werden. Jürgen fängt an. Er kämpft wie ein Löwe, wirft alle Argumente ins Feld. Gerhard stellt anschließend nochmals am Flipchart dar, worin er die größten Überlebenschancen sieht, welche Argumente für das Überleben seiner Meinung nach wirklich entscheidend sind. Wo ist Kurt? Bereits im anderen Lager. Die 15-Minuten-Vereinbarung wird nicht eingehalten. Einige springen auf, reden und laufen durcheinander. Ludwig wirft Gerhard wieder vor, keine Argumente gebracht zu haben. Der Kreis löst sich auf. Gerhard sagt, daß ihn die anderen nicht überzeugen konnten, daß er Angst hat zu gehen. Niemand hört zu. Es ist schon 2 Uhr durch. Alle sind müde, einige stehen schon an der Tür, wollen endlich ins Bett.

Ich will noch einen letzten Versuch unternehmen, die Gruppe zusammenzuhalten, eine gemeinsame Lösung zu finden. „Könntet ihr mir bitte noch ein letztes Mal zuhören", frage ich und stelle mich in die Mitte. „Gerhard hat gesagt, daß er Angst hat, zu gehen." „Ja", sagt Klaus-Dieter, „Gabi hat recht".

„Das ist ein emotionales Problem. Emotionale Probleme kann man auch nur emotional lösen". Jürgen geht auf die anderen zu und versucht, Gerhard mitzuziehen: „Komm Gerhard, wir helfen dir alle." Etwas unsicher folgt Gerhard. Wir umfassen uns an den Schultern, bilden einen geschlossenen Kreis. Wir werden alle gehen. Leider ist Rosi nicht mehr dabei. Sie ist schon einige Zeit nicht mehr hier. Sie wollte nur zur Toilette und ist einfach nicht wiedergekommen.

Ich bin erleichtert, daß ein Konsens gefunden worden ist, merke nicht, daß er nicht echt ist. Die Liste muß noch erstellt werden. Die meisten haben keine Lust mehr dazu. Gerhard besteht darauf, er fühlt sich sonst veräppelt. O.k. Zügig und relativ reibungslos bringen wir die Gegenstände in eine Rangfolge. Franz brummt neben mir leise vor sich hin. Ihm paßt das Verfahren nicht; er moniert auf einmal, daß Rosi nicht mehr da und damit sowieso kein echtes Gruppenergebnis möglich ist. Ich gehe nicht darauf ein.

Kurz vor 3 Uhr morgens ist die Liste fertig. Ich bin todmüde und will nur noch in mein Bett. Einige gehen noch auf ein Glas Bier nach unten.

Ratlosigkeit

Um 6.45 Uhr wache ich auf. Ich fühle mich völlig zerschlagen und mir ist schrecklich übel. Also keine Meditation heute. Gerhard geht allein. Als er kurz nach 8 Uhr zurückkommt, hänge ich mit meinen Gedanken gerade wieder in der letzten Nacht. Er grinst: „Die von Gruppendynamik II haben sich kaputtgelacht, als sie hörten, daß wir bis 3 Uhr gebraucht haben, um zu dieser Lösung zu kommen. Sie soll außerdem falsch sein."

Oh mein Gott, denke ich, und kann vor Übelkeit kaum gerade stehen. Schlagartig wird mir bewußt, was ich letzte Nacht gemacht habe. Ich habe mich von den Machtverhältnissen in der Gruppe total beeinflussen lassen, habe es zugelassen, daß sie mich fertigmachen. Ich habe aufgegeben, das Denken eingestellt. Kein Selbstvertrauen, keine Fähigkeit, hohle Argumente von echten zu unterscheiden, kein volles Vertrauen zu dir. Entscheidungsunfähigkeit. Nur noch Angst vor der endgültigen Auseinandersetzung. Der Konsens als oberstes Ziel. Ich schäme mich.

Viele führen die Unfähigkeit, mit solchen Störfaktoren umzugehen, als Argument gegen die Teamarbeit an. Damit verwenden sie das Problem als Argument gegen die Lösung.

Das Geheimnis erfolgreicher Teamarbeit besteht im Grunde darin, die Störfaktoren zu erkennen und systematisch in einem fortschreitenden Lernprozeß zu bearbeiten. Teamentwicklung und Teamtraining können dazu einen wichtigen Anstoß geben und den inganggesetzten Prozeß fördernd begleiten.

Teamarbeit für alle Probleme?

Chaotischen Teamerlebnissen, wie dem oben geschilderten, stehen in Seminar und Praxis mindestens ebensoviel euphorische Erfolgserlebnisse in Gruppen gegenüber.

In der Euphorie über gelungene Teamarbeit kann es zu Fehlentwicklungen kommen. So kann sich geradezu ein Gruppensyndrom herausbilden, d. h. die Gruppe wird zum Selbstzweck. Sie kommt auch dann zusammen und diskutiert, wenn keine oder für Teamarbeit ungeeignete Aufgaben zu lösen sind. Welche Aufgaben sind nun für eine Teamarbeit geeignet?

Arbeits- und Entscheidungssituationen können unter den Kriterien: a) wichtig oder unwichtig für den Betrieb und b) Interesse oder kein Interesse der Betroffenen betrachtet werden. Es ergeben sich unter diesen Gesichtspunkten in einem Koordinationssystem vier Quadranten.[1]

Quadrant 4 (kein Interesse der Betroffenen, aber wichtig für den Betrieb) umfaßt die Probleme, an denen in der Regel die meisten Betriebsangehörigen kein emotionales Interesse haben. Dazu gehören z. B. Entscheidungen darüber, wo die Firma ihr Rohmaterial einkauft, wieviel für Kundendienst oder für

---

1 Vgl. Maier, N.: Psychology in Industry, Boston 1965, S. 165 ff.

Teamentscheidung - wann ?

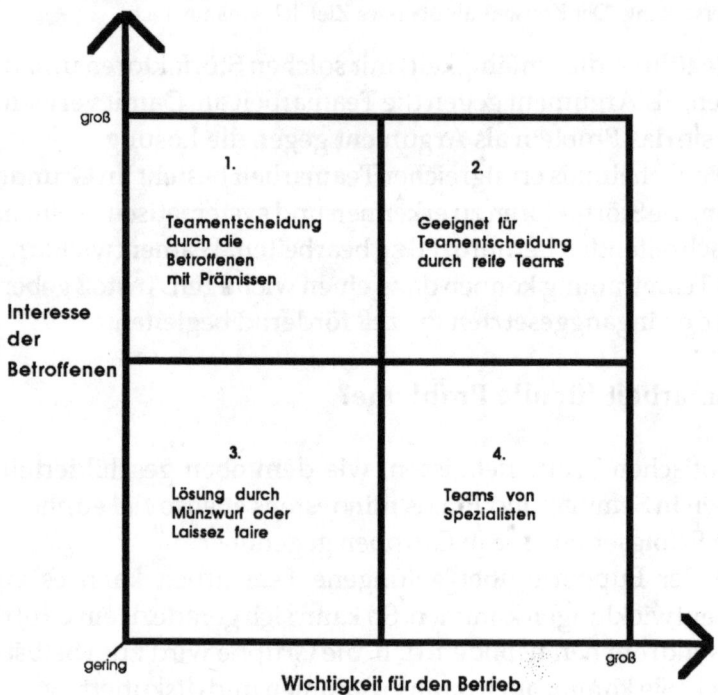

die Produkte in Rechnung gestellt wird, oder z. B. welche Expansionsrate im besten Falle anzusetzen ist. Solche Probleme sollten Sache von Gruppenentscheidungen von Spezialisten sein. In der Regel treffen solche Entscheidungen nicht das unmittelbare Interesse der meisten Mitarbeiter. Auch Entscheidungen über komplizierte technische Details können leicht Ärger erregen, wenn sie an Leute herangetragen werden, die dafür nicht zuständig sind.

Quadrant 3 (kein Interesse der Betroffenen, unwichtig für den Betrieb): Hier handelt es sich um, sowohl für die Betroffenen als auch für den Betrieb, unwesentliche Fragen, mit denen nicht die Zeit der Gruppe in Anspruch genommen werden sollte. Trotzdem wird für nebensächliche und unbedeutende Fragen zu viel Zeit von Managern und auch von Arbeitskreisen verwendet.

Quadrant 1 (großes Interesse der Betroffenen, unwichtig für den Betrieb): Für viele Probleme gibt es eine Reihe von subjektiven Lösungsansätzen, die nicht primär das Betriebsinteresse tangieren, aber den Mitarbeitern sehr wichtig sind. Werden letztere nicht an der Entscheidung entsprechend ihren Anteilen beteiligt, sind ihre Gefühle verletzt. Dies wirkt sich negativ auf ihre Arbeitsbereitschaft aus. Sie betrachten die Situation als unfair. Wenn aber Probleme dieses Typs durch Gruppenentscheidungen gelöst werden, ergeben sich große emotionale Gewinne bei den Betroffenen, während die Risiken für den Betrieb minimal sind.[1]

Beispiele hierfür sind die Urlaubsregelung, die Frage, wer bekommt welches Büro und welchen Schreibtisch als Arbeitsplatz zugeordnet; das Raucherproblem; unter Umständen kann die Prämienregulierung hier mit dazugehören. Ein klassisches Beispiel für diese Probleme ist der sogenannte Dienstwagenfall.[2]

Ein neuer Wagen wird einer Fahrergruppe zur Verfügung gestellt. Bisher hatte jeweils der Gruppenleiter den Wagen zugewiesen. Häufig waren die Fahrer mit seiner Entscheidung unzufrieden. Treffen sie aber die Entscheidung nach eingehender Diskussion selbst, so finden sie mitunter überraschende Lösungen, die vorher niemand bedacht hatte. Im Endeffekt werden, ohne ein nennenswertes Risiko einzugehen, Entscheidungen von wesentlich höherer Qualität erreicht.

Quadrant 2 (großes Interesse der Betroffenen **und** wichtig für den Betrieb): Es ist eine schöne Utopie zu glauben, daß einige bunt zu einer Gruppe zusammengewürfelte Menschen von vornherein in der Lage sind, das bestmögliche Ergebnis kooperativ zu erarbeiten. Gruppen können nur dann den optimalen

---

1 Maier, N.: a. a. O., S. 167.
2 Schwarz, G.: Die Problematik der Gruppe, in: Heintel, P.: Das ist Gruppendynamik, München 1974, S. 88 ff.

Leistungsvorteil erreichen, wenn sie zu Arbeitsweisen finden, die das in der Gruppe vorhandene Potential an Wahrnehmungen, Fähigkeiten und Kreativität zur Geltung bringen. Von alleine geschieht das gewöhnlich nicht. Je unreifer die Gruppe ist, desto chaotischer sind ihre Gepflogenheiten, was Kommunikation und Kooperation angeht. Reifungsprozesse brauchen Zeit. Bis eine Gruppe ein Team wird, spielen sich zahlreiche Prozesse ab, in denen Kommunikationsformen, Rollen, Normen und Status abgeklärt werden. Jede Gruppe hat eine ihr gemäße Form zu finden.

Struktur und die Leitung durch einen Führer sowie Trainingsanstrengungen können diesen Prozeß beschleunigen. Je unreifer eine Gruppe ist und je weniger Zeit sie für eine Aufgabe hat, desto eher braucht sie Struktur und die Leitung durch einen Führer. Seine Aufgabe besteht weniger darin, Wissen und sachliche Fähigkeiten beizusteuern, sondern vielmehr, durch seine Leitung die Fähigkeiten der Gruppenmitglieder bestmöglich zur Geltung kommen zu lassen. Eine optimale Einflußnahme auf das Gruppengeschehen erfordert auf Seiten des Führers folgende Fähigkeiten:[1]

1. Optimierung des Prozedere durch geeignete Moderationsformen.
2. Selbstmitarbeit des Führers entsprechend seines Informations- und Bildungsgrades.
3. Hilfen bei der Diagnose der Störfaktoren in der Gruppe durch Prozeßanalyse und Konfliktbearbeitung.

„Eine Gruppe von Personen hat ein gewisses Leistungspotential, das bei wirksamer Nutzung das Gruppendenken effektiver macht als die Fähigkeiten auch eines überlegenen Individuums, einschließlich des Führers selbst."[2] Es hängt davon ab, ob der Führer in der Lage ist, Einzelmeinungen zu integrieren und beim Entscheidungsfindungsprozeß auf eine fortlaufende

---

1 Maier,N.: a. a. O., S. 168.
2 ebenda

Verbesserung hinzuwirken. Soweit dann noch nötig, hat er die emotionale Annahme der einmal getroffenen Entscheidung bei den Gruppenmitgliedern sicherzustellen. Je kooperativer der Führungsstil, desto mehr nimmt das Ergebnis den Charakter einer Gruppenentscheidung an, und desto leichter identifizieren sich die einzelnen Mitglieder damit. Wenn dagegen der Führer von sich aus eine gute Entscheidung trifft, muß er bereit sein, sie mit der Gruppe zu diskutieren. Das beansprucht zwar Zeit, spart diese aber wieder bei der Durchführung, da der Leiter der Gruppe seine Entscheidung nicht mehr zu „verkaufen" braucht.

Über die grundsätzlichen Absprachen zur Arbeitsteilung hinaus, findet in diesem Bereich die Auseinandersetzung mit den Arbeitszielen statt. Wenn Ziele von oben vorgegeben werden, entspricht das einer autoritären Einzelentscheidung mit all ihren Folgeproblemen. Zu kooperativer Zielvereinbarung gehören wechselseitige Abklärungsgespräche mit Fragen wie: Welche Zielsetzungen halten wir alle für gut? Mit welchen Zielen identifizieren wir uns und sind bereit, Mittel dafür einzusetzen?

Zu den Problemen, die für eine Lösung durch Gruppenkooperation unter kooperativer Anleitung durch einen Führer geeignet sind, gehören die wesentlichen Fragen der Zielvereinbarung entsprechend der Problemanteile, die die Gruppenmitglieder besitzen. Jeder soll in dem Maß an der Entscheidung beteiligt sein, inwieweit er betroffen ist. Maier führt weitere Beispiele an: Fragen des Arbeitsstandards und der Produktionsnormen, die Verbesserung des Service und der Arbeitsmethoden. Meist spielen dabei Interessenkonflikte zwischen Management und Mitarbeitern eine Rolle, aber auch die Frage, wie Expertenmeinungen am besten genützt werden können. Ferner gehören hierzu all die komplexen Aspekte der sogenannten Fairneßprobleme.

Wie hier aufgezeigt, hängt die Effektivität von Gruppenentscheidungen oder das Maß der Teamentwicklung weitgehend von den Fähigkeiten des Leiters ab, mit Bedacht und im besten Sinne kooperativ zu führen. Über bereits Angesprochenes hinaus bedeutet dies auch, ein Gespür dafür zu entwickeln, was wessen Problem und Verantwortung ist und sein kann. Häufig mangelt es an dieser Fähigkeit, und vielleicht ist hier der Hauptgrund zu suchen, warum Teamarbeit so wenig verbreitet ist.

Der Führungsstil bei Teamarbeit

Die wichtigen Problemlösungen aus dem Quadranten 2 werden von den Fähigkeiten des Führers bestimmt, eine Gruppe kooperativ zu leiten. Als Kooperation bezeichne ich, wenn jedes der Gruppenmitglieder das tut, was seinem Problembesitz und seiner Verantwortung entspricht – an sich ein ganz natürlicher Zustand. Dieser kann wohl durch Stellenbeschreibungen formal angeordnet werden. Der wesentliche Prozeß aber geschieht informell in Rollen- und Beziehungsabklärung unter den Mitgliedern und auch zum Teamleiter.

Zusätzlich zu der Fähigkeit, kontroverse Situationen O.K.-O.K. zu lösen, benötigt der Teamleiter auf der einen Seite das Gespür für den Umgang mit Gruppen, auf der anderen Seite aber auch praktische Verhaltensweisen und einen Moderations- und Beratungsstil, der einer kooperativen Zieltheorie entspricht[1]. Kooperatives Verhalten ist lernbar. Das haben schon Lewin, Lippit und White[2] mit ihren in den 30er Jahren durchgeführten Experimenten zu Auswirkungen unterschiedlicher Führungsstile herausgefunden. Ihre Ergebnisse sind in einem Film mit Kindern in einer Kindergartensituation anschaulich dargestellt worden. Wenn ich diesen Film in Semi-

---

1 Rosenkranz, H.:Theorie sozialen Verhaltens, a.a.O.
2 Lewin, K., Lippit, R., White, R.K.: Patterns of aggressive behavior in experimentally created „social climates", in: Journal of social psychology, 1939, 10, S.271 ff. und Lippit, R., White, R.K.:An experimental study of leadership and groups life, in: Maccoby, E.E., Newcomb, T.M., Hartley, E.L., Readings in social psychology, London 1958, S. 496 ff.

naren vorführe, zeigt sich meist Betroffenheit auf den Gesichtern der Teilnehmer. Die meisten sind nicht nur Manager und Trainer, sondern auch Eltern, die ihre Kinder lieben. Die Betroffenheit weicht später der Erleichterung, wenn sie merken, daß es sehr leicht möglich ist, im Rollenspiel sowohl autoritäre wie kooperative Verhaltensweisen, sowohl im Umgang mit Kindern und Erwachsenen als auch mit Gruppen, einzuüben.

Vor 25 Jahren hat mein Lehrer, Prof. Arthur Mayer – für mich ein Vorbild kooperativer Führung – in einer Vorlesung die hier genannten Experimente zusammengefaßt. Ich führe sie im folgenden an, weil sie jetzt noch Gültigkeit haben.

Führungsstile

Führen durch Druck (autoritärer Führungsstil)	Führen durch Zusammenarbeit (kooperativer Führungsstil)
Merkmale	
1. Alle Entscheidungen werden allein durch den Leiter getroffen.	Alle Maßnahmen sind Sache der Gruppenbesprechungen und Gruppenentscheidung. Sie werden unterstützt und ermutigt durch den Leiter. Die Zielsetzung des Arbeitsverlaufes wird in der ersten Besprechungsphase gefunden. Die Hauptschritte werden im Sinne des Gruppenzieles festgelegt, und wo ein technischer Rat nötig ist, stellt der Leiter zwei oder drei Verfahrensmöglichkeiten zur Wahl.
2. Die Techniken und der Ablauf der Tätigkeit werden schrittweise vom Leiter angeordnet, so daß spätere Schritte immer weitgehend ungewiß bleiben.	
3. Der Leiter weist gewöhnlich jedem seine besondere Aufgabe zu und bestimmt die Arbeitskameraden jedes Gruppenmitgliedes.	
4. Der Leiter wird bei Lob und Kritik der Arbeit jedes Mitgliedes persönlich, hält sich aber von einer aktiven Beteiligung in der Gruppe fern, abgesehen vom Vormachen.	Die Mitglieder dürfen arbeiten mit wem sie wollen und die Verteilung der Aufgaben wird der Gruppe überlassen. Der Leiter ist objektiv und sachlich in bezug auf Lob und Kritik. Er versucht, ein normales Gruppenmitglied zu sein, ohne selbst zu viel von der Arbeit zu tun.

Beziehungen zwischen Vorgesetzten und Mitarbeitern

1. Großer Abstand zwischen Vorgesetzten und Mitarbeitern. Vorgesetzter außerhalb der Arbeitsgruppe.

2. Vorgesetzter fühlt sich allein verantwortlich, spricht von seiner Aufgabe.

3. Vorgesetzter macht sich unentbehrlich und unersetzlich.

4. Nur der Vorgesetzte entwickelt Initiative.
Freier Raum der Mitarbeiter ist eingeengt.

5. Ungenügende Information der Mitarbeiter soll zur Stärkung der Stellung des Vorgesetzten führen. (Gerüchtebildung)

6. Gespannte Atmosphäre, durch Mißtrauen, Feindseligkeit, Furcht.

7. „Ich-bezogen", nicht aufgabenorientiert. Mangel an Objektivität, Sachlichkeit.

8. Der Vorgesetzte besitzt nur äußere Autorität (Autorität nur aufgrund seiner Stellung).

9. Größere Fehlergefahr bei Entscheidungen.

10. Abstand der Arbeitsgruppe in Rang und Ansehen vom Vorgesetzten wird als groß empfunden.
 – Ausschluß des Vorgesetzten aus der Gruppe.
 – Frontstellung gegen den Vorgesetzten.

---

1. Unterschied zwischen Vorgesetzten und Mitarbeitern wenig ausgeprägt. Vorgesetzter als Gruppenmitglied.

2. Die ganze Gruppe fühlt sich für die Aufgaben verantwortlich, spricht von *unserer* Aufgabe.

3. Vorgesetzter sorgt dafür, daß er durch andere vertreten werden kann.

4. Eigeninitiative der Gruppe (äußert sich z.B. in Vorschlägen), Ausweitung der persönlichen Mitarbeit.

5. Gute gegenseitige Information soll zur Festigung der Gruppenstruktur beitragen (Gerüchte können nicht entstehen).

6. Entspannte Atmosphäre infolge gegenseitigen Vertrauens, kameradschaftlicher Zusammenarbeit, Offenheit.

7. – aufgabenorientiert, nicht „Ich-bezogen"
 – sachliche Einstellung ...

8. Der Vorgesetzte besitzt persönliche Autorität (wird von seinen Mitarbeitern als Persönlichkeit anerkannt).

9. Sicheres Entscheiden durch Heranziehen der Spezialisten - geringere Fehlergefahr - größere Effektivität.

10. – „Wir-Gefühl" (Gefühl der Zusammengehörigkeit) schließt den Vorgesetzten ein.
 – Der Vorgesetzte wird als Gruppenmitglied angesehen.
 – Unterstützung des Vorgesetzten.

- Haß, Angst, Neid und Vorbehalte gegenüber dem Vorgesetzten.
11. „Streben" nach der Gunst des Vorgesetzten.

12. Bemühen um einen ruhigen Job mit wenig Verantwortung.
13. Neigung zum „Ja-Sagen".

14. Geringe Wertung des einzelnen.

- Der Vorgesetzte wird als „Erster Mitarbeiter" geachtet.
11. Bemühen um gemeinsame Leistungen und deren Anerkennung.
12. Freiwilliges Übernehmen von Zusatzaufgaben
13. Mut zur Stellungnahme, zu konstruktiver Kritik am Vorgesetzten (Zivil-Courage). Keine „bequemen", aber sachliche und aufgabenorientierte Mitarbeiter.
14. Stärkere Wertung des einzelnen infolge größeren „Wir-Gefühls".

Beziehungen innerhalb der Arbeitsgruppe

1. – Ich-betonte Grundeinstellung
   – Kein gegenseitiges Verständnis, Unnachgiebigkeit untereinander.
2. Feindseligkeit, die eigentlich dem Vorgesetzten gilt, richtet sich gegen andere Mitarbeiter.
   – Neid und Eifersucht, gegenseitige negative Kritik, Cliquenbildung.

3. Klatsch hinter dem Rücken der anderen Mitarbeiter.
4. Schlechtes Verständnis, wegen Ausschluß von Mitverantwortung.
5. Leistungsfähigkeit des einzelnen wird nicht voll genutzt.

1. – Starkes „Wir-Gefühl"
   – Rücksichtnahme auf andere.
   – Verständnis füreinander, Kompromißbereitschaft.
2. Offene Aussprache mit dem Vorgesetzten verhindert Spannungen.
   Gegenseitige Anerkennung der Leistung, positive Kritik, gegenseitige Hilfsbereitschaft, Anregungen. Die Gruppe ist ein Ganzes. „Jeder hilft Jedem".
3. Offene Aussprache.
4. Besseres Verständnis durch Mitverantwortung und Mitwirken an gemeinsamen Zielen.
5. Steigerung der Produktivität, Verwertung der vollen Möglichkeiten der Mitarbeiter.

Die kooperative Führung
(Delegation als zentrales Führungsmittel)

Vorteile:

1. Die kooperative Führung ist der autoritären an Zuverlässigkeit und Richtigkeit der Entscheidungen überlegen. Entscheidungen werden jeweils von Sachkundigen gefällt. Schaffen von flachen Organisations-Subsystemen, die überblickt werden können. Nähe des Informierenden zum Entscheidenden.
2. Langsame Entscheidungen bei kooperativer Führung nur, wenn immer alle befragt werden. Wenn richtige Delegation an richtige Fachgruppe, wird Entscheidung rasch getroffen.
   Die schnelle Information ist gleichzeitig richtig.
3. Durch Delegation ist Vorgesetzter frei für nicht delegierbare Aufgaben. („Kräfte-Ökonomie").
   (Autoritärer Führer ist qualitativ und quantitativ überfordert. „Herzinfarkt-Situation").
4. Freier Raum für Entfaltung. Zwang zur eigenen Entscheidung: Initiative.
5. Da freier Austausch der Information – keine Gerüchte. Besseres Verständnis für Probleme des Ganzen.
6. Handeln wird realistisch, beruht auf Fakten, damit Gefühl der fachlichen Sicherheit.
7. Mitarbeiter werden von Spezialisten zu „Universalisten".
8. Kooperative Führung schafft beste Voraussetzungen für mitunter notwendige autoritäre Entscheidungen. In seltenen Fällen sind Entscheidungen allein aus eigener Verantwortung und eigenem Wissen nötig.
9. Arbeiten in einer Gruppe. Bedürfnis nach sozialer Sicherheit befriedigt.
10. Das Bedürfnis, als verantwortlicher Mitarbeiter angesehen zu werden, wird durch die kooperative Führung befriedigt.
11. Bewußtsein der Freiheit von willkürlicher Autorität.
12. Kooperative Führung ist beste Schule für Führungsnachwuchs.

Nachteil:

Wenig Menschen, die fähig und gewillt sind, kooperativ zu führen (Prestige und Macht muß mit anderen geteilt werden). Hier liegt ein entscheidender Ansatzpunkt zur Schulung von Führungskräften.

Training und Beratung von Teams

Training und Beratung können Gruppen unterstützen, ein Team zu werden. Unter einem Team verstehe ich eine Gruppe von bis zu 15 Personen, die bei einem Projekt oder langfristig als organisatorische Abteilung eine gemeinsame Aufgabe zu erfüllen hat und die bereits Willen und Fähigkeit zur Zusammenarbeit zeigt und sich als eine Einheit versteht.

Bei meiner Arbeit mit Gruppen fällt es mir schwer, zwischen Beratung und Training zu unterscheiden. Ich denke, daß eine fließende Grenze zwischen beiden besteht. Beratend werde ich eher tätig, wenn ich dem Team moderierend helfe, seinen Istzustand zu analysieren und seine Bedürfnisse und Ziele herauszufinden und zu formulieren. Mehr in der Trainerrolle bin ich, wenn ich von mir aus aktiv Lernsituationen (Fragebögen, Übungen, Erklärungsmodelle, Phantasiereisen...) anbiete, bei denen die Teilnehmer, wenn sie sich darauf einlassen, ihre Teamfähigkeit verbessern können. Doch auch in solchen Situationen sehe ich mich in der Rolle des Beraters, wenn ich die Gruppe bei ihren Aktivitäten begleite, ohne inhaltlich zu stark Einfluß zu nehmen. Vielleicht ist Begleitung mehr ein Kriterium von Beratung, Führung hingegen mehr eines von Training.

Teamberatung und Teamtraining findet auf drei Ebenen statt. Bei einer fachlichen Inhalts- und Aufgabenberatung sind die Berater Fachspezialisten. Auf der Inhaltsebene werde ich gelegentlich aktiv, wenn ich etwas vom Problem verstehe, zum Beispiel wenn ich pädagogisches und psychologisches Wissen in einem kurzen Vortrag anbiete.

Prozedere-Beratung bietet sowohl Vorschläge für den organisatorischen Rahmen und die Methodik des Vorgehens, als auch für die pädagogische Methodik an. Häufig wird diese Aufgabe auch als Gruppenmoderation bezeichnet. Teamtraining, wie ich es verstehe, geht über die nur begleitende Moderation hinaus und setzt deutliche methodische Akzente.

Prozeß-Beratung ist auf die Beobachtung der Prozesse, also auf die Interaktion zwischen den Mitgliedern und auf das Werden des Teams, kurz: auf das „Wie" gerichtet. So macht der Trainer durch Prozeßkommentare die Gruppe aufmerksam, wie ihre Art zu interagieren, die Teameffektivität beeinflußt. Durch „Metakommunikation" kann daran gearbeitet werden. Auch hier ist viel Fingerspitzengefühl notwendig, um herauszufinden, wieviel Aktivität beim Klienten bleiben muß und wieviel Aktivität beim Berater sein soll.

Auch die Arbeit auf den drei hier angeführten Ebenen geht bei Training und Beratung ineinander über. Die Flexibilität und Fähigkeit, zum rechten Zeitpunkt als Experte, Moderator, Prozeßberater oder als selbst beteiligter gefühlsorientierter Mensch aktiv zu werden, unterscheidet bei Teamtrainern die „Spreu vom Weizen". Der Erfolg ihrer Tätigkeit zeigt sich an der guten Arbeit des Teams.

Teamtraining

Planstufen

Der Besuch von offenen Gruppendynamik-Kursen von Führungskräften und Trainern aus verschiedenen Betrieben hat den Vorteil, daß jeder Teilnehmer sich unbeeinflußt von den Alltagsproblemen und seinem eigenen Team fünf Tage oder mehr ganz sich selbst und der Arbeit an seinen Problemen widmen kann. Die Lernergebnisse sind gewöhnlich mehr Selbsterkenntnis und Bereitschaft zur Selbstverantwortung, verbesserte Kommunikationsfähigkeiten und erhöhte Sensibilität für die eigenen Gefühle und die Prozesse in Gruppen. Kommt der Teilnehmer zurück zu seiner Abteilung in seinem Betrieb, so wird sein verändertes Verhalten von Vorgesetzten, Mitarbeitern und Kollegen, ebenso den Ehepartnern, die diese

Seminarerfahrung nicht hatten, eher skeptisch betrachtet und häufig abgelehnt. („Ich habe nicht bemerkt, daß sich bei dir etwas verändert hat", sind dann oft die „aufbauenden" Feedbacks für den Heimkehrer.) Die Partner hatten sich an die Symbiose gewöhnt und fürchten nun insgeheim, auf den emotionalen Spielgewinn aus alten Gewohnheiten verzichten zu müssen. Ich empfehle daher Firmen, mit denen ich arbeite, sukzessive allen wichtigen interessierten Mitarbeitern die Teilnahme an thematisch gleichen externen Seminaren zu verschiedenen Terminen anzubieten und dies möglichst mit einem Konfliktpartner zusammen, sei dieser ein Kollege, Kunde oder Vorgesetzter. Zugleich biete ich den Ehe- und Lebenspartnern ehemaliger Teilnehmer an, zu späteren Terminen einzeln, und wiederum danach als Paar an den Seminaren des Instituts teilzunehmen. Ich halte die gemeinsame Erfahrung für sehr wichtig, um eine einheitliche Basis für Kommunikation und Kooperation zu gewinnen, ohne auf ungestörte Eigenarbeit verzichten zu müssen.

Wenn meine Frau Seminare besuchte, auf denen ich vorher war – oder umgekehrt –, lebe ich in dem nachträglichen Austausch mit ihr das Seminar noch einmal durch. Es bedeutet eine gute Auffrischung für mich, und als Paar haben wir intensive Kommunikation. Das gleiche Prinzip versuchen wir mit unseren Kindern. Noch diesen Sommer werden unsere 10 und 12 Jahre alten Buben einen Kurs besuchen, an dem auch wir schon teilgenommen haben. Ich freue mich auf die Diskussionen hinterher. Familienlernen und Teamlernen haben für mich viele Parallelen.

Ideal ist die Konstellation, wenn einzelne und Teams zusammen lernen. Daher muß der nächste Schritt das Training aller Mitglieder einer Arbeitsgruppe zusammen mit ihrem Leiter sein. Die Vorteile eines solchen Ansatzes liegen auf der Hand. Sowohl der einzelne verbessert seine soziale Kompetenz, als auch die Abteilung bzw. das Paar lernen, eine Einheit zu werden. Die neuen Fähigkeiten des einzelnen, bisher nach der

Rückkehr von einem externen Seminar zu Arbeit und Familie abgelehnt, werden nun durch die Arbeitskollegen unterstützt. Das Lernen wird fortgesetzt und auf die betriebliche bzw. familiäre Situation übertragen. Durch systematisches Training von zusammenarbeitenden und -lebenden Einheiten kann sowohl das Effizienz- wie auch das Transferproblem gelöst werden. Der Lerneffekt wird multipliziert.

Das Team und ein Trainer kommen also zu einem Klausurseminar von 3-4 Tagen zusammen. Diese Seminare werden dann im Abstand von 6 – 12 Monaten wiederholt. Die Häufigkeit hängt von der Wichtigkeit des Teams, von der Größe der Probleme, von der Zeit und natürlich auch von dem zur Verfügung stehenden Budget ab.

Bei der ersten Zusammenkunft der Gruppe übe ich Kommunikations- und Kooperationsverhalten wie Zuhören, Beobachten, Anerkennung geben und nehmen, in kritischer Situation fair zu konfrontieren sowie Feedback geben und nehmen. Dies alles geschieht bei gruppendynamischen Übungen – also nach einer mehr künstlichen Realität.

In den Übungen werden spielerisch die Beziehungen der Gruppenmitglieder auf die Probe gestellt und früher oder später entstehen Beziehungsprobleme und Konflikte, die nun mit neuem Verhalten bearbeitet und gelöst werden. Dies ist der Schwerpunkt der zweiten Veranstaltung.

Immer näher arbeite ich mich mit der Gruppe an ihre Realität heran. Zuerst stehen die Prozeßprobleme im Brennpunkt, wie sie sich über die Jahre entwickelt haben und wie sie in der Gegenwart zum Ausdruck kommen. Hat eine Gruppe einen offenen und für sie akzeptablen Stil gefunden, ihre Beziehungen und Konflikte O.K. – O.K. zu lösen, kann sie nun unbelastet ihre Arbeitsprobleme sammeln, diskutieren und Lösungsmaßnahmen entscheiden, die sie dann nach Rückkehr in den Betrieb durchführt.

Ein weiterer Schritt hin zur Praxis aus der mehr künstlichen Trainingssituation heraus, ist dann die Prozeßberatung und später das Gruppencoaching in der praktischen Arbeitssituation.

Alles Lernen beruht auf den sich immer wiederholenden Phasen der Wahrnehmung, des Darübersprechens und der gemeinsamen Änderung. Feedback soll letztlich in den organisatorischen Ablauf integriert und zur Gewohnheit werden. Und wie könnte aus einer Gruppe von Einzelpersonen eher ein Team werden als wenn sie gemeinsames Lernen zur Regel macht.

Manche Teams gönnen sich dann alle Jahre einige Tage, in denen sie das Erreichte feiern, überprüfen und neue Lösungswege suchen.

Über Jahre hinweg interessierten sich Lernpsychologie und Pädagogik besonders für die Frage, wie das Individuum lernt, und wie seine Lernprozesse unterstützt werden können. Weniger Interesse galt der Frage, ob auch Gruppen und Organisationen lernen und wie deren natürliche funktionale Entwicklung durch geeignete Maßnahmen bewußt und geplant beeinflußt und gesteuert werden könne. Erst mit dem Bekanntwerden der Gruppendynamik und ihrer praktischen Anwendung durch Team- und Organisationsentwicklung sowie der systemischen Familientherapie begann man zu erwägen, inwieweit auch soziale Systeme lernfähig sind, und man erkannte die Effizienz dieser Lernform. Damit wuchs auch das Interesse an und die Bereitschaft zu Teamtrainings.

Anlässe

1. Häufig unterziehen sich Abteilungen einem Teamtraining, wenn sie in ihrer Arbeit so festgefahren sind oder so in Konflikten stecken, daß sie zur Lösung ihrer Probleme auf die Hilfe eines externen – also nicht zur Gruppe gehörenden – Trainers zurückgreifen wollen. Besonders in solchen Fällen nimmt Teamtraining sehr stark den Charakter von Konfliktmanage-

ment an. Konfliktbewältigung ist, wie oben ausgeführt, nicht punktuell zu sehen, sondern ein Lebensprinzip. Manche Betriebe mit kompetenten internen Trainern bieten Konfliktberatung als ständigen Service. Bei OE-Projekten bilde ich interne Trainer und Führungskräfte, die bereit und geeignet sind, als Multiplikatoren zu wirken, zum OE-Berater aus. Nach einiger Zeit übernehmen sie ganz oder teilweise die Funktionen der externen Berater. Dies ist ein weiterer Schritt der Organisation, eigenständig die anfallenden Probleme zu lösen und von externer Hilfe weniger abhängig zu sein.

2. Immer wieder zeigen sich Gruppen, die für ein Projekt oder als formelle Arbeitsgruppe neu zusammengestellt wurden, an einem einführenden Teamtraining interessiert. Beispielsweise hatte mich die Stadt Hannover eingeladen, Projektgruppen vorzubereiten, die den Stadtentwicklungsplan entwerfen sollten. Obwohl für jedes Team nur wenig Zeit zur Verfügung stand, hat sich diese Vorbereitung positiv ausgewirkt. Die Teilnehmer berichteten über bessere Zusammenarbeit. Meist genügen in der Anfangsphase des Teams schon einige einführende Sitzungen über die Art und Weise des Miteinanderumgehens, um die Qualität der Zusammenarbeit durch mehr Bewußtheit zu fördern.

3. Meist sind Teamtrainings in organisationsumgreifende Maßnahmen – sprich Organisationsentwicklung integriert. Ich schlage gewöhnlich dem gesamten Vorstand bzw. der Geschäftsleitung zu Beginn des Projektes ein dreitägiges Klausurtraining vor, bei dem sie sich mit sich selbst und ihrem Funktionieren als Team auseinandersetzen können. Gleichzeitig klärt das Führungsteam die Frage, ob, unter welchen Bedingungen und wie es Organisationsentwicklung betreiben möchte. Als Führungsfamilie setzen sie Signale und üben einen Stil der Zusammenarbeit ein, der für andere Teams als Vorbild dient und schließlich die Kultur der Organisation prägt. Während des Projektes können sich auch andere Abteilungen und Arbeitsgruppen um ein Teamtraining bewerben.

4. Bestehende Teams, die schon einige Trainingsveranstaltungen hinter sich haben, nutzen ihre regelmäßigen Zusammenkünfte, um sich selbst weiter zu trainieren. Dadurch aktivieren sie ihre eigenen Kräfte und machen sich frei von äußerer Hilfe. Eine meiner Zielsetzungen als Trainer ist, mich möglichst bald überflüssig zu machen. Seit ich diesen Grundsatz praktiziere, kann ich mich nicht über Auftragsmangel beklagen.

Ziel und Ergebnis

Ziel von Teamtraining ist die Entwicklung von sozialer Kompetenz bei einzelnen und Team. Die Gruppenmitglieder lernen Kommunikation und Kooperation, werden ein Team und verbessern die Leistung. Für die meisten Menschen stehen persönliches Wohlbefinden und das Bedürfnis nach Zugehörigkeit zu einer harmonierenden Gruppe mindestens gleichrangig neben dem Bedürfnis, eine gute Leistung durch sinnvolle Arbeit zu erbringen.

Eine Konkretisierung von Zielen, die durch Teamtraining erreicht werden können und die mit den in diesem Buch beschriebenen Ansätzen korrespondieren, findet sich bei Varney in einer Übersetzung von Comelli[1]:

1. „Verbesserung das Verständnisses für die Rolle eines jeden Teammitgliedes innerhalb der Arbeitsgruppe;
2. Verbesserung des Verständnisses für die Beschaffenheit (character) des Teams und seine Rolle innerhalb der Gesamtabläufe der Organisation;
3. Verbesserung der Kommunikation zwischen den Teammitgliedern über alle Punkte, welche die Effektivität der Gruppe angehen;

---

1 Varney, G.H., Organization development for managers, Reading/Mass. 1977, S. 154-155, zitiert bei Comelli, Handbuch der Weiterbildung für die Praxis in Wirtschaft und Verwaltung, Hanser Verlag 1985, S. 365.

4. Stärkung der gegenseitigen Unterstützung (support) unter den Gruppenmitgliedern;
5. Klareres Verständnis für die ablaufenden Gruppenprozesse, d.h. für jene gruppendynamischen Ereignisse, die in jeder Gruppe vorkommen, in der Leute eng zusammenarbeiten;
6. Finden von effektiveren Wegen für die Gruppe, die in ihr bestehenden Probleme auf der Sach- wie auf der Beziehungsebene zu bewältigen;
7. Entwickeln der Fähigkeit, Konflikte positiv (statt destruktiv) zu nutzen;
8. Verstärkung der Zusammenarbeit zwischen den Teammitgliedern und eine Verringerung jenes Wettbewerbs, der auf Kosten der jeweiligen Gruppe bzw. der Organisation geht;
9. Verbesserung der Fähigkeit des Teams, mit anderen Arbeitsgruppen innerhalb der Organisation zusammenzuarbeiten;
10. Stärkung des Bewußtseins des gegenseitigen Aufeinanderangewiesen-Seins innerhalb des Teams."

Beim Training, diese Ziele zu erreichen, vollzieht sich aber tatsächlich auf einer tieferen Ebene vielmehr:
- die Entwicklung von Erwachsenen-Ich und Eltern-Ich;
- das Heraustreten aus der Symbiose mit Eltern, Trainern und Führungskräften;
- das Umgehen mit bremsenden und antreibenden Botschaften, insbesondere den Botschaften, die Gefühle und damit Energie und Potential verbieten.

Ein gut aufgebautes Training ermöglicht durch sorgfältiges Induzieren von Feedbackprozessen die Entfaltung von brachliegendem und blockiertem Potential von Fähigkeiten.

Die Grundphasen kindlicher Entwicklung in der Familie wiederholen sich in den verschiedenen sozialen Gruppierungen, denen wir angehören.

So werden die Prozesse des Imitierens elterlichen Verhaltens und Übernehmens ihrer Regeln in der Phase der Abhängigkeit,
- die Prozesse der Emanzipation, des Widerstandleistens und des Umgehens mit Autoritäten in den Trotzphasen des zweiten und fünften Lebensjahres und der Pubertät
- und schließlich das sich gegenseitige Wiederfinden in Versöhnung und Reflexion auf einer höheren Ebene einer neuen Einheit

gleichsam nachvollzogen, kompensiert und ergänzt. Besonders aber kommen sie zum Tragen in Situationen wie Teamtrainings, bei denen durch die intensive Beschäftigung mit Gefühlen, Erinnerungen, Assoziationen und Projektionen wach werden. Das Team wird auf halbbewußter Ebene für seine Angehörigen eine familienähnliche Gruppe, Stätte sozialen Lernens und Arbeitens. Wenn Trainer und Führungskräfte sich dessen bewußt sind, haben sie alle Chancen, die Entwicklung von einzelnen mit der Entwicklung des Teams zu verbinden. Denn auch das Team durchläuft ähnliche Phasen wie eine Familie. Teamleiter und -mitglieder bringen ihre Erfahrungen, Regeln und ihr eigenes Skript mit ein. In der Begegnung im Team setzen sie sich wesentlich mit sich selbst auseinander, lassen los und gewinnen neue Identität. Jedes Team findet schließlich die ureigene Gestalt, die von den jeweilig dominanten Schlüsselwerten geprägt ist.

Während bei Trainingsgruppen im gruppendynamischen Seminar der Fokus auf die Beziehungen und den hier und jetzt stattfindenden Gruppenprozeß gerichtet ist, werden bei Teamtraining von Arbeitsgruppen auch die Beziehungen der Vergangenheit und wie sie sich auf die Leistung ausgewirkt haben, mit herangezogen – genauer: die Entwicklung der Fähigkeit, Sachprobleme kompetent zu lösen. Innerhalb der Arbeitsgruppe ist der *reflektierte Prozeß* die Grundlage für den Leistungsvorteil des Teams. Störungen auf der Beziehungsebene verhindern die dafür notwendige Gruppensynergie. Synergie bedeutet, daß die individuellen Energien einer Gruppe in einer gemeinsamen Aufgabe zusammenfließen. Dem wirkt die Tendenz vieler Gruppen zu durchschnittlichen Leistungen entgegen.[1] Wenn die Tätigkeit einer Gruppe aber so viel Attraktion für ihre Mitglieder hat, daß sie bereit sind, ein Stück ihrer eigenen Individualität und ihres eigenen Egoismus zugunsten einer neuen Gruppen- und Teamidentität zu opfern, dann kann ein Team entstehen.

Synergie setzt hohe soziale Fähigkeiten beim einzelnen voraus. Durch die Abklärung der Beziehungen und die Reflexion ihres Tuns können die Gruppenmitglieder dazu finden, sich gegenseitig anzuerkennen und sich so zu organisieren, daß sie die Durchschnittsregel, also die Tendenz zu durchschnittlichen Leistungen, überwinden. Aus 2 + 2 wird 7.

Kaum jemals während meiner Arbeit als Teamberater wurde ich nach einer Evaluation der Trainingsveranstaltungen gefragt. Wohl bekomme ich Feedback über die von den Teams geäußerte Zufriedenheit mit sich selbst und der Veranstaltung. Auch über Fragebögen und Erfahrungsberichte ist eine eher subjektive Erfolgskontrolle möglich. Eine wissenschaftlichen Ansprüchen genügende Evaluation scheitert gewöhnlich daran, vergleichbare Kontrollgruppen zu finden und einer Zurechenbarkeit der am Entwicklungsprozeß beteiligten Variablen.[2] So entscheiden sich die meisten Betriebe, die Teamtrainings durchführen, für die weitere Beobachtung und Beratung der trainierten Teams. Feedback wird im Sinne eines handlungsorientierten Lernprozesses nicht zur Kontrolle, sondern zur Korrektur der anstehenden Aktionen im Sinne von Aktionsforschung verwendet.

---

1 Schwarz, G.: Die heilige Ordnung der Männer, Opladen 1985, S. 57, vgl. auch die Hawthorne-Experimente, Roethlisberger, F.J.: Man-in-Organisation, Cambridge, Mass. 1968a.
2 Vgl. hierzu Koch, U., Teamentwicklung im Unternehmen, Frankfurt a.M. 1983, S. 194 ff, insbesondere S. 197.

Das Aktionsforschungsmodell für Teamtraining

Die Idee, ganze Systeme wie Organisationen, Abteilungen und Gruppen auf bessere Zusammenarbeit hin trainieren zu können, geht von der Hypothese aus, daß – ähnlich dem Individuum – auch ganze soziale Systeme lernfähig sind. Weiter wird unterstellt, daß gute Zusammenarbeit nicht a priori existiert, sondern daß sie – wie individuelles Lernen – durch methodische Hilfen entwickelt werden kann. Das bedeutet auch, daß in allen Systemen bereits der Keim der Entwicklungsmöglichkeit vorhanden ist.

So wie Individuen haben auch soziale Systeme Verantwortung – auch wenn sie nicht immer wahrgenommen wird – für die Bereiche, die sie betreffen. Diese Verantwortung besteht entweder wegen des Soseins als menschliches System (z.B. Verantwortung für den eigenen Körper, das eigene Leben, die Familie etc.) und/oder per Definition und Abmachung in Kontrakten. Individuen und soziale Systeme können lernen, sich ihrer Anteile an der Verantwortung bewußt zu werden und sich entscheiden, diese auch wirklich zu übernehmen. Training von Systemen ist dann eine konsequente Schlußfolgerung, die sich nicht zuletzt auch ökonomisch rechtfertigen läßt.

Der geeignete Weg, um das vorhandene Potential an Fähigkeiten voll zu entfalten, ist das Training durch Selbsterfahrung. Es entspricht der Zielsetzung, den Betroffenen zu helfen, die Verantwortung für ihren Anteil am Problem ihres sozialen Systems zu übernehmen und danach zu handeln. Da nicht von vornherein Übereinstimmung darüber herrscht, wer welche Verantwortung hat, ist das Lernen, Verantwortungsbereiche abzustimmen, Voraussetzung für gelungene Kooperation. Auch dies wiederum geschieht durch Feedback.

Natürlich ist der Prozeß der Zuordnung von Verantwortungs- und Aufgabenbereichen nicht durch eine einzelne formelle Entscheidung zu lösen. Es wird vielmehr darauf ankommen, die diesem Prozeß innewohnende Konfliktträchtigkeit zu akzeptieren und die Fähigkeiten zu fördern, damit umzugehen.

Ein für das Lernen von Gruppen und Organisationen besonders geeigneter Beratungs- und Trainingsansatz ist das Modell der Aktionsforschung. Hier wird die Verantwortung für die Problemlösung bei dem jeweils betroffenen lernenden System gelassen. Die erlebte Aktion stellt Problemlösung und Training zugleich dar – eine in der Tat erwachsenengemäße Form des Lernens.

Ist es die Zielsetzung einer Gruppe, ein Team zu werden, so soll auch die primäre Verantwortung und Aktivität bei der Gruppe liegen. Bei konventionellem Training und klassischer Organisationsberatung sind über Art des Vorgehens, Ergebnisse und Konsequenzen gewöhnlich nur Unternehmensleitung und die Berater informiert. Bei Aktionsforschung dagegen sollte das betroffene Team selbst an der Planung und der Aktion beteiligt sein. Zugleich aber sind seine eigenen Probleme – bei Teamtraining speziell das Problem, wie die Teamfähigkeit verbessert werden kann – der Forschungsgegenstand. Gewöhnlich wird für ein solches Vorhaben ein externer Berater eingeladen. Sein Vorteil ist die nötige Distanz zur Problematik und Erfahrung mit ähnlichen Gruppen.

Im folgenden werde ich die einzelnen Phasen des Aktionsforschungsprozesses näher erläutern, und zwar unter besonderer Berücksichtigung dieses Ansatzes als Mittel zur Teamentwicklung.

Die Eintrittsphase

Der Berater lernt den Vorgesetzten der Abteilung oder Organisation kennen und grenzt mit ihm das in seiner Abteilung anstehende Problem ab. Es ist wichtig herauszufinden, ob ein Training die geeignete Intervention für das geschilderte Problem darstellt. Kommt es über die notwendige Methode zu einer Einigung, erläutere ich als Berater Chancen, Möglichkeiten und Voraussetzungen für einen kooperativen Ansatz. Insbesondere informiere ich den Klienten, worauf er sich bei einem Teamtraining einläßt. Ich helfe ihm herauszufinden, wie weit er sich einbringen möchte, was die möglichen Konsequenzen und Risiken sein können. Ist der Gesprächspartner auch nach diesen Informationen noch an einem Teamtraining interessiert, achte ich besonders auf zwei Punkte:

Zunächst muß abgeklärt werden, inwieweit der Gesprächspartner bereit und fähig ist, sich mit seinem Team auf Feedbackprozesse einzulassen. Dies ist eine wesentliche Voraussetzung für das Gelingen. Meist schlage ich ihm zu seiner eigenen Vorbereitung vor, ein externes gruppendynamisches Seminar zu besuchen.

Die zweite wichtige Voraussetzung für den Erfolg der Maßnahme ist die freiwillige Teilnahme des Teams.

Vor Jahren hatte ich mich einmal auf ein Training eingelassen, das ein Generaldirektor seiner Führungsmannschaft gleichsam als Abschiedsgeschenk verordnet hatte. Er nahm selbst nicht teil, da er kurz vor der Pensionierung stand. Die Gruppe betrachtete dieses Training als Strafe, fühlte sich vielleicht auch von ihrem Führer verlassen und hatte keine Lust, an ihren Problemen zu arbeiten. Mich benutzten sie dabei als Sündenbock.

Meist lohnt sich die Geduld zu warten, bis die Zeit reif ist. Wenn der Vorschlag für ein Training aus der Gruppe selbst kommt, stehen die Chancen für eine engagierte Beteiligung an dem Training gut. Die Initiative geht in der Praxis häufig vom Teamleiter aus. Meist nehmen seine Mitarbeiter bereitwillig und interessiert die Einladung zu einem Training an. Es ist die primäre Verantwortung des Teamleiters, seine Abteilung anzuleiten, als Team zu arbeiten und durch Training die Voraussetzungen hierfür zu bereiten.

Schon bei den ersten Gesprächen kläre ich mit den Gesprächspartnern ab, wer der Klient ist, wie der Auftrag lautet und was die Zielsetzung der Maßnahme ist. Wenn diese Fragen nicht für alle Beteiligten geklärt sind, leidet das Vertrauensverhältnis zwischen den Parteien.

Zur Vorbereitung des Trainings haben sich Einzel- und Gruppeninterviews als sehr nützlich erwiesen. Meist wird bei diesen Vorbesprechungen nach einem detaillierten Vorschlag für den Ablauf des Trainings gefragt. Ich betone, daß sich das Vorgehen immer an den Bedürfnissen, den Zielen und dem Prozeß der Gruppe ausrichten wird, und daß die Teilnehmer soweit wie möglich auch an der Ablaufplanung und Gestaltung des Seminars beteiligt sein werden. Eine wesentliche Aufgabe des Seminars besteht für die Gruppe darin, herauszufinden, was sie will. Von daher wird schon der Prozeß der Seminardurchführung zum Lernmodell für das Team.

Wenn ich früher einmal dem Drängen des Klienten bei der Vorbesprechung nachgab und ihm – wenn auch nur exemplarisch – einen eigenen Plan als Beispiel vorlegte, dann erhielt ich oftmals sogenannte „Ja, aber"-Reaktionen: „Der Plan ist ja sehr schön, aber er paßt nicht für uns." Ich habe daraus gelernt, daß die schönsten Pläne nichts nützen, wenn sie nicht mit den Betroffenen zusammen erstellt werden. Die Aufgabe des Beraters und Trainers ist es deshalb, den methodischen Rahmen vorzuschlagen, der den Klienten hilft, die eigenen Probleme zu lösen.

Natürlich habe ich die Möglichkeit, von einer Beratung zurückzutreten, wenn die Ziele des Klienten mit den erforderlichen Rahmenbedingungen und auch meiner Weltanschauung nicht übereinstimmen.

Vor einiger Zeit wollte die Leitung eines Konzerns die stagnierende Geschäftslage des Unternehmens durch sogenannte „Eliteseminare" für Führungskräfte wieder ankurbeln, in denen durch hausinterne Konkurrenz die Motivation gesteigert werden sollte. Ich konnte meine Gesprächspartner nicht davon überzeugen, daß solch eine Intervention wohl einzelne Mitarbeiter zu qualifizieren vermöge, daß dies aber, da es auf Kosten der anderen geschehe, deren Kooperationsbereitschaft und damit auch den Erfolg der ganzen Organisation wahrscheinlich schwäche.

Das Wertesystem von Berater und Klient muß in den wesentlichen Punkten übereinstimmen. Ansonsten wird bald deutlich, daß Anspruch und Wirklichkeit zu sehr auseinanderklaffen und nur „Wein gepredigt, aber Wasser getrunken wird".

Je klarer die Absprachen in der Anfangsphase einer Kooperation sind, umso besser stehen die Chancen für eine erfolgreiche Zusammenarbeit zwischen Klient und Berater.

Datensammlung

Die Gespräche mit Team und Teamleiter dienen einer ersten Aufnahme des Ist-Zustandes. Die Datensammlung kann durch Fragebögen, Einzelbefragungen oder auch in einer Sitzung des Teams als Gruppeninterview erfolgen. Manchmal sind die Teilnehmer verblüfft, daß sie nach jahrelangem Stillstand nun plötzlich befragt werden, was sie vom Funktionieren ihrer Abteilung halten, welche Faktoren die Zusammenarbeit fördern oder hindern und wie sie sich ihr Team zukünftig vorstellen. Eine rechtzeitige Vorbereitung ist daher angebracht. Die Unsicherheit der Teilnehmer kann durch einen Gruppenkontrakt abgeschwächt werden. Ein guter Vertrag beinhaltet deswegen, daß keinem durch Offenheit Schaden entsteht. Ohne die Bereitschaft, Mängel, Probleme und Bedürfnisse auszusprechen, kann keine Veränderung und Verbesserung angebahnt werden. Der Vorgesetzte und seine Glaubwürdigkeit spielen hier eine bestimmende Rolle.

Variationen der Datensammlung sind möglich So werden die Probleme der Abteilung oftmals in Spielform gesammelt. Eine Form ist das Bildermalen. Die Abteilung spaltet sich in Untergruppen auf und stellt die Situation und den gegenwärtigen Stand der Abteilung in Bildern dar, die dann den anderen Untergruppen zur Interpretation präsentiert werden. Es ist erstaunlich, wie produktiv so eine Malsituation sein kann. Die Hauptprobleme der Abteilung kommen schnell zutage, manchmal in Symbolen und Zeichnungen. Außerdem bereitet

Malen in einer so „ernsten" Situation nach einiger Verwunderung Spaß und es bestehen auch weiterhin Möglichkeiten zur Rationalisierung: „Wir konnten das nicht so klar darstellen, da wir so schlechte Maler sind". Sie sind wichtig, denn Abwehrmechanismen bieten Schutz. Der Interpretation folgt gewöhnlich eine Problemauflistung mit Hilfe des Beraters.

Für die Datensammlung sind methodisches Geschick und eine klare Fragenkonzeption auf seiten des Beraters wichtig. Schwächen und Stärken des Teams sollen durch die Befragung zum Ausdruck kommen und eine Basis für eine konzertierte Ziel-, Aktions- und Maßnahmeplanung bilden.

Datenaufbereitung

Durch die Datensammlung wird eine Stärken- und Schwächenanalyse vorbereitet. Freiwillige aus der Abteilung finden sich unter Anleitung des Beraters zusammen, um Fragebögen, Interviews, Problemlisten, Bilder, Tonbandaufzeichnungen o.ä. auszuwerten und aufzubereiten. Häufigkeiten werden ermittelt, in Schaubildern dargestellt und für eine „Informationsbörse" vorbereitet.

Datenrückmeldung

Die Abteilung – sie wird im Falle des Teamtrainings nicht mehr als 15 Mitglieder umfassen – kommt zu einer weiteren Sitzung zusammen. Die Aufbereitungsgruppe präsentiert allen, die an der Erhebung beteiligt waren, die ausgewerteten Daten. Sie bieten möglichst ohne Kritik und nur mit wenigen Kommentaren Schaubilder, Statistiken und Aufzeichnungen als „Feedback" dar. Es ist nun die Sache der Abteilung und jedes einzelnen, sich einen Überblick über die präsentierten Informationen zu verschaffen und in die Diskussion der eigenen Situation einzusteigen: Wo stehen wir? Was gefällt uns? Was soll anders werden? Was wollen wir tun?

Das Auflisten von Prioritäten

Aus der Diskussion kristallisieren sich Probleme heraus. Aus den Zielen des Teams werden Prioritäten entwickelt, Ist- und Sollzustand abgeklärt sowie ein Aktionsplan daraus abgeleitet. Immer steht die gemeinsame Planung im Vordergrund. Wenn die Gruppe ihre Situation selbst identifiziert und ihr für die notwendige Aktion Raum zugestanden wird, ist sie auch an der Durchführung interessiert.

Planung der Aktion und Nachbereitung

Alle Zukunftsaktivitäten werden in einem lang-, mittel- und kurzfristigen Maßnahmenkatalog fixiert. Mit Moderationsverfahren hilft der Berater der Gruppe auszuhandeln: wer, was, bis wann, mit wem zusammen und in welcher Intensität tun wird und woran die Gruppe erkennen will, daß die Maßnahme auch wirklich ausgeführt wurde. Außerdem wird geklärt, welche Selbstkontrollen die Gruppe einrichten will und wie sie Feedbackkommunikation als gute Gewohnheit im Organisationsablauf institutionalisieren kann. Je konkreter die Abmachungen sind, desto eher werden „Nägel mit Köpfen" gemacht, und desto besser wird Selbstsabotage vermieden.

Immer wieder lenke ich die Aufmerksamkeit der Gruppe darauf, wie sie in der Gegenwart ihre Probleme behandelt. Viele Prozesse wiederholen sich ständig. Wenn das Team fähig wird, sich selbst zu beobachten und zu korrigieren, hat es ein Muster für die Zukunft. Durch den Anstoß des Beraters sollen kultivierte Feedbackaktivitäten auf allen Ebenen zustandekommen.

Als nächster Schritt ist zu überprüfen, ob für die geplanten Aktionen genügend materielle und menschliche Ressourcen vorhanden sind, und wie sie nötigenfalls entwickelt werden können. So ist der Aktionsplan auch eine Vorlage, um Trainingsbedürfnisse zu analysieren. Der Berater agiert nun als methodischer Trainingsexperte. Manche Betriebe entwickeln aus dieser Situation heraus ein systematisches Trainingsprogramm, was wieder die Verbindung von Training und Organisationsentwicklung verdeutlicht.

Organisatorische Lernprozesse benötigen viel Zeit. Deswegen zeige ich als externer Berater Wege auf, die interne erfahrene Trainer weiterverfolgen können. Trainer, die sowohl den Lernprozeß der Teams begleiten und zugleich dabei selbst ein „Coaching" durch externe Berater erfahren, haben sehr gute Entwicklungschancen. Der Stamm der Trainer und Berater, mit denen ich heute zusammenarbeite, hat gewöhnlich diesen Entwicklungsprozeß durchlaufen.

Wesentlich ist, daß das Team lernt, sein eigenes Geschick in die Hand zu nehmen, indem es gemeinsam sowohl eine Planung aufstellt als auch die Realisierung betreibt.

Die Nachbereitung ist ein wichtiger Bestandteil der Realisierung von gemeinsam geplanten Aktionen, denn sie eröffnet dem Team weitere Chancen, am eigenen Gruppenprozeß zu lernen. Auch ein Team lernt, solange es besteht.

Die Entwicklungsphasen des Teams entsprechen dem natürlichen Lernprozeß der Gruppe. Durch Einüben entwickelt sich ein von der Gruppe akzeptierter Verhaltens- und Arbeitsstil. Die Qualität der Arbeit verbessert sich durch soziales Lernen. Die Arbeitserfahrung wird zur Lernerfahrung und zeigt den Lernfortschritt an. Arbeiten und Lernen ergänzen sich gegenseitig. Die Gruppe entwickelt positive Verhaltenszirkel durch Feedback. Die hier geschilderte Art des Vorgehens, um ein Team zu entwickeln, stellt einen Rahmen dar, der zwar einen systematischen Aufbau hat, aber zeitlich und örtlich variierbar ist. Nach diesem Muster lassen sich die Phasen sowohl eines dreitägigen Trainings als auch einige Monate Arbeit im Betrieb strukturieren. Teamentwicklung, in Verbindung mit Teamtraining, soll dazu führen, durch Etablieren von Feedbackschleifen das soziale und das Lernniveau sukzessiv anzuheben.

Prozeßberatung als Möglichkeit des Transfers

Eine Möglichkeit, das in gruppendynamischen Seminaren oder Teamtrainings Gelernte in die Wirklichkeit von Betrieb und Familie zu übertragen und dort weiter zu fördern, ist die Prozeßberatung. Prozeßbeobachtung und Prozeßberatung sind prozeßbegleitende Instrumente, d.h. durch Beobachten und Hinterfragen eines Gruppengeschehens lassen sich Störungen frühzeitig erkennen und blockierte Energien in eine produktive Richtung lenken. Besonders kommt es darauf an, Störungen der Kooperation auf der jeweiligen Kommunikationsebene[1] zu lokalisieren, und die Bearbeitung auf der betroffenen Ebene anzuregen. Allerdings erfordert es eine hohe soziale Kompetenz, sich von anderen beobachten und auf blinde Flecken aufmerksam machen zu lassen. Prozeßberatung empfehle ich deswegen auch erst in einem fortgeschrittenem Stadium der Team- und Organisationsentwicklung.

Der bei der Prozeßberatung häufig notwendige Wechsel zwischen den verschiedenen Kommunikationsebenen wird als sehr anstrengend empfunden. Meist erreicht die Gruppe nach ein bis zwei Tagen jenen Punkt, wo die „Leiche im Keller" liegt. Dann doch dabeizubleiben, die Konflikte anzuschauen und zu bearbeiten, ist ein Zeichen von „Excellence". Der Lohn: am Ende weiß jeder Teilnehmer, woran er ist. Das hohe Maß an Offenheit führt zu noch stärkerer Kohäsion – das Team wird zu einem „verschworenen Haufen".

Eine Firma, deren gewaltige Expansion und deren großen Erfolg ich in den letzten zehn Jahren bei der Betreuung des Führungsteams miterlebt habe, entschloß sich zu vier Tagen Prozeßberatung. Mit dem Leiter des Teams, mit dem ich ein fast freundschaftliches Verhältnis habe, sprach ich das Design ab. Wir entschlossen uns, um die nötige emotionale Distanz des Beraters zu gewährleisten, mit zwei Beratern abwechselnd zu arbeiten. Beide Berater waren lediglich am ersten und letzten Tag bei den Gruppensitzungen dabei. Am zweiten Tag arbeitete ich mit dem Team

---

1   siehe Kapitel: Ebenen der Gruppenkommunikation

und hatte den dritten Tag frei zum Skifahren bei herrlichem Wetter. Während dieses Tages geriet das Team, als mein Kollege und Coberater es auf seinen Umgang mit der Zeit ansprach, in die in fortgeschrittenen Teams gewöhnlich auftauchende Krise. Entgegen der Absprachen am Anfang der Veranstaltung hielt die Gruppe Zeiten nicht ein. Mein Kollege – als Therapeut gewöhnt, mit Zeiten sorgfältig umzugehen – hinterfragte dieses Zeitgebaren und konfrontierte das Team mit der heimlichen Agenda und Regel, die diesem Verhalten zugrunde lag. Die Regel in dieser Gruppe lautete: „Arbeite ohne Rücksicht auf Zeit. Dieses rücksichtslose Engagement ist das Geheimnis unseres Erfolgs."

Der Teamleiter der Gruppe, eine sportliche hochintelligente, charismatische Persönlichkeit, war der absolute Repräsentant dieser Regel. Er war ein Jahr zuvor gesundheitlich zusammengebrochen und erst wieder nach einigen Monaten, mit dem guten Vorsatz, mehr auf sich selbst zu achten, zur Arbeit zurückgekehrt.

Die Konfrontation setzte sich an meinem dritten Tag fort, als ich mit einer flapsigen Bemerkung, was gewöhnlich dem Stil der Gruppe entspricht, den Teamleiter verärgerte. Erst nach einer aufreibenden Feedbacksitzung nahm die Gruppe ihre Arbeit wieder auf. In der Abschlußsitzung fand die Gruppe ihren reflektierten Frieden wieder.

Prozeßberatung, zusammen mit Konfliktmanagement, ist nicht das angenehmste Brot für den Berater. Dennoch bin ich stolz darauf, daß solche offenen, konfrontativen Veranstaltungen möglich sind. Übrigens – ich arbeite noch mit dieser Firma. Diese Prozesse bestimmen wesentlich den Erfolg von Teams und Organisationen.

Zeit unseres Lebens lernen wir, auf dem Klavier von Geschäftsordnungs-, Inhalts- und Prozeßebene zu spielen. Wir distanzieren uns, wählen Enthaltsamkeit oder Intervention und dies so oft, wie wir Menschen begegnen. Lern- und Arbeitsleistungen in Gruppen entwickeln sich positiv mit den Fähigkeiten ihrer Mitglieder, sich selbst und andere während ihrer Tätigkeit zu beobachten und darüber zu sprechen. Untersuchungen im Rahmen der Theorie der objektiven Selbstaufmerksamkeit[1] stützen die Vermutung, daß die Fähigkeit,

---

1   Frey, D., Wicklung, R.A., Scheier M.F.: Die Theorie der objektiven Selbstaufmerksamkeit, in: Frey, D.(Hrsg): Kognitive Theorien der Sozialpsychologie, Bern, Stuttgart, Wien 1978, S. 192-216.

bewußt wahrzunehmen, ein wesentliches Element für jeden Lern- und Veränderungsprozeß ist.

Prozeßberatung ist daher ein gebräuchliches Instrument bei Organisationsentwicklung-Projekten. Berater werden von Gruppen eingeladen, an gewöhnlichen Arbeitssitzungen teilzunehmen. Die Prozeßberater verstehen vom Inhalt der diskutierten Angelegenheit nicht viel. Sie haben aber eine gute Sensibilität für das, was in den Gruppen auf den verschiedenen Ebenen abläuft, entwickelt. Wenn die Vermutung besteht, daß bestimmte Prozesse die Arbeit der Gruppe stören, kann sich der Berater einschalten. Er schlägt der Gruppe vor, einige Minuten das Thema zu wechseln und darüber zu sprechen, was im Augenblick auf der Prozeßebene der Gruppe geschieht. Durch den Austausch und die Analyse von Beobachtungen und Eindrücken werden Störfaktoren der Zusammenarbeit aufbereitet. Am wirkungsvollsten bewältigt dies die Gruppe selbst, unter der Moderation des Beraters. In letzter Instanz konfrontiert er die Gruppe mit seinen eigenen Beobachtungen. Gewöhnlich wird ein professioneller Externer eingeladen, der je nach Kontrakt interne Berater und Gruppenmitglieder ausbildet. Später entschließen sich manche Gruppen, rotierend Prozeßberater aus den eigenen Reihen einzusetzen, die sich während der Sitzungen mehr auf die Prozedere- und Beziehungsebene konzentrieren. Ihr Ziel ist es, Störfaktoren zu identifizieren und sie im Gespräch durch nichtverletzendes Feedback zu bearbeiten. Sie übernehmen dann die Feedbackleitung. Die Schwierigkeit, auf der Inhalts- und Prozeßebene parallel zu arbeiten, wird zuerst durch einen externen, später einen zur Gruppe gehörigen Prozeßberater erleichtert. Schließlich wird es zur guten Gewohnheit, Prozeßanalyse auch ohne Anstoß von außen durchzuführen.

Das Vorgehen der Prozeßberatung läßt sich umschreiben mit der sogenannten „Dreivogel-Methode": „Ich möchte gerne ein Vogel sein, dann kann ich fliegen. Ich möchte gerne zwei Vögel sein, dann kann ich mich beim Fliegen beobachten. Als dritter Vogel kann ich mich schließlich beobachten, wie ich mich beim Fliegen beobachte." Sie karikiert treffend, wie Arbeitsprozesse beim einzelnen und bei Gruppen durch Beobachtung, Bewußtheit und Selbstaktivität verbessert werden können.

In der systemischen Familientherapie wird Prozeßbeobachtung und -beratung als Prinzip angewendet. Besonders Kinder lassen in wenigen Minuten erkennen, welche Prozesse das System der Familie bestimmen. Mit Hilfe des Therapeuten werden die Auswirkungen der Prozesse in vereinfachter Form durch das Stellen von Skulpturen verdeutlicht. So wird Raum für neue Entscheidungen und das Einüben alternativer, gesunder Verhaltensweisen geschaffen.

Auch die Lernleistungen bei Gruppenunterricht in Schule und Seminar lassen sich durch von der Gruppe selbst gewählte Prozeßbeobachter deutlich steigern. Ein Beispiel ist, wenn jeder im sogenannten „Blitzlicht" mitteilt, was ihm auffällt, was er fühlt und wie er die Situation verändern möchte.

Der Prozeßberater tut gut daran, sich möglichst bald überflüssig zu machen. Wenn er den Anstoß zur Selbstanalyse gegeben hat, ist seine Aufgabe meist schon erfüllt. Doch die Ängste der Teilnehmer, durch seine Beobachtungen bloßgestellt zu werden, sind groß.

So wurde ich in meiner Anfangszeit als Berater zur Prozeßberatung bei einem über drei Tage währenden Planspiel engagiert. Ein Teilnehmer hatte während einer der Sitzungen ein wohlverdientes Schläfchen genommen. Kurz vor Ende der Sitzung wachte er auf und bemerkte, daß ich Notizen machte. Als die Gruppe ihre Arbeit beendet hatte, fuhr er auf mich zu, noch ehe ich irgend etwas äußern konnte, und verbot mir, meine doch sicherlich nur quantitativen Beobachtungen der Gruppe anzubieten. Der qualitative Aspekt der Diskussionsbeiträge wäre ja keinesfalls berücksichtigt. Vielleicht hatte er recht. Was hätten Sie in solch einer Situation getan?

Die Einführung von Prozeßbeobachtung und -beratung bietet ein schönes Beispiel dafür, wie positive Feedbackzirkel in das

Arbeitsleben eingebaut werden können. Auch als Transfermaßnahme vom Trainingskurs zur Arbeit ist Prozeßberatung wertvoll.

Teamentwicklung – Teamtraining – Organisationsentwicklung

Manchmal werden die Begriffe „Gruppe" und „Team" sowie Teamentwicklung und „Teamtraining" fälschlich synonym verwendet. Unter Berücksichtigung der vorher angeführten Erläuterungen verstehe ich unter Team*training* alle Trainings- und Beratungsmaßnahmen, die dazu dienen, die Entwicklung einer Lern- oder Arbeitsgruppe zu einer neuen Einheit – einem Team – zu unterstützen. Kurz: Teamtraining macht aus einer Gruppe ein Team. Somit wird auch der Unterschied zwischen Gruppe und Team klar. Dagegen bedeutet Team- oder Gruppen*entwicklung* das eher unbeabsichtigte Geschehen in und zwischen Gruppen. Eine sich selbst überlassene oder schlecht geführte Gruppe kann sich so entwicklen, daß weder das Arbeitsziel erreicht, noch das Lernen der Gruppenmitglieder unterstützt wird. Etwas anders verhält es sich mit dem Begriff *Organisationsentwicklung*. Dieser Begriff, abgeleitet aus dem amerikanischen „Organization Development", hat sich mittlerweile auch in Deutschland als „terminus technicus" für alle strukturellen Beratungs- und Trainingsmaßnahmen zur geplanten Veränderung von Organisationen eingebürgert, bei denen auch die Beziehungs- oder Prozeßebene wesentlich miteinbezogen wird.

Analog zum Werden der Person in einer Gruppe ist auch das Lernen und Arbeiten von Teams innerhalb der größeren Einheit einer Organisation zu sehen. Ebenso wie die individuelle Entfaltung einzelner nicht den Fortbestand der Gruppe gefährden sollte, ist es sehr zu bedauern, wenn Teambildung auf Kosten der ganzen Organisation geht.

Der Leistungsvorteil von Lern- und Arbeitsgruppen in Organisationen hängt zusammen mit dem erhöhten Wir-Bewußtsein, also dem entstandenen Gruppenzusammenhalt. Daneben wirkt die neu entstandene Gruppenkohäsion aber auch auf die Beziehungen, die sich zwischen den Gruppen einer Organisation ergeben. Wie Sherif und Blake in einem aufschlußreichen Experiment mit Jugendlichen gezeigt haben, und wie sich in Betrieben tatsächlich beobachten läßt, tendieren Teams oftmals dazu, ein positives Stereotyp über sich selbst, ein negatives dagegen über andere Teams zu entwickeln. Das führt häufig zu Konkurrenzsituationen zwischen Abteilungen. Was die Kooperation innerhalb einer Gruppe fördert, kann oftmals die Kooperation zwischen den Gruppen und damit auch die Effektivität der Gesamtorganisation behindern. Zwischengruppenkonflikte im Betrieb sind an der Tagesordnung, zum Beispiel zwischen Verkaufs- und Produktionsabteilungen, zwischen Linie und Stab, Innen- und Außendienst, Angestellten und Arbeitern, Gastarbeitern und Eingeborenen. Eine Organisation ist aber darauf angewiesen, daß Abteilungen ihren Gruppenegoismus überwinden.

Eine von Beckard vorgeschlagene Maßnahme, um solche Konflikte zu heilen, ist das sogenannte „Confrontation meeting". Wie bei jedem sozialen Lernprozeß, geschieht hier Konfliktmanagement in der Gegenüberstellung und Überprüfung von Selbst- und Fremdbild der konfliktären Gruppen.[1]

Wird bei dem Training von Teams schon prophylaktisch auf die zu erwartenden Prozesse eingegangen, werden Transfer und Integration in die ganze Organisation erleichtert.

Organisationsentwicklung basiert auf der Philosophie, daß Lernen und Leistung von Individuen, Teams und Organisationen auf allen Ebenen ganzheitlich und systematisch gefördert werden können. Dieser Philosophie liegt eine humanistische

---

1   Rosenkranz, H.: Gruppen in der Hochschulpolitik, in: Gruppendynamik, 3, 1971, S. 334-337.

Weltanschauung und Kulturvorstellung zu Grunde, die davon ausgeht, daß jedes lernende System das am besten tut und dafür die Verantwortung übernimmt, was es betrifft.

Zusammenfassung und Ausblick

Die Vorteile der Zusammenarbeit im Team werden bisher in unserer Wirtschaftsgesellschaft im Vergleich zu dem, was möglich ist, wenig genutzt. Gründe hierfür sind unsere nicht voll entwickelten Fähigkeiten, soziale Beziehungen zu gestalten.

Beziehungen in Gruppen tendieren dazu, sich chaotisch und konfliktär zu entwickeln. Verunsicherung, Mißtrauen und Überlebensangst führen zu Verhaltenssequenzen, die vergleichbar sind mit Teufelskreisen und Zwickmühlen.

Die Gründe für diese Entwicklung liegen in der frühkindlichen Erziehung und der familiären Situation. Entweder werden Kinder zu lange in einer schützenden Symbiose gehalten, oder es fehlt, wenn Familien zerfallen, an Vorbildern für die Gestaltung von Familienprozessen, an denen modellhaft späteres Teamverhalten gelernt werden könnte.

Auch das meist neuhumanistisch orientierte Bildungssystem kann den Mangel an sozialer Kompetenz nicht kompensieren. Nur zögernd werden erfahrungs- und aktivitätsorientierte Formen emotionalen und sozialen Lernens in den Bildungskanon von Schulen und Betrieben aufgenommen.

So nimmt es nicht Wunder, daß der Betrieb insbesondere dort, wo es um Leistungen von Kommunikation, Kooperation und Führung geht, zu einem Übungsfeld für nachzuholende Familienprozesse und zu einer Trainingsinstitution zur Behebung der Defizite an sozialer Kompetenz geworden ist.

Als Familientherapeut, Trainer und Berater begleite ich in gruppendynamischen Selbsterfahrungskursen und bei betriebsinternen Projekten der Team- und Organisationsentwicklung Prozesse, in denen soziale Kompetenz und Teamfähigkeit verbessert werden. Meine Strategie, wie ich Personen, Familien, Gruppen und Organisationen helfe, Abwertungszirkel zu überwinden, besteht darin, sie die Energie ihrer Gefühle nutzen zu lernen.

Gefühle scheinen von Eltern und dem gesellschaftlichen Eltern-Ich zugunsten eines leistungsorientierten Angetriebenseins nur sehr beschränkt erlaubt zu sein. Damit ist auch der Synergieeffekt einer Teamarbeit reduziert. Einzelne und Teams beschränken sich auf Bruchteile ihres Potentials.

Unter Anleitung von Trainern, Therapeuten, Beratern und Führungskräften ist es möglich, energiehemmende Gebote und Verbote aufzuspüren und Klienten zu helfen, Blockaden durch Erlaubnis zu ersetzen.

In gruppendynamischen Selbsterfahrungskursen lernen die Teilnehmer aus der – teils selbst-, teils fremdverschuldeten – Abhängigkeit der Symbiose herauszutreten, indem sie Familienprozesse in der Gruppe nacherleben und Störungen bearbeiten.

Auch bei der Zusammenarbeit im Betrieb laufen ähnliche Prozesse ab. Personen, Gruppen und Organisationen können lernen, Gefühle und Prozesse wahrzunehmen und deren Energien zu nutzen. Gelingt es, Gefühle als Verhaltensfeedback nicht-verletzend zu formulieren, entsteht ein doppelt heilsamer Synergieeffekt, den ich mit einem sozialen Quantensprung vergleiche. Er zeichnet sich zum einen durch die Gefühlsentlastung des Feedback-Senders und zum anderen durch die Lernchance des Empfängers aus. Die frei gewordene Gefühlsenergie stellt sich nun in verbesserter Gesundheit, Kreativität und Leistung dar.

Der soziale Quantensprung kann stattfinden, wenn Konflikte in Familie und Team bearbeitet werden. Die Fähigkeit, mit der Energie von Gefühlen nutzbringend und lustvoll umzugehen, fördert andererseits die Konfliktfähigkeit.

Dem Feedback-Prinzip kommt dabei die Schlüsselrolle zu. Feedback und Lernschleifen können über Gespräche, Prozeßberatung und Aktionsforschung in Betrieben institutionalisiert werden.

Die einseitig rational bestimmte „Heilige Ordnung der Männer" kann sich so zu einem familienähnlichen System wandeln, in dem die polare Trennung von Mann und Frau, Gefühl und Verstand, Individuum und Team, Denken und Tun überwunden ist. Wohlbefinden und Leistung ergänzen sich zu einer Ganzheit. Personen, Familien, Gruppen und Organisationen lernen, ihr volles Potential zu entfalten, indem sie Familienprozesse modellhaft für ihre Teamentwicklung nutzen.

Der scheinbare Widerspruch: Die Familie ein Team, das Team eine Familie – ist aufgehoben.

Viele Unternehmen praktizieren mittlerweile einen ganzheitlichen Ansatz, Hoffnung genug für die Zukunft, ein möglicher Weg aus dem Chaos.

Den folgenden Erfahrungsbericht veröffentliche ich ganz. Er stellt sehr plastisch das „Abenteuer Gruppendynamik" dar. Sie können an ihm einige der oben aufgestellten Thesen überprüfen.

Erfahrungsbericht über das Gruppendynamik-Seminar vom 21. bis 26. Oktober 1984 in Oberammergau bei Team Training Dr. Hans Rosenkranz

Jürgen Austermann

Für Dich, Hannes, und Euch, Ihr lieben Freunde!

Freitag, den 26. Oktober, 14.00 Uhr   Anfang vom Ende

Mein Hotelzimmer ist kalt.

Das Loch, in das ich jetzt falle, ist furchtbar.

Schnell wieder raus in den warmen Seminarraum!

Leer – keiner mehr da.

Eva hab ich gerade noch in der Halle gesehen, runter, schnell.

Oh verdammt, verdammt, sie ist weg!

Jetzt brauche ich Euch, warum seid Ihr weg?

Ich habe zuviel gegeben, ich habe zuviel von Euch genommen.

Viel mehr Gefühle, als ich jetzt aushalten kann.

Ich sehe den Abgrund vor mir, und ich weiß, daß er noch tiefer ist als ich jetzt sehen kann. Ich weiß, daß ich jetzt da runter muß, aber ich habe furchtbare Angst, mich fallen zu lassen.

Ich gehe vor die Tür, setze mich auf die Bank und versuche, tief zu atmen. Ich hoffe, daß doch noch jemand kommt. Aber es gibt keinen Zufall, keiner hat zufällig etwas vergessen.

Die paar Meter vor, zum Fluß, ich setze mich auf die Stufen. Nie hatte ich nah am Wasser gebaut, seit meiner Kindheit nicht geweint,

225

aber jetzt kommen mir die Tränen. Astrid, Du warme, Du Frau, ich sehne mich nach Dir. Mein Schatten, der mich als erster umarmt hat und Hacki, Du Eisbrecher, Sänger und Kindmensch, warum tut es so weh, daß Ihr fort seid?

Schnell auf mein Zimmer, hoffentlich sieht mich keiner!

Durch leere Hallen und Räume, wo eben noch Leben und Freunde waren.

Die Tür zu, ich schrei jetzt und klage und weine.

Ich wehr mich nicht mehr und denke an Euch.

Ich laß' meinen Gefühlen freien Lauf, Ihr fehlt mir so sehr. Das tut so weh.

Ich hau' meinen Kopf vor den Schrank, daß es knallt. Immer wieder, aber es nützt nichts. Ich lieg' auf dem Boden und jammere leise. Ich schau in den Spiegel und seh ein bleiches, verheultes Gesicht mit offenem Mund. Mir kommt die Erinnerung an das Gesicht des Vaters meines besten Freundes, dessen Leichnam ich vor einem Jahr in der Totenhalle aufgebahrt liegen sah, und den wir dann in Garmisch zu Grabe getragen haben.

Ich versuche, den schwingenden Ton des Universums zu hauchen, während die Tränen mir über die Backe laufen.

Aber ich werde jetzt ruhiger und klarer. Ich spüre, daß ich auch einen Leichnam zu Grabe trage, eine schuppige, harte Haut, die mir in früherer Kindheit übergestreift wurde. Es wird lange dauern, bis ich sie ganz los werde, so sehr habe ich mich daran gewöhnt. Dabei paßt sie gar nicht zu meinem emotionalen Wesen; wie oft habe ich mich daran gescheuert. Wie war ich entstellt darunter, da konnte mich keiner erkennen. Ich merke, daß ich sein darf, sein will wie ich wirklich bin.

Klar werden meine Gedanken und logisch. Ich will mein Leben selbst bestimmen und die Verantwortung dafür übernehmen! Was von meinem bisherigen Leben paßte denn überhaupt zu mir?

Meine Frau und meine Kinder, das spüre ich sofort. Als Papa durfte ich emotional und weich sein, wie ich bin. Bär nennen sie mich, Bärlein, wieviel habe ich sie gestreichelt und geküßt. Mit allen zusammen im warmen Bettchen liegen und am Daumen lutschen, da habe ich mich nie geschämt.

Aber, Herrgott, wie soll ich denn draußen so sein, da werde ich ausgelacht und verliere alle Anerkennung, die ich als tatkräftiger und durchsetzungsfähiger Junior bei meinen zweihundertzehn Mitarbeitern genieße. Und erst unsere Prokuristen, alles starke und dominante Persönlichkeiten. Die werden mich für ein Mamasöhnchen (was ich bin) und einen Waschlappen halten.

Bisher kam ich im Leben ganz gut zurecht, aber zweimal am Tage habe ich die Maske gewechselt. Das hat funktioniert – kann ich es mir leisten, nur noch der zu sein, der ich eigentlich bin? Will ich mir das leisten, wenn es mich viel kosten wird? Muß ich nicht stark und perfekt sein, um ein guter Chef zu sein? Darf ich so menschlich sein wie ich bin?

Ich habe in der vergangenen Woche gemerkt, daß ich sehr stark bin. Daß ich für meine Kraft und Unbeirrbarkeit, für meine Durchsetzungsfähigkeit geliebt werde. Ich habe jetzt große Angst, diese Liebe, die für mich so wichtig ist, zu verlieren, nur noch ein emotionaler Waschlappen zu sein, zu dem keiner aufschaut, den keiner als Vorgesetzten oder Mitarbeiter haben will.

Wie soll ich meine Weichheit zeigen und trotzdem stark bleiben? Um stark zu sein müßte ich stets meinen inneren Schweinehund überwinden – soll das nicht mehr zählen? Was machen die Mönche im Kloster bei ihrer harten Regel, was der Bergsteiger am Ende eines langen Aufstiegs – werden sie nicht stark und sind sie nicht groß durch die Härte gegenüber sich selbst? Sind diese Eigenschaften nicht wertvoll? Ich putze mir die Nase, wasche mein Gesicht und weiß, daß ich jetzt nicht nach Hause zurückdarf, auch wenn ich mich nach meiner Familie sehne. Wenn ich in meine Firma zurückkehre, muß ich mich entscheiden, wer ich in Zukunft sein will. Will ich es riskieren, die Achtung meines Vaters und meinen Beruf zu verlieren?

Auf jeden Fall möchte ich jetzt nicht in die Firma zurück und so tun, als wenn nichts gewesen wäre. Und das täte ich zwangsläufig, wenn ich dort morgen wieder anfinge, zu schwach ist mein neues Verhaltensrepertoire einer Gruppe gegenüber, zu stark und zu bequem die alte Gewohnheit.

Ich will nachdenken, abwarten, fühlen, wozu ich bestimmt bin.

Ich mache einen Spaziergang im Regen am Fluß entlang, lasse Gedanken kommen und gehen, lasse die vergangene Woche Revue passieren.

Ich hänge erschöpft im IC von Bebra nach Garmisch. Die ganze Nacht haben wir diskutiert, über Waldsterben, Tempo 100 und weiß der Himmel was. Aber ich habe mich behauptet, am Ende allein gegen alle. Immer unnachgiebiger und feindseliger bin ich geworden, habe mir sicher einige Sympathien verscherzt. Ein Pyrrhussieg oder eine Niederlage, wo ist da der Unterschied? Daß man nicht zurückgewichen ist, sich nicht schwach gezeigt hat. Dabei blutete auch mein Herz, denn ich habe Freunde verletzt, die mir eigentlich lieb und teuer sind. Hab mich am Ende nicht mal von allen verabschiedet, so sauer war ich. Jetzt lieg' ich erschöpft im Zug und denke an die zehn Wochen in Bad Harzburg vor einem Jahr, in denen mir einige dieser Leute sehr ans Herz gewachsen sind. Was nützt ein Wiedersehen, wenn man sich zuletzt so streitet – aber das geht mir öfter so, vor allem mit meinem Bruder. Den hab ich eigentlich so lieb, aber der läßt sich nun schon seit zehn Jahren in Berlin hängen, studiert ein bißchen Medizin und ist rot-grün bis über die Ohren. Viele Anläufe habe ich an ihm hier gemacht, aber am Ende gab es immer Streit und Häßlichkeiten.

Nürnberg – der Himmel ist grau, dann wieder Wiesen und Felder. Ich geh in den Speisewagen. Wurstsalat mit Bratkartoffeln, das hab ich während meiner Zeit in einer Wuppertaler Wirtschaftsprüfungsgesellschaft auch immer gegessen, das war auch eine nette Gruppe. Einzelne habe ich sehr gerne gemocht, mich aber auch manchmal, gerade bei Festen (das geht mir immer so), als Außenseiter gefühlt. Ich bin meiner Natur nach eben ein Einzelkämpfer, fühle mich alleine mindestens ebenso stark wie die ganze Gruppe zusammen. Nur wird's einem dabei manchmal verdammt kalt, und Wärme brauche ich dummerweise auch noch recht nötig.

München – Stadt meiner Freunde, die heute in alle Himmelsrichtungen verstreut sind. Gerne hätte ich während des Studiums nach München gewechselt, aber das hätte zwei Semester gekostet. Und das wollte ich mir nicht leisten, nachdem ich das Volkswirtschaftsstudium nach der Zwischenprüfung (mit Zwei) abgebrochen hatte und dann Geschichte und Sport, meine Lieblingsfächer, studierte. Hat sich auch gelohnt, denn nach nur sieben Semestern machte ich ein Examen mit Auszeichnung, und das sogar in einer Gruppe. „Immer der Erste sein und hervorstechen unter allen anderen" (Cicero), war der Lieblingsspruch meines Lateinlehrers auf dem Jesuiteninternat in Bad Godesberg; trotz mäßigem Abitur bei steter Präsenz in allen Schulmannschaften scheint davon etwas bei mir hängengeblieben zu sein. Assessorexamen mit Note Eins; der Direktor meiner Schule war zweimal in Düsseldorf, um mich für seine Schule zu bekommen. Etwas Vitamin B gehört eben dazu, aber nicht durch meinen Vater, sondern durch mich selbst.

Hat aber blöderweise nichts genutzt. Es wurde in meinen Fächern gar keiner eingestellt, das hatte ich jetzt vom Lustprinzip.

Am 5. Oktober wurde mein Sohn Jürgen-Max geboren (Jürgen heiß' ich und Max mein Großvater, der Gründer des Unternehmens und „Herr im Hause" alter Schule). Am 15. bekam ich die Ablehnung und schon am 20. begann ich in der Firma meines Vaters, mit Umzug und allem Drum und Dran. Eins hatte ich mir geschworen: nie wieder bewerbe ich mich beim Staat, wo Leistung nichts zählt und Dienstalter alles.

Weilheim – das Wetter wird schlechter, wieder fliegt die Landschaft vorbei. Zwei Jahre ist das jetzt her, wieviel habe ich mit meiner geliebten kleinen Tochter Anna während der Referendarzeit gespielt, getobt und geschmust, wieviel Nächte stand ich an ihrem Bettchen und habe sie geschaukelt und stillgemacht. Und wie wenig seit da mit meinem süßen Jürgenmäuschen, Kind der Lust, der kaum ein Wort spricht und immer lacht und jedem Menschen Sonnenschein ist, ohne irgendwas zu können.

Murnau wird angesagt. Das ist der Preis der Leistung und des Vorwärtskommens.

Ich steige aus, schwarzer Trenchcoat, weißer Samsonite-Koffer, bordeaux Aktenkoffer. Mit mir eine Frau im grünen Lodenmantel und ein junger Mann mit blauem Trenchcoat und schwarzem Samsonite-Koffer. Der geht zum Fahrplan, ich geh zum Fahrplan. Ich spüre sofort, der geht auch zum Rosenkranz, wetten, daß!?

Dafür hab ich eine Ader, Leute nur anzuschauen und dann etwas über sie wissen. Gut sieht der aus, zumindest besser als ich. Aber ein paar Haare fallen ihm auch schon aus, da bin ich beruhigt!Dynamisch sieht er auch aus, aber da trau ich mir schon eher ein Kämpfchen mit ihm zu. Steigt ein, ich auch. Setzt sich hin, ich setz mich ein

Abteil weiter auf die andere Seite, mit Blickrichtung auf ihn. Man beobachtet sich aus dem Augenwinkel heraus. Na, dem zeig ich ein bißchen was von mir, blättere in Schwäbisch/Siems, Soziales Lernen. Kapiert der nicht, oder hat der sich nur noch vorbereitet? Hebt einer Frau den Koffer hoch, sagt ein paar nette Worte. Höflich ist der auch, hätt' ich mir etwas arroganter vorgestellt.

Oberammergau, steigt aus, geht zum Fahrplan, geht zum Taxistand. Ich auch, ich auch, ich auch. Denkste, geht daran vorbei, geht bis vorne an die Ecke, um den anderen das Taxi vor der Nase wegzuschnappen. Vordrängler also, na, ich wußte doch, daß der dynamisch ist. Ich auch, ich auch.

So Bursche, und jetzt pack' ich dich: „Wollen Sie auch zum Hotel Böld?" „Ja, seh ich so aus?" Wums, ein Schrittchen zurück, der mag mich nicht. Später hab ich mir gedacht, ich hätte ihn anschauen sollen und nur ja sagen, denn das stimmte. Statt dessen drucke ich etwas relativierend herum, wir könnten doch zusammen ein Taxi nehmen. Er macht auch gleich einen Rückzieher und sagt: „Wenn es um Gruppendynamik geht, können wir uns ja zusammen ein Taxi teilen." Scherzkeks denke ich, und außerdem kommt kein Taxi.

„Saumäßig organisiert hier", da sind wir uns schnell einig. Schieben unsere Koffer und gehen zu Fuß. Und ein paar Worte wechseln wir unterwegs auch noch.

Hotel Böld. West heißt er, kurz und knapp, so sieht der auch aus. Und ein bißchen sympathisch ist er mir trotzdem.

Wahnsinnig viele Zettel am Empfang, lange Liste unter Briefkopf Rosenkranz, Hühnerstall, Gruppendynamik mit 30 Mann? Ich schau unauffällig in die Liste. Aha, da ist auch eine Frau dabei, schon besser. Allerdings mit Doppelnamen, sicher eine emanzipierte Führungskraft.

Gehe noch auf mein Zimmer, ganz nett, aber etwas kalt, schmeiße meine Sachen hin und jetzt habe ich nur noch eines im Kopf, und das ist Niki Lauda. Eigentlich bin ich kein großer Motorsportfan, aber mit dem Niki kann ich mich voll identifizieren. Immer vorne, selbst wenn ihm das Fell brennt, und der schönste ist er auch nicht gerade. Aber der Beste. Und dann leistet er es sich sogar, beim letzten Grand Prix der Saison, in Führung liegend, wegen wolkenbruchartigem Regen den Wagen an der Box abzustellen und zu verkünden, es sei ihm in Zukunft zu blöd, immer im Kreise herumzufahren.

Hat natürlich zwei Jahre später wieder angefangen, und heute kann er zum dritten Mal Weltmeister werden; aber nur, wenn er nicht mehr als einen Platz hinter Prost liegt, und der hat die Pool-Position. Niki Lauda startet von Platz 11, hatte im Training Schwierigkeiten mit der Elektrik, wie am Nürburgring.

Verflucht nochmal, der Fernseher ist kaputt, und zwar gerade das zweite Programm, wo die Sportschau kommt. Irgendsoein Hansl fummelt auf dem Dach an der Antenne herum – sind doch ganz schöne Schlafmützen die Seppen hier unten. Na ja, Hauptsache der Niki wird Zweiter, auch wenn ich nicht zuschauen kann.

Um 18.33 kommt die Sportschau im Ersten, aber um 18.30 ist erster Termin: gemeinsames Abendessen. Da möchte ich mich nicht gleich außerhalb der Gemeinschaft stellen. Einige Leute reden schon ganz vertraut miteinander. Sind das Kontaktakrobaten oder kannten die sich schon früher? Ist das unsere Frau? Die gefällt mir. Will mal ein bißchen an ihr vorbeigehen und schauen. Jetzt gefällt sie mir noch besser, mit der möchte ich gerne was zu tun haben. Aber anzusprechen traue ich mich sie nicht, ich mag keine aufdringlichen Menschen. Mit schönen Frauen habe ich manchmal etwas Probleme, da komme ich mir so klein und häßlich vor.

Mensch, jetzt hätte ich Niki Lauda vergessen, da hinten wird über ihn gesprochen. Kreuz und zugenäht, er ist tatsächlich Zweiter geworden, hinter Alan Prost. War wieder voll da heute, wo's darauf ankam, dessen Nerven möcht' ich haben! Ich freue mich.

Abendessen, schnell hinein, nur nicht alleine an einem Tisch, den Makel wird man hinterher so schnell nicht wieder los.

Ich setze mich an einen Tisch zu drei Bayern, zwei aus Regensburg, einer aus Starnberg. Alle drei kommen von der Sparkasse, die Regensburger aus dem gleichen Haus. Themen beim Abendessen: Niki Lauda, Tennis, Sport, no Problem. Ich verabrede mich für den übernächsten Tag mit dem Starnberger zum Tennis.

Nach dem Abendessen geht's los, alle in einem großen Saal, große Runde, Zettel schreiben mit Personalien. Vorstellung einmal anders: Man soll herumlaufen, sich die Leute anschauen, sogar testen und riechen ist erlaubt. Alle gehen herum, manche lachen, kaum einer traut sich jemanden anzufassen.

Ich erinnere mich an einen Spruch meines Fachleiters während der Referendarzeit: „Nie einen Schüler anfassen!"

Und riechen, geht das nicht ein bißchen weit? Nein danke, mir ist schon schlecht genug!

Ich schau mir die fremden Gesichter genau an, versuche mir ein Bild von den dahinter versteckten Menschen zu machen. In einigen fällt mir etwas ein, bei den meisten habe ich weniger Ahnung als ich vorher gedacht hätte.

Ich bin bereit, aus mir herauszugehen, möchte die Laboratoriumssituation nutzen. Aber Männer anfassen, die ich nicht kenne? Hab ich ja bisher noch nie gemacht! Bei den Frauen, zwei Trainerinnen, Erika und Eva, und der einzigen Frau in der Gruppe fiel mir's leichter. Aber welcher Eindruck entsteht, wenn ich nur Frauen berühre?

Bei der mir sympathischen Schönen trau' ich mich sowieso nicht; aber bei Eva, da bin ich knapp daran. Die läuft so herum, als wollte sie es. Ende der Vorstellung, hinsetzen.

Etwas weiter rechts von mir so ein Typ (Ludwig) mit der Blonden – der gefällt mir nicht. Hat so gelbe Schuhe an, kommt wohl grad vom Fußballspielen.

Dr. Rosenkranz sagt etwas zur Begrüßung, stellt die Trainer vor und teilt in zwei Gruppen ein. Eine Gruppe machen er und Erika, die andere Reinhard Breuel und Eva. Erika schaut ernst und macht auf mich einen etwas unsicheren Eindruck. Lange Zähne hat sie, fällt mir auf. Vorsicht, die beißt, Sportsfreund!

Am liebsten wäre ich in einer Gruppe mit Rosenkranz und Eva, aber so möchte ich in die Rosenkranz-Gruppe. Unbedingt, am liebsten mit dem Typ aus dem Zug und der Blonden.

Schwein habe ich, passiert mir manchmal im Leben.

Die Gruppenarbeit beginnt, ich bin happy.

Thema Nr. 1, wie spricht man sich an? Der Dynamische aus dem Zug macht gleich zwei Schritte nach vorne. Vorname und du – für mich für die erste Stunde einen Schritt zu weit. Der fragt auch gar nicht lange, ich heiße Hans-Werner, wie heißt Ihr?

Mir soll's recht sein, ich bin somit der Jüngste, aber einigen schmeckt der Tobak nicht so recht. Ein großer Schwerer, Josef, ist ganz aktiv in der Diskussion, hätt ich dem gar nicht zugetraut. Ich sag mal was, mal halt ich den Mund. Weiß selbst, daß ich ein bißchen dominant bin und möchte hier keinen schlechten Eindruck machen.

Warnendes Beispiel, der Hochschulprofessor aus dem Rosenkranz-Gruppendynamikbuch. Der hat sich mit dieser Methode ganz schön reingeritten. Daß Führung hier ein Thema ist, dürfte wohl klar sein, schließlich ist das ein Führungsseminar mit Führungskräften.

Die Runde plätschert so lieblich dahin, wenig peinliche Pausen, wenig Essenz. Ein großer Stämmiger mir gegenüber sagt keinen Ton – ist der sauer? Links neben mir der Regensburger Sparkassenmensch, ergeht sich in Verfahrensvorschlägen, Günter heißt er. Soll der die Führung übernehmen! Die schöne Blonde heißt Astrid (paßt zu ihr), sagt erwartungsgemäß nicht viel und steht plötzlich auf und geht. Ob die wirklich müde ist? Aber einen Grund, abzuhauen, gab's doch noch gar nicht; wir haben den Laden doch ganz gut zusammen geschmissen. Der mit den gelben Turnschuhen ist doch nicht so übel, hat wahrscheinlich nur im ungeeigneten Augenblick das Falsche gemacht. Jetzt sitzt er neben mir und verkündet, er schweigt so lange, wie's ihm paßt, und er fühle sich wohl dabei. Das gefällt mir (obwohl mir's nicht so geht) und ich nehm's ihm ab. Jetzt haut der auch noch ab. Geht an die Bar, wir sollen nachkommen. Geht ja locker los, denke ich.

T-Gruppe zu Ende, ab an die Bar. Kennenlernen ohne Aufsicht, geht schon besser. Ob die morgen auch noch schweigen? Ich bin davon überzeugt, habe drei Jahre Analyse mit schweigendem Therapeuten hinter mir. Der große Stämmige, bisher ohne Namen, führt jetzt das große Wort. Er kenne die Masche, sei selber so eine Art Hilfs-Trainer und wolle die Trainer auflaufen lassen. So leise er eben war, so laut böllert er jetzt. Wirkt nicht so sympathisch auf mich, aber er ist der König der Bar, das merke ich gleich.

Und das bin ich nicht.

Hinter seinem breiten Kreuz verschwinde ich fast, hey rück' mal, Dicker, ich bin auch noch da. Gegenüber sitzt Alfred, hohe Stirn, lacht aber sehr sympathisch. Machte schon eben in der Gruppe den Eindruck, als ob er wüßte, was er will. Der Stämmige erzählt Herrenwitze, viermal vom Hahn, und so weiter. Kann er gut, ich muß lachen. Karin, noch'n Bier. Klar, der duzt gleich alle, ob sie wollen oder nicht. Mag ich nicht.

Jetzt fängt er auch noch an zu singen: „I just called to say I love you". Macht er mit Inbrunst, gefällt mir.

Die anderen außer Astrid sind auch da und unterhalten sich, es läuft ganz gut. Ich bin müde, will ins Bett.

Vor dem Einschlafen fülle ich noch zwei Fragebogen aus. Dimensionen sozialer Kompetenz und Gruppenanalyse. Beim zweiten fällt mir auf, daß die Gruppenziele ziemlich unklar sind und daß dem „Hier und Jetzt" eine besondere Bedeutung zukommen muß.

Montag, 22.10.

Ich schlafe tief und fest. Kein Kindergeschrei, kühle Bergluft. Aufstehen ist früh um 6.30 Uhr, fertigmachen zur Meditation.

Etwa die Hälfte der Leute sind da, Reinhard ist der Coach. Mandala-Meditation, laufen, Buddha-Sitz, liegen mit Augendrehen und still liegen mit geschlossenen Augen zu indischer, schöner Musik, je eine Viertelstunde. Die Bewegungsphase ist mir zu kurz und zu wenig intensiv, aber sonst gefällt's mir prima. Ich habe früher als Student mal ein Jahr transzendentale Meditation nach Maharishi Mahesh Yogi gemacht, aber mit wenig Erfolg – war mir zu transzendental und langweilig.

Anschließend in die Sauna, sieben Mann passen in die Sauna, aber nur zwei in den Hot-Whirl-Pool.

Ich lauf' noch schnell mir 'ne F.A.Z. holen, frühstücke in fünf Minuten und ab in die T-Gruppe. Bißchen hetzig, aber der Tag hat gut angefangen, mit viel action. Ich bin ein Bewegungsmensch, ich brauche das.

Zehn Minuten Schweigen. Hab ich mir doch gedacht, die Trainer wollen uns ein bißchen malträtieren oder aus der Reserve locken, ganz wie man will. Hans platzt als erstem die Hutschnur, schlägt vor, über Waldsterben oder Tempo 100 zu reden.

Schweigen im Walde. Mir fällt dazu nur irgendwo und irgendwann ein, und Lust zum Streiten habe ich schon gar nicht.

Ich fühl' mich prima, ganz locker und gelassen, führ' ich auf die Meditation zurück. Schweigen ist mir heute gar nicht mehr peinlich, mir geht's wie Ludwig. Ich merke, ich habe schon was gelernt, aber von Ludwig. Der sagt natürlich auch nichts.

Thema Trainer in oder außerhalb der Gruppe. Schweigen. Günter prescht vor, will action. Argumentiert lang und breit, möchte Kleingruppen bilden. Nur einer beteiligt sich, der Schuß ging nach hinten los. Astrid hatte sich auch dafür ausgesprochen, bleibt aber sitzen. Feigheit vor dem Feind? Ich denke gar nicht daran, aufzustehen. Ich schmore nicht, ich beobachte. Schweigen.

Günter will unbedingt ein Papier in die Mitte legen, etwas aufschreiben. Abgelehnt, schweigen.

Hans-Werner, der Mann aus dem Zug, agiert. Niete.

Der Stämmige hat heute seinen großen Tag, redet so viel, wie er gestern geschwiegen hat. Hans-Jürgen heißt er und Hacki sollen wir ihn nennen (weil es mehrere Hänse gibt). Ich denke gar nicht daran, nenne ihn Hans-Jürgen.

Kannst du mit Karin machen! Nenn mich doch Mausi! Josef sagt heute nichts, Schweigen.

Alfred versucht es ein paarmal, Schweigen.

Erika meckert an unserer Körperhaltung 'rum. Bleib' lieber in deinem Vakuum, denke ich.

Irgend jemand versucht es mit dem Thema Du und Sie, Dieter, glaube ich. Ist doch längst gegessen.

Kaffeepause.

Dieter sagt, wenn das morgen so weitergeht, reise er ab. Glaub' ich ihm glatt, so sieht er aus. Hans-Jürgen heizt uns mit ein paar Witzen auf, Hacki paßt doch ganz gut zu dem.

Wieder T-Gruppe. Alles wie gehabt.

Günter macht einen Vorstoß. Anschiß vom Trainer, heißt Hans, soll sich bitte was kürzer fassen. Jetzt ist er beleidigt, der sagt heut vormittag nichts mehr. Immerhin, Astrid ist noch da. Ich fürchte, die geht bald oder macht eine andere Dummheit (z.B. Heulen).

Träge, träge läuft's dahin.

Ich sage, wichtig sei wohl das Hier und Jetzt, zitiere das Formblatt. Beifällige Gestik vom Trainer, den wir Hannes nennen sollen. Hier und jetzt läuft aber nichts.

Ich habe eine Idee. Schon immer wollte ich mal gerne wissen, wie ich auf fremde Leute wirke, ohne ein Wort gesagt zu haben. Nur so durch meine Erscheinung. Bekannte kann ich nicht fragen, die kennen mich, und Fremde darf ich nicht fragen, das tut man nicht.

Außerdem habe ich auch ein bißchen Angst davor, ich fühl' mich nämlich manchmal nicht o.k. Aber jetzt ist hier Laboratorium, da darf man was ausprobieren, und außerdem ist das ein Hier- und Jetzt-Spiel.

Stuhl in die Mitte, Angriff. Und nichts dem Zufall überlassen, zuerst auf Hans-Werner, da erhoffe ich eine Streicheleinheit. Was gefällt dir an mir, was gefällt dir an mir nicht, wenn ich so durch die Tür komme.

Ich häng' mich in den Sessel, nur sicher wirken, Blickkontakt. Bitte macht mich nicht alle, ich bin sehr verletzlich.

Positiv, ein Segen. Beruht auf Gegenseitigkeit.

Horst: Positiv, ich werde ruhiger, setze mich aufrechter.

Alfred: Ich soll mich nicht so beim Frühstück hetzen. Na, wenn das alles ist, und recht hast du auch.

Josef: Alles klar. Mir geht's immer besser. Hilfe, gleich kommt Astrid. Kloß im Bauch. Bitte tu mir nichts, bitte kein nicht-o.k. Dein Urteil ist mir am wichtigsten, bitte keine rote Karte!

Positiv, Gott sei Dank! Wie immer nett und freundlich. Jetzt glaub' ich bald selbst, daß ich o.k. bin. Jetzt ist das Ding gelaufen.

Ludwig: O.k., freut mich. Günter: o.k., wußt ich.

Hört mal auf, ständig von meiner guten Idee zu quatschen. Daß ich gute Ideen habe, weiß ich selbst. Ich will wissen, wie ich so auf Anhieb wirke.

Jetzt kommt der Trainer, ein Fuß hoch, unterm Hintern. Natürlich kommst du auch dran, hier kann ich dich gut stellen, du Vakuum. Die Situation ist günstig, die Position gut. Ich fixier ihn sehr scharf.

Sagt sogar was, ich war nicht sicher. Ein Plus für's Hier und Jetzt, ein Minus für's Konzept Pfuschen.

Paßt mir gut, ich möchte dich gerne aus der Reserve locken und schauen, was für ein Mensch da hinter dem Trainer sich verbirgt.

Heinz: Quirlig, lustiger Rheinländer. Erstes: Sicher, Zweites: Wär ich gern. Hacki: Gibt mir o.k. Hans: Sachliches o.k. Jetzt Erika: Wußt ich doch, daß da auch ein nicht-o.k. kommt, beruht aber auf Gegenseitigkeit. Punktabzug für Körperhaltung (sind wir hier beim Kunstturnen?) und weil ich mich heut morgen nicht beteiligt hätte. Dabei ist das für mich ein echter Fortschritt, mal nichts zu sagen und mich dabei wohlzufühlen. Versteht mich eben nicht! Dieter: Gummipunkt für die Aktion, kann sonst noch nichts sagen, weil ich nichts gemacht habe. Sachlicher Mensch, aber ich will doch gerade wissen, wie ich wirke, ohne was zu sagen.!

Das Lob für diese glückliche Aktion schleicht mir noch tagelang hinterher. Ich bin froh, daß Ihr mich o.k. findet, lieber noch würde ich liebgehabt werden; aber zuviel Lob kann auf die Dauer auch lästig oder peinlich werden.

Wir reden noch eine Weile darüber und ich bekomme noch eine Menge sachliche Streicheleinheiten, ein anderer hat aber anscheinend keine Lust, in die Mitte zu gehen. Ist zwar ein Feuerstuhl, aber für mich ist's dort wohlig warm gewesen. Danke Leute, nett von Euch.

Mittagessen, ich finde mich am Tisch mit Ludwig, Heinz und Astrid. War das Zufall? Ich hab zumindest nichts gemacht, war noch viel zu sehr beschäftigt mit der Aktion eben. Mir schmeckt's, im Hotel Böld gibt's vorzügliches Essen.

In der Mittagspause gehe ich mit Hans-Werner, Heinz und Ludwig spazieren. Wir gehen durchs Dorf Richtung Laber. Themen: Hausbau, Grundstückspreise, Sparkasse, aber auch vieles andere. Ich erfahre, was ein Revisor (Heinz) so treibt und womit man sich als stellvertretender Leiter der Kreditabteilung zu beschäftigen hat (Hans-Werner). Was Vorstände tun, welche Abteilungen es gibt und vieles mehr. Stimmung: gut und entspannt.

Wieder zu Hause studiere ich den Sportteil der F.A.Z. Teufelskerl, dieser Lauda, einen halben Punkt Vorsprung in der WM, genau die Nasenlänge, die man braucht, um zu gewinnen.

16.00 Uhr, T-Gruppe. Nein, Irrtum, ein Trainer wird aktiv.

Erika erklärt uns die Funktion des Seminar-Schattens. Während sie noch spricht, nehme ich Kontakt mit Hans-Werner auf, ein Augenzwinkern von mir. Den Rest mußt du tun, Bursche, ich bin schon mal als erster auf dich zugegangen.

Nach der Erläuterung Schnupper-Runde. Ich bin inaktiv, Hans-Werner kommt gleich auf mich zu. „Willst du?" Seh' ich so aus, kommt mir in den Sinn, aber die Bemerkung spar ich mir lieber. Kurzes Kopfnicken, alles klar, so muß es laufen.

Wir gehen runter in den Aufenthaltsraum und füllen statt eines Gesprächs den Bogen „Dimensionen sozialer Kompetenz" für uns selbst aus und für den anderen, wie wir ihn jetzt sehen. Das wollen wir am Ende des Kurses nochmal machen und schauen, was sich dabei ergibt. Wir stellen fest, daß wir den anderen meist ähnlich sehen, also eine Ähnlichkeits-, keine Reibeisenwahl.

Dann ist wieder T-Gruppe, alles wie am Vormittag gehabt. Das Anknüpfen an den späten Vormittag gelingt nicht recht, wir drehen uns im Kreis. Warum sind wir hier, was wollen wir, welche Ziele? Daraus ergeben sich welche Aufgaben? Wo ist ein Weg, wir finden keinen. Hilfe der Trainer: keine.

Abendessen

Eine Hausaufgabe haben wir doch noch bekommen: Probleme auf einen Zettel in Kleingruppen auflisten. Videos anschauen, um eine Pantomime vorzubereiten. Jeder, wie er sich heute gefühlt hat. Ludwig tobt beim Abendessen. Erst schlägt das der Günter vor und wir sind dagegen, jetzt schlagen es die Trainer vor und denken, wir gehorchen. Er macht da nicht mit. Günter sagt, soweit sei er heute morgen schon gewesen, und da hat er recht. Lange Diskussionen beim Abendessen. Mir ist das gleichgültig, aber weitergehen soll's schon. Ich bin bereit, mich der Mehrheitsmeinung anzuschließen.

Abendsitzung. Alfred schreibt, Hacki vergibt das Wort, die Gruppe arbeitet. Mehrheitsentschluß gegen Kleingruppen, Beschluß für Probleme-sammeln an der Pinnwand. Zuerst Brainstorming: Probleme auflisten, dann Bildung von Problemgruppen, dann Formulierung von Zielen. Wir fühlen uns gut, sind produktiv. Kaum sind die Trainer weg, schon fluppt es.

Das Rahmenziel fällt etwas allgemein aus: Die Gruppe soll dafür sorgen, daß jedes Mitglied sein Endziel erreicht. Danach wird's konkreter: Die Trainer sollen die Gruppe dabei unterstützen.

Weg??

Wir haben genug von Problemen, wenig Lust auf Videos und schon gar keinen Bock auf Pantomime. Keiner.

Halb zehn ist es auch schon, also ab an die Bar.

Die andere Gruppe ist auch schon unten, bei denen läuft auch nichts. Die Laune ist trotzdem gut, heute abend waren wir wenigstens eine richtige Gruppe. Horst, Hacki und Alfred wechseln sich beim Witzeerzählen ab. Zwischendurch Stevie Wonder, inbrünstig, natürlich in Richtung Astrid. Wir fühlen uns gut.

Beim abendlichen Telefonat mit meiner Frau bin ich selbstzufrieden: No problems, alles paletti!

Was hatte mir derjenige, der mir dieses Seminar empfohlen hatte, ein gestandener Mann zwischen Vierzig und Fünfzig, damals gesagt: Nach dem ersten oder zweiten Tag bist du so fertig, daß du am liebsten abhauen möchtest. Wenn du dann dableibst, dann kommst du weiter.

Merk ich nichts von, alles unter Kontrolle.

Dienstag, 23.10.

Tiefer, guter Schlaf, aber kurz: 5.45 Uhr geht der Wecker, ich habe mich mit Ludwig gestern beim Spaziergang zum Joggen verabredet. 6.15 Uhr laufen wir los, Richtung Ettal. Es ist noch fast dunkel, wir laufen rechts des Flusses. Mittleres Tempo, mein Körper signalisiert, was soll das. Morgens um sechs, das machst du doch sonst nie. Ja, sonst bin ich auch nicht in den Bergen und will die Sonne durch die Täler aufgehen sehen. Außerdem ist um 7.00 Uhr Mandala-Meditation, da möchte ich unbedingt dabei sein. Trip, Trap, wir sind gleich groß und laufen im selben Schritt. Schön ist das, Lieder ohne Worte.

Ludwig atmet schneller als ich, ich nehm' das Tempo ein wenig raus. Die Richtung ist falsch, der Fluß macht eine Biegung. Wir laufen Richtung Schloß Linderhof. Wir wollen aber nach Ettal. Der Fluß ist nicht tief, wir beschließen, hindurch zu waten. Schuhe und Strümpfe aus, ganz schön kalt und steinig. Aber es geht. Weiter auf der anderen Seite, querfeldein. Zack, zwei Schritte durch's Moor, meine Schuhe sind braun, die Füße naß. Hoffentlich krieg ich keine Blasen.

Wieder ein Fluß im Weg, drüberspringen?

Schaffen wir nicht, meine Füße sind naß genug.

Wir laufen ein Stück zurück, dann sind wir wieder auf der Hauptstraße. Immer weiter, im gleichbleibenden Rhytmus. Noch ein Anstieg, und wir stehen vor den Klostermauern. Mächtige ruhende Kuppel. Wir gehen in den Klosterhof. Der Atem beruhigt sich, ich denke an Bad Godesberg. Ich rieche die Internatsatmosphäre; ein beklemmendes Gefühl unterm Zwerchfell. Zwei meiner Onkels waren hier im Internat. Mag ich beide nicht. Hier wird man kaputtgemacht, hat jemand gesagt, ich weiß nicht, wer. Meinen Bruder haben sie in Godesberg tatsächlich kaputtgemacht, aber mich haben sie nicht kaputtgekriegt. Alles, was nicht direkt zum Tod führt, macht uns nur härter. Bundeswehrspruch.

Der Priester liest die hl. Messe. Ehrwürdiger Kirchenraum. Rokoko. Ein paar alte Weiblein hocken vorne am Altar, sonst Leere.

Das war zu meiner Zeit auf dem Ako noch anders, da wurden an allen Nebenaltären gleichzeitig Messen gelesen. Ich war Ministrant. Jeden Morgen. Was das In-die-Kirche-Gehen betrifft, da hab ich Kredit. Das reicht lebenslänglich. Mein Namenspatron, der Heilige Georg, ist auch da. Mit Schild und Schwert, ein harter Mann.

Ich friere, es reicht. Schnell die nassen Klamotten wieder anwärmen, sonst holst du dir eine Erkältung. Die Glocke schlägt dreiviertel, die Mandala-Meditation können wir vergessen. Trip, trap zurück, den Berg hinunter. An der Ammer entlang. Über eine Brücke, noch eine, Ludwig bleibt stehn. Wir schauen in den Fluß, alles fließt.

Ich denke an Vasudeva, den Fährmann, der alle Weisheit aus dem Fluß ablas.

Zurück zum Hotel, sofort in die Sauna. Die Meditation läuft noch. Im Whirl-Pool liegt ein Mann, den ich nicht kenne. Muß aus der anderen Gruppe sein. Als er aufsteht und in die Sauna geht, merke ich, daß es Hannes ist, der Trainer.

Ich gehe auch in die Sauna, sie ist heute heißer als gestern.

Nackt gefällt er mir viel besser als angezogen, da kann er sich schlechter verstecken. Versucht er auch gar nicht. Breit liegt er auf der Bank, die Augen geschlossen. Ich betrachte ihn ruhig. Er erinnert mich an die Figuren Michelangelos in der Sixtina, die sind auch so kräftig. Sieht so jünger aus als mit Kleidern, denke ich. Dann mache ich auch die Augen zu.

Später kommen die Meditanden. Immer dabei Alfred, Bernd, Karlernst. Heute gehen schon drei Mann zusammen in den Whirl-Pool. Am Ende der Tage sind es einmal sogar sieben, da war ich leider nicht dabei. Der Whirl-Pool als gruppendynamisches Thermometer.

Frühstück, T-Gruppe, Hacki referiert. Er streicht ein Problem nach dem anderen durch, am Ende sieht es so aus, als hätten wir gar keine Probleme. Die Trainer sind enttäuscht.

Die Ziele sind zu allgemein, die Probleme durchgestrichen, die Pantomime haben wir gar nicht erst probiert. Aber heute sind die Trainer aktiv, ermuntern uns zu einer Life-Pantomime. Ich denke an meine kleine Anna. Manchmal bringt sie mir etwas in ihrem kleinen Händchen, ich soll das nehmen und essen. Im Händchen ist nichts, ich tue so, als ob ich esse. Pantomime, sagt sie dann.

Heinz wird angemacht, mein schlagfertiger Tischnachbar. Er windet sich, will, aber traut sich nicht so ganz. Wenn er dich anhaut, du machst es, denke ich, aber wohl ist mir nicht dabei. Ich bin ein schlechter Schauspieler.

Hacki erlöst uns, er fängt an. Er spielt starker Mann, schüttelt die Faust in Richtung Trainer, zeigt, daß er nach vorne, energisch weiterkommen will. Ein Botschafter der anderen Gruppe, Schorsch, der Starnberger vom ersten Abend, kommt herein. Die Trainer der anderen Gruppe, die heute bei uns zuschauen, hätten ihre Gruppe gefragt, ob sie bei uns nicht zuschauen und Feedback geben wollten. Die Gruppe wisse aber nicht, ob sie wolle. Ob wir das den wollten?

Wir sind bereit, uns anschauen zu lassen, wenn Ihr kommen wollt.

Sie kommen und lagern um uns herum auf Tischen, Stühlen und Boden. Aquarium nennt sich diese Übung.

Wir versuchen, Hackis Pantomime zu interpretieren. Hacki rechtfertigt sich nach jeder Interpretation, will zeigen, was er darstellen wollte. Ich äußere mich dafür, daß jeder dem Hacki ein Feedback gibt, ohne daß dieser es kommentiert. Für und wider, Hacki äußert sich weiter. Ich habe das Gefühl, die Pantomime wird zerredet, statt daß man verschiedene Sichtweisen anhört und auf sich wirken läßt. Ich spreche mich dafür aus, daß wir jetzt mehrheitlich beschließen, Hacki den Mund zu verbieten, damit jeder mal gehört werden kann und die Diskussion nicht zwischen wenigen hin- und hergeht. Der Gruppe gefällt das nicht, sie geht nicht darauf ein. Ich habe mich durchzusetzen versucht und es nicht geschafft, ich habe ein schlechtes Gefühl. Die Diskussion geht weiter wie zuvor.

Nach einer Weile fordern die Trainer der anderen Gruppe diese auf, ihr Feedback abzugeben. Wir sind gespannt.

Bei uns redeten nur wenige, einige kamen gar nicht zu Wort. Der hat x-mal und der hat y-mal was gesagt. Hacki und ich seien die Führer. Einer, Bernd, meint, bei uns redeten nur drei Leute, einer davon besonders unangenehm. Er sitzt genau hinter mir auf dem Boden. Ich schaue ihn nicht an, aber weiß, daß er mich meint. Hannes sagt, es brächte nichts, anonyme Adressen auszusenden, wen er denn meine. Bernd kennt meinen Namen nicht, so zeigt er auf mich.

Gib mir doch gleich einen Kuß, du Judas, denke ich verbissen und möchte mich liebend gerne rechtfertigen. Aber denselben Spielregeln, die ich eben in unserer Gruppe mit Hilfe der anderen durchsetzen wollte, unterliege nun ich. Wer Feedback bekommen hat, darf sich nicht rechtfertigen. Aber innerlich fletsche ich mit den Zähnen.

Aquarium nun herumgedreht, die andere Gruppe diskutiert, wir beobachten.

Ralf gibt den Einstieg, Karl äußert sich zur Sache, dann kommt Sepp. Es fällt der verhängnisvolle Vorwurf: „Vor dem Sprechen bitte Gehirn einschalten, besonders die jüngeren und unteren Chargen." Die Gruppe zerfleischt ihn, er wird dadurch immer halsstarriger. Die Beiträge der Trainer sind auch nicht sehr hilfreich, denn über sein Problem möchte der sechzigjährige Sepp mit den jüngeren Kollegen jetzt nicht mehr sprechen. Themawechsel wäre die einzige Chance, aber es geht immer so weiter. Ergebnis der Diskussion: sachlich gleich null, beziehungsmäßig: Sepp ist isoliert, alle gegen einen, der sich immer mehr verrennt.

Das Feedback fällt dementsprechend aus. Sepp will sich ständig rechtfertigen, Hannes verbietet ihm dreimal den Mund. Ich kann mit Sepp fühlen, mir geht es auch manchmal so. Natürlich war Sepp daran selber schuld, aber ich bin es in solchen Situationen genauso und weiß, wie verhärtet und einsam man sich dann fühlt. Brückenschlag und Harmonie unmöglich, so ging es mir erst vor zwei Tagen in der Diskussion über Waldsterben und Tempo 100. Und welcher Mensch strebt nicht irgendwie nach Harmonie?

Zurück in unseren Raum, ich fühle mich richtig warm und behaglich hier nach der Eiseskälte da drüben. Anderen scheint es genauso zu ergehen, wir fühlen uns als Gruppe. Mit Bernd habe ich vielleicht jetzt ein Problem, mit meiner Gruppe aber nicht.

Wir spielen wieder Pantomime. Die Gruppe ist aktiv, viele beteiligen sich an Diskussionen. Heinz geht jetzt aus sich heraus, er spielt

jetzt den Hacki. Er hat sich überwinden müssen, aber jetzt ist er voll
da. Man spürt, daß er für sich etwas erreichen will, daß er sich ein
Ziel gesetzt hat. Wir sind erstaunt, daß er jetzt vorne marschiert, der
bisher weniger gesagt hat. Jeder gibt ihm ein Feedback, das er wortlos
entgegennimmt. Jetzt klappt die Zusammenarbeit in der Gruppe
ohne Schwierigkeiten.

Mir fällt auf, wieviele verschiedene Aspekte von den Gruppenmitgliedern kommen. Ich hätte mir zugetraut, eine umfassende Beobachtung einer Szene und Interpretation abgeben zu können. Jetzt bin
ich erstaunt, wieviele Sichtweisen und Interpretationen es gibt. Und
interessante dazu, die führen die Diskussion in ganz neue Richtun-
gen. Ich selbst werde stiller und bekomme Hochachtung vor vielen,
denen ich bisher weniger zugetraut hatte. Und vor der Gruppe und
ihren synergetischen Möglichkeiten. Die Summe der einzelnen Meinungen ist viel weniger als das, was sich jetzt aus der Zusammenarbeit aller ergibt. Ich habe den Eindruck, daß wir Heinz viel geben
können. Ich bin sehr nachdenklich und erinnere mich an einen Satz
von Hannes, daß wir nur dann ein optimales Gruppenergebnis
bekommen, wenn wir das Potential jedes einzelnen nutzen. Ich hatte
diese Aussage bisher für einen netten Spruch gehalten und nicht sehr
ernst genommen. Ich nehme mir vor, in Zukunft weniger zu sagen
und einmal das Wort an schweigsamere Menschen weiterzugeben.

Mittagspause.

Heute bin ich zum Tennis mit Schorsch verabredet, um 14.00 Uhr.
Deshalb bin ich einer der ersten bei Tisch. Hannes sitzt schon da, da
kommt mir eine Idee, denn ich habe gehört, er sei ein begeisterter
Tennisspieler. „Hast du Lust, mal in der Mittagspause mit mir ein
Tennisspielchen zu wagen?" Er überlegt. Ich forciere: „Hast du denn
überhaupt Tennisklamotten dabei?" Hat er nicht.

„Einen Schläger kann ich dir schon besorgen, aber keine Schuhe."
Schuhe hat er schon selber, sagt er.

Ich spüre, er will und will nicht. Die Situation ist offen. Dann
bedankt er sich freundlich für das Angebot und sagt, es käme ihm
nicht so gelegen, weil er sich die Mittagspausen für Trainergespräche
mit Erika freihalten wolle. Er brauche das für die Gruppe.

Ich hätte gerne mit ihm gespielt, aber das Argument leuchtet mir
ein. Zwar hat Schorsch mir erzählt, sie seien im Kloster Neustift

immer in der Mittagspause von 2 bis 5 Uhr Ski gefahren, aber das Seminar dort heißt auch nicht Gruppendynamik.

Ich akzeptiere und biete an, wenn sich kurzfristig doch mal die Gelegenheit ergäbe, jederzeit für ein Match zur Verfügung zu stehen.

Eine Woche später marschiere ich von Ettal aus alleine aufs Mandl. Meine Gedanken kreisen um die vergangene Woche, dazwischen ist ab und zu Sendepause. Plötzlich kommt mir eine Idee: Ich habe ihn ja schon am zweiten Tag zum Duell herausgefordert. Ich habe ihm sogar ein Racket angeboten (ohne daß ich damals wußte, was das ist). Er hat es dankend abgelehnt. Aber seine Lust zum Spiel habe ich gespürt. Mir ist das Blatt „Abwehrmechanismen" in den Sinn gekommen, Rationalisierung?

Spinne ich jetzt? Aber er hat gesagt, es gibt keinen Zufall.

Am Mandl bin ich froh, daß er mein Angebot nicht aufgegriffen hat. Vielleicht hätten wir anschließend ein Bier getrunken. Nach einem harten Match, egal mit welchem Ergebnis, kommt man sich schnell näher. Man hat es leicht, sich miteinander zu identifizieren, und die Lust zum Kampf ist verraucht.

Vielleicht hätte ich ihn dann nachmittags nicht gestichelt und gereizt, sondern meinen Tennispartner vor der Gruppe verteidigt.

Ich weiß nicht.

Aber am Mandl bin ich froh, daß er abgelehnt hat. Uns wäre vielleicht vieles erspart geblieben, aber mir wäre dadurch so viel entgangen.

Gute Laune beim Mittagessen, Heinz und ich fallen uns ständig gegenseitig ins Wort. Ludwig spielt mit, wir werfen uns die Bälle zu. Astrid lacht. Manchmal lachen wir alle so laut miteinander, daß der ganze Saal guckt.

Zum Nachtisch gibt's Feigen, für mich eine gute Gelegenheit, schnell zum Tennis zu verschwinden.

Schorsch ist ein feiner Kerl, ihn mag ich, ohne ihn zu kennen. Allerdings hat er ein Jahr lang keinen Ball angerührt, Tennisarm durch Gartenarbeit. Darunter leidet der Tennisball. Beim abschließenden Satz nimmt er sich aber zusammen, spielt disziplinierter. Er ist wie ich ein begeisterter Angriffsspieler, der aber nicht unbedingt besser aussieht, wenn er angreift. Als er 1 : 4 zurückliegt, spiele ich defensiv. Jetzt greift er an und verliert 4 : 6. Ich habe ihn unterschätzt. Heute war ich trotz des Sieges nicht Niki Lauda.

Es hat uns beiden Spaß gemacht.

Nachmittags T-Gruppe. Es ist immer schwer, an die Erfolge des Vormittags anzuknüpfen. Ich glaube, wir sind zu zufrieden mit uns, es läuft nicht viel. Günter möchte die Gruppe dynamisieren; er erzählt von seinen Problemen in der Sparkasse. Ich reagiere gereizt, weil er ins Irgendwo und Irgendwann abgleitet. Sage, er solle die Probleme seiner Sparkasse in seiner Sparkasse lösen, hier und jetzt solle er sich selber vertreten. Er erklärt, sein eigentliches Ziel sei die Dynamisierung der Gruppe. Ich glaube ihm das nicht, hat er für sich selbst keine Ziele. Ich sage, wenn er unbedingt irgendwelche Gruppen dynamisieren wolle, solle er das in seiner Sparkasse tun. Wir bräuchten hier sein persönliches Engagement, nicht seinen Aktionismus.

Hannes oder Ludwig setzen auch noch einen oben drauf, mir ist etwas unwohl. Günter ist mir in manchem artverwandt, ich mach auch gerne in Aktivismus. Ich weiß, er hat kein dickes Fell, ist sehr verletzlich.

Das hat man davon, wenn man ehrlich und geradeheraus ist. Ich habe mich eben so gefühlt, aber ich habe es nicht gut rübergebracht. Ich weiß schon, warum ich manchmal wie Günter spreche: Nach einem forschen Satz gleich einen relativierenden hinterher.

Mein Schatten macht Aktion, führt eine Pantomime vor. Wen hat er abgelehnt, Ludwig, Astrid oder Josef? Er sagt, er meine keinen bestimmten.

Ludwig zieht sich heute etwas in sich selbst zurück. Zum Aquarium am Vormittag ist er schon nicht mit rübergegangen, jetzt sitzt er außerhalb des Kreises am Fenster hinten. Ist zwar noch anwesend, aber nicht mehr in der Gruppe. Mag er keine Pantomime, haben wir ihm was getan, hat er ein Problem?

Trip, trap, mich besorgt das nicht, morgen früh laufen wir wieder zusammen. Wenn er mit mir was besprechen will, hat er Gelegenheit, und ich weiß, er nimmt sie wahr. Wenn er will. Ludwig will manchmal Nein sagen. Will oder muß?

Beim Joggen braucht man nicht zu schwatzen, zum Glück.

Erika gibt mal wieder schlechte Noten für Körperhaltung und Du-Botschaften, kann man sich denn hier nichts erlauben, ohne immer beobachtet zu werden? Der Videoapparat lauert auch die ganze Zeit, allerdings aus der anderen Ecke. Hat die selber keine Probleme? Ach nee, die ist ja Trainerin. Ich beobachte die auch schon heute. Sie sitzt immer tipptopp da, keine verschränkten Arme, nicht zu weit zurückgelehnt, keine verschlossenen Beinhaltungen. Hat sich eben gut unter Kontrolle.

Günter kommt wieder aus dem Loch. Macht eine Pantomime. Sicher nicht leicht für ihn, er bemüht sich. Ja, so ist er, die Feedback-Runde gibt etwas her.

Hacki ist heute nachmittag kaum zu hören. Ist der krank? Er hat Kopfschmerzen.

Und jetzt kommt ein Ding! Hannes wird plötzlich unheimlich aktiv, macht eine Spezialbehandlung. Jetzt ist plötzlich eine unheimliche Spannung da.

„Willst du Kopfschmerzen loswerden?" Ja.

„Willst du es mal versuchen?" Ja.

Jetzt läuft hier eine Life-Show, keiner beobachtet mehr sich selbst, alle Augen sind auf Hacki und Hannes gerichtet.

Er soll sie wegblasen, herausblasen.

Er bläst.

„Willst du sie mal auf diesen Stuhl pusten?"

Er pustet.

„Sind sie noch da?"

Ja.

Hacki arbeitet, Hacki schwitzt.

Hacki spricht mit den Kopfschmerzen.

Es nützt nichts.

Hacki setzt sich mal auf den Kopfschmerzstuhl, mal auf den eigenen. Er spricht mal aus der einen Warte, mal aus der anderen.

Hannes engagiert sich unheimlich, er läßt die Kopfschmerzen mit hoher Stimme sprechen. Er schleicht halb gebückt hin und her, wie eine Katze. „Atme, atme tief durch!"

Der große, schwere Mann kämpft und schwitzt wie ein Tier.

Ich denke, Mensch Hannes, weit hast du dich vorgewagt, kannst du das Echo vertragen, wenn es mißlingt?

Man merkt Hannes keine Angst an, er geht unbeirrbar immer weiter vor.

Und die Kopfschmerzen lassen nach, nur ein kleiner Teil bleibt zurück.

Hannes geht zu seinem Platz zurück. Hacki setzt sich. Wir lassen alle Viere fallen. Die Spannung ist weg.

Schweigen.

Der erste, der nach Minuten wieder spricht, ist Alfred.

Ihm war das unheimlich, erinnerte das an Magie? Er gibt zu bedenken, was passieren kann, wenn diese Kräfte zum Bösen hin genutzt werden. Alfred hat Kinder.

Hacki hängt im Sessel, er sagt heute kaum noch was.

Hannes rechtfertigt sich nicht, er spricht nur wenig.

Während ich das schreibe, tut es mir weh. Denn jetzt kommt etwas Häßliches. Damals habe ich das nicht so empfunden. Jetzt empfinde ich es sehr schmerzlich. Der Mann ist erschöpft, hat viel gegeben. Jetzt kann man ihn treffen.

Ich sage: „Die Szene erinnerte mich an Hypnose, an Mystik, an Suggestion. Ich schließe mich Alfreds Bedenken an. Mir war das unheimlich."

Hannes will das Tempo herausnehmen und sagt lächelnd, er käme gerade von einem Hypnosekongreß.

Da stoße ich nach: „Du brauchst uns gar nicht zu beweisen, was du für ein toller Guru bist. Oder hast du das etwa nötig?"

Er läßt sich nicht darauf ein, obwohl ich noch einen Kommentar zur Kleiderordnung hinterherschicke. Er hat so ein griechisches Überwurf-Hemd an, Guru-Hemd nenne ich das.

Er zieht es aus und wirft es mir rüber. Ich mach auch ein Witzchen, ziehe es aber nicht an. Ich bin hier nicht der Chef und ein Guru schon gar nicht.

Hannes, ich sage nie wieder Guru zu dir; das war gemein.

Damals fühlte ich mich ganz wohl, bin zum Scherzen aufgelegt. Das Zepter nehme ich gerne. Aber um mich darüber lächerlich zu machen.

Wir reden noch eine Zeitlang so daher. Die Trainer stehen plötzlich auf und gehen.

Das find ich ungehörig, einfach wortlos aufzustehen und abzu-hauen. Spontan schmeiße ich das Guru-Hemd wieder quer rüber auf Hannes Stuhl. Die Szene muß lustig ausgesehen haben. Alle müssen lachen. Ich sage, daß mir das Abhauen nicht gefallen hat. Einige pflichten mir bei, anderen ist es egal. Ich soll es ihnen doch gleich sagen. Das will ich auch, frage aber noch, ob ich es für die Gruppe sagen soll. Soll ich nicht!

Wir machen auch Schluß. Astrid klebt eine -3.

Ich sage, was ist denn jetzt passiert, Schätzchen, war das eben so schlimm? Sie meint, sie wüßte gar nicht mehr, wo's lang geht; sie fühlt sich nicht wohl in ihrer Haut.

Ich schon. War doch eine tolle Nummer, heute nachmittag.

Nach dem Abendessen treffen wir uns wieder in der T-Gruppe. Ich bringe meine Kritik. Hannes sagt, daß er sich immer an die vereinbarten Arbeitszeiten hält, wir möchten das bitte auch tun. Ich sage, er hätte sich doch gestern als Unternehmer bezeichnet, mich würde dieses Verhalten mehr an eine Beamtenmentalität erinnern.

Wieder ein Pfeil, aber er wehrt sich nicht.

Wir bekommen für die Abendsitzung Hausaufgaben. Die Gruppe darstellen durch Pantomime, Malen, Schauspiel, Oper – ganz wie wir wollen. In Kleingruppen.

Die Trainer verabschieden sich.

Kleingruppenbildung einstimmig abgelehnt. Hausaufgabe akzeptiert. Was tun, sprach Zeus.

Alle sind hellwach, kreativ, Ideen sprudeln, die Gruppe arbeitet. Da eine Idee, dort eine, Alfred am Flip-Chart, ich staune.

Mir dämmert, daß Führen nicht heißt, gute Ideen zu haben, nicht heißt etwas durchzusetzen, nicht heißt, viel reden, nicht heißt sich zu profilieren, der Beste zu sein.

Daß es heißt zuhören; auffordern, ermutigen; Potential zu nutzen; Konsens zu erforschen oder herbeizuführen; unterstützen, Ideen in Aktion umzuwandeln; zusammenfassen, Konsens erfragen; vielleicht Akzente zu setzen.

Die Sache läuft von alleine. Wir entscheiden uns, ein Video zu machen. Wir wollen vier Szenen spielen. Keine der Szenen habe ich erdacht, aber mitgewirkt.

Es macht uns Spaß. Hacki filmt. Der Video streikt. Erste Szene im Eimer. Jetzt geht er wieder. Die Schuh-Szene ist im Kasten.

Wir ziehen alle an einem Strang. Hoffentlich kommt jetzt keiner. Geht die Tür nach außen auf?

Was tun mit den vielen Zetteln. Lesen, wegwerfen, ich verteile ein paar, einen stecke ich Heinz in die Tasche. Ich bin übermütig.

Zug-Szene, der Höhepunkt. Hacki tut seinen Job, führt leise Regie. Life, Welturaufführung!

Was hat mir Astrid eben gesagt, sie weiß nicht, wo's lang geht? Ich male ihr einen Zettel mit einem großen schwarzen Fragezeichen.

Wer führt Regie? Keiner?

Wer hat Astrid gesagt, daß sie als erste gehen soll, und wo sie sich hinsetzen soll – ich nicht!

Jeder bringt seine Fähigkeiten ein.

Alles fließt, läuft von alleine. Gruppendynamik.

Tolle Spontanideen.

Alfred holt das originalverpackte, plastikeingeschweißte Rosen-kranz-Gruppendynamik-Buch aus seiner Tasche. Der Junge hat ja Sachen drauf! Packt es umständlich aus. Hat der da tatsächlich noch nie reingeschaut, der Schlingel? Wo hat der das jetzt her?

Hans-Werner fragt: Steht da 'ne Gebrauchsanleitung drin?

Günter sorgt für Zugluft, schmeißt was aus dem Fenster. Die Kamera zentriert sich auf das Titelfoto des Buches.

Hoffentlich müssen wir im Seminar nicht auch so'n Scheiß machen, sage ich.

Hans-Werner fragt mich: Fahren Sie auch zum Rosenkranz-Seminar ins Hotel Böld?

Ich weiß, was er will, aber mir fällt's nicht ein, ich bin nicht Hans-Werner.

Ja, seh' ich so aus, flüstert er. Ich sag's laut.

Schon sind wir fertig, die Szene ist im Kasten.

Das müssen wir uns ansehen.

Also, die Astrid hat da das Fragezeichen keck auf ihrer Brust und setzt sich so mitten hinein, daß keiner an ihr vorbeikann. Eine Szene mit unheimlichem Aufforderungsgehalt und Offenheit in jeder Richtung. Wie der Heinz da die Hand auf dem Bauch hält und sich schnell unauffällig verkrümelt. Mindestens so gut wie bei der Pantomime heut morgen.

Alle sind zufrieden. Wir packen ein.

Wieviel Uhr?

Erst zwanzig nach neun! Wer sagt denn da immer, wenn man etwas in der Gruppe bespricht und gemeinsam beschließt, dann dauert das ewig lange, ist von der Zeitausnützung her uneffektiv?

Schneller hätte ein einzelner nie sein können.

Und vom Inhalt her gesehen?

Wenn wir uns jeder alleine hingesetzt und etwas ausgearbeitet hätten, wäre es nicht ein Zwanzigstel von dem gewesen, was wir jetzt zusammen gemacht haben. Aber wir sind nur Zwölf. $2 + 2 = 7$?

Ab in die Kneipe.

Noch ein Blick auf die Tafel: Die − 3 ist weg, gar kein Punkt mehr im unteren Bereich.

Ich bin froh.

Einige wollen zum Bemsl, andere in die Sauna, ich möchte meine Frau anrufen. Wir treffen uns später beim Bemsl.

Wieviele gehen heute in den Whirl-Pool? Sicher viele.

Alles in Butter, melde ich meiner Frau, es wird immer besser.

Ich habe etwas gelernt. Und nach wie vor: Volle Kontrolle.

Ich erzähle Einzelheiten, frage nach den Kindern, sehne mich nach ihnen. Streichle meine Frau und versuche zuzuhören. Es gelingt ganz gut. Dabei hätte ich so viel zu erzählen. Muß aber nicht sein.

Runter in die Bar. Josef ist da.

Wir haben ein gutes Gespräch miteinander, mal sachlich, mal persönlich. Josef hat auch Kinder, Väter versteh'n sich. Mal hier und jetzt, mal irgendwo und irgendwann.

Die anderen trudeln ein, der Bemsl hat zu.

Die Saunisten kommen auch, der Whirl-Pool lief über.

In der Bar ist Hacki nicht nur der heimliche Häuptling.

Ich habe ihn heute lieb gewonnen. Und er mag mich auch.

Was, zwanzig Stunden Tennis spielst du die Woche, Unverschämtheit! Ich spiele höchstens zwei, würde gern mehr.

Wie machst du das, ohne deine Frau zu verärgern?

Nimmt sie mit, das ist Führung.

Ludwig ist auch da: „Morgen früh laufen." „Logo!"

Wir gehen gegen Zwölf, andere bleiben noch lange unten.

Mittwoch, 24.10.

5.50 Uhr Erwachen.

Ludwig wartet schon vor dem Hotel. Es ist dunkel.

Wir warten noch eine Minute, Wolfgang wollte eventuell mitlaufen. Die Turmuhr schläft, trip, trap, es geht los. Ammerabwärts diesmal. Es atmet mich, je nachdem wie schnell ich laufen will.

Es gibt immer zwei Möglichkeiten.

Wir landen auf dem Kiesplatz, Endstation.

Wie manchmal in der Gruppe, denke ich später.

Dorfwärts jetzt, die Menschen wachen auf. Hunde sind noch nicht auf der Straße, zum Glück. Der Hund als Alptraum des Joggers. Was ist das denn für ein Riesenschuppen? Das Festspielhaus. Hin. Drumherum.

Wieder zur Ammer, andere Seite.

Ammeraufwärts, heute wollen wir die Meditation erreichen.

Am Ende zieht Ludwig immer noch einen kurzen Sprint an.

Ich laufe mit, nicht weg, wie gestern.

Ich könnte noch tierisch einen reinziehen. Ich bin stark.

Gymnastik vorm Böld. Wolfgang, Günter und noch jemand joggen jetzt erst los. Wir gehen noch zur Meditation. Heute keine Mandala, ich bin etwas enttäuscht. Hatte mir so gut gefallen. Kleine Mannschaft, vielleicht sieben Leute. Astrid ist nicht da.

Dynamische Meditation, fünf mal zehn Minuten, Schnauferlphase, chaotische Phase, Hu-Phase, Statische Phase, ausklingende Tanzphase. Mit Gesichtsmasken, damit man ungestört ist. Alfred nimmt, Karl nimmt, Sepp, Karlernst; abgedunkelter Raum, rhythmische Musik. Einaus, Einaus, Einaus, Einaus – höllisches Tempo. Was ist mit Hyperventilation, ich bin Sportlehrer. Du sollst sein, nicht Sportlehrer sein und denken. Einauseinauseinauseinaus, tierische Übung. Ich habe gar keine Zeit mehr, unter der Maske her zu spinksen, was die anderen machen. Lange kann ich das nicht mehr. Nochmal volles Rohr, lange kann's nicht mehr geh'n – geschafft!

Chaotische Phase, alles erlaubt, mit der Stimme spielen.

Ja, schreien kann ich auch, ich schrei gerne.

Vielleicht will noch jemand schlafen, was die wohl von uns denken?

Schön ist das, sich mal so richtig gehen zu lassen, wild zu sein. Gehört auch zu mir, darf man nur sonst nie.

Wo bist du, Bernd, ich knurr' dich an, ich schrei' dich an!

Ja, ich kann noch; Huh-Phase. Auf der Stelle federn, Arme nach vorne, Fäuste geballt, huh, huh, huhuhuhu ich freß' Euch!

Ich denk nicht mehr viel, das Gehirn ist weitgehend abgeschaltet, wenn das der Sepp wüßte.

Macht selber mit.

Tausend Ameisen im Gesicht, an den Armen, Beinen, Hals huhuhuhu. Statische Phase. Stehenbleiben wie ich bin, soll ich. Mach ich aber nicht, mir fällt sonst alles ab, ich muß mich legen.

Sendepause, kaum Gedanken.

Leise die hohe Flöte, auftauchen aus der Tiefe. Klingen, schwingen, mitschwingen.

Maske weg, sonst könnt's einen Crash geben.

Ich tanze, leicht und beschwingt, mit dem ganzen Körper, Arme und Beine, der ganze Mensch.

Sonst geh ich nicht sonderlich gern tanzen. Habe etwas Hemmung, aus mir herauszugehen, mich lächerlich zu machen. Will schließlich Chef werden, was sollen die anderen denken. Dabei kann ich mich bewegen, bin ich Sportlehrer.

Hier und jetzt, kein Problem. Harmonie, Eurhythmie, fließende Bewegung. Lächeln muß ich. Muß ich? Tu ich einfach so.

Finito, das war's; schade!

Woher die Musik? Indische. Von wem die Meditation? Bhagwan.

Aha, die Orangenen.

Na, warum nicht, wenn's gut tut.

Ich möchte jetzt niemand mehr fressen. Ich bin satt. Und zufrieden. Sehr zufrieden. Und milde. Ein Friedenskloß.

Sollte der Reagan auch mal machen, dann gibt 's auch keine Ausrutscher mehr vor'm Mikrofon. Tschernenko auch. Dann kommt der wieder hoch.

„Viel habe ich heute von dir gelernt", sage ich zu Reinhard. „Ohne ein Wort geredet und gehört zu haben." Ich lächle. Er versteht, lächelt auch.

Heute ist ein wichtiger Tag in meinem Leben, heute gerät etwas außer Kontrolle – ich weiß noch nichts davon.

Sauna, Frühstück.

Reinhards Gruppe fängt an. Sie haben in Kleingruppen gemalt. Zweimal das Motiv Bergsteigen. Alle am Seil, nur Sepp hängt ein bißchen durch. Ist aber am Seil.

Thema Hausbau. Alle schaffen, mehr oder weniger, die Trainer stehen herum. Als Sanitäter? Als technische Zeichner?

Thema Zielscheibe. Zen in der Kunst des Bogenschießens? Welcher Pfeil sitzt wo. Wer ist statisch, wer dynamisch? Wohin? Soviele Fragen, soviele Deutungen.

Thema Auto. Die Trainer sitzen oben und lenken, die Kleingruppen sind die Räder und laufen. Rad ab!

Zuerst stehen die Trainer rum und tun nichts, und dann fahren sie mit uns Schlitten, mein Feedback.

Video.

Hacki ist mal wieder besonders eifrig, erklärt alles und stellt sich so neben das Video, daß man mehr Hackibauch als Video sieht. Na, einer muß das Ding ja bedienen.

Ich sag heut nichts, ein Echo reicht mir. Bernd sitzt hinter mir, der findet sicher noch was zum Meckern.

Warum fragt mich der Hacki immer, ob er weitermachen darf, bin ich hier der Chef. Die lauern doch nur drauf, mal wieder ein paar Führer und Vielredner in die Pfanne zu hauen.

Die Videos sind schön. Wir müssen oft lachen.

Zettelaufhebeszene; Bernd: das wär typisch, daß ich dem Heinz einen Zettel zustecke, den der gar nicht haben wollte.

Grrr.

Das kommt davon, wenn man spontan Pantomime spielt und sich nicht ständig kontrolliert. Das wäre Erika nicht passiert.

Zugszene, dolles Ding.

Ihr könnt mich mal, sagt, was Ihr wollt mit Eurer eingeschränkten Perspektive von 2 x 20 Minuten; hättet gestern abend dabei sein sollen, dann hättet Ihr mal Gruppenarbeit sehen können.

Wir werden um eine Interpretation der Zugszene gebeten.

Hacki will erst selbst antworten, gibt mir dann das Wort: Willst Du was dazu sagen, Jürgen?

Du verdammter Bauer, keine Sensibilität.

Heinz rettet mich, er will's erklären, macht es sehr gut.

Mir fällt ein Stein vom Herzen, ich will nicht immer das dominante Schwein sein, nur weil ich aktiv bin und mir was einfällt. Aber hätte ich das Wort weitergegeben, wenn Heinz mir nicht zur Seite gesprungen wär?

Ich muß das üben, mich zurückhalten, andere zu aktivieren, die nicht so sind wie ich, aber manchmal Erstaunliches sagen, wenn sie gefragt werden.

T-Gruppe, Heinz fühlt sich heute nicht wohl, dabei hatte er doch einen guten Auftritt, heute morgen. Irgendwie hat er Probleme. Aber er bemüht sich, wie immer. Pantomime, er selbst, gestern zeigte er Hacki. Hannes ist sehr behutsam. Aber er fordert ihn. Gibt Deutungen. Geht weiter. Ich habe das Gefühl, dem Heinz geht einiges auf. Ich komme nicht so ganz mit. Heinz hat andere Probleme als ich.

Alfred ist dran. Thema: Bankgesicht. Wer hat das gesagt? Seine Töchter. Die merken's, die kennen das Familiengesicht. Geht mir genauso, nur bei mir fällt's nicht so auf. Ich habe ähnliche Probleme wie Alfred, nur kleinere Kinder. Und bin noch mehr Papa als Alfred. Und weniger Chef.

Die Gruppe arbeitet, es kommt etwas heraus. Hannes führt.

Wir mögen das. Wir? Ich auch! Meistens.

Pause.

Gelöste Stimmung, wir sind eine Gruppe.

T-Gruppe.

Erstellung eines Soziogramms. Dazu Feedback-Runde.

Ein heißes Spiel. Ich habe während meines Sportstudiums mal ein Referat darüber geschrieben. Ist lange her. Teilgenommen, ausprobiert habe ich es noch nie.

Karten für Vorgesetzten, Nicht-Vorgesetzten, Untergebenen, Vertrauen, Einfluß. Warum sagt Hannes Untergebener?

Das paßt nicht zu ihm. Hat er eine Absicht? Keine Ahnung.

Der autoritäre Obrigkeitsstaat ist lange passé; auch in der Wirtschaft? Nie was vom Harzburger Modell gehört? Doch, mal, mit Sicherheit.

Ich weiß nicht, was er will.

Auf los geht's los, mit Einfluß.

Beobachtbare Verhaltensweise, Gefühl im Bauch dabei = Feedback.

Ich gebe: Hannes, seitdem er aktiv geworden ist. Heinz, weil er seit zwei Tagen enorm kämpft.

Ich bekomme: Hans-Werner, Ludwig, Erika (hört, hört, ich dachte, die könnte mich auch nicht leiden. Aber an meinem Einfluß kam sie wohl nicht vorbei), Astrid (danke), Hannes (ein Plus: aktiv, hier und jetzt; ein Minus: nicht immer in die richtige Richtung. So gehört sich's, die Guten ins Töpfchen, die Bösen ins Kröpfchen).

254

Mit den Karten hatte ich gerechnet; aber angenehm, von wem sie kamen.

Weiter: Nicht Vorgesetzter. Hannes führt schlau, zieht das Unangenehme vor. Jetzt wird's haarig, die Spannung steigt, wer will schon die rote Karte!

Schwierig, das Feedback einem so ins Gesicht zu sagen, aber gutes Training für das freundliche Verbreiten von Hiobsbotschaften. Jetzt sind Nehmer-Qualitäten gefordert.

Meine Schrift entgleist jetzt manchmal. Es ist Dienstag, ich schreibe jetzt den zweiten Tag. Mein Ellenbogen schmerzt, mein Körper ist nicht gebaut für so viel Handschreiben, er ist es zumindest nicht gewohnt. Ich kann nicht mehr lange. Aber ich will. Es fließt unaufhaltsam.

Und es macht Spaß. Ich lebe in der vergangenen Woche.

Und manchmal schmerzt es.

Ich spüre die Erregung der jeweiligen Stunden in mir, ich durchlaufe es nochmal. Ich will es nochmal durchlaufen.

Eine krieg ich sicher, für gestern früh. Bitte nicht viele.

Locker hinsetzen, tief durchatmen, eiskalt wegstecken, Junge.
Erhöhte Pulsfrequenz rundherum. Es geht los.
Der Kelch geht an mir vorüber.
Ludwig, der Arme, muß jetzt einstecken. Ich leide mit. Jogger sind sensibel. Günter kriegt auch was mit. Das kommt davon, wenn man was organisieren will.
Gute Verteilung sonst, jeder kriegt sein Fett weg.
Außer mir. Bin ich der Liebling der Götter? Manchmal ja.
Aber heute sogar der Menschen. Das ist neu.
Hey Juri, du bist dran. Ich hab ja auch noch eine. Die kriegt Erika. Ein Racheakt? Diesmal nicht. Ich fühle mich von ihr beobachtet, belauert, kontrolliert. Das sag ich ihr.
Ist Kontrolle nicht Aufgabe des Vorgesetzten? Mit Sicherheit.
Die Karte kam aus dem Bauch, beobachtbares Verhalten hat sie ja wenig gezeigt – zumindest nicht Unkontrolliertes.

Keine zweite? Hab ich Angst, mich unbeliebt zu machen? Sicher; aber ich bin autoritär erzogen, hab mich unterzuordnen gelernt. Bei Frauen manchmal etwas schwierig. Wenn sie hart sind. Ich schaue in die Runde. Keinen sonst? Nein, keiner. Ihr könnt meine Chefs sein, ich spiele mit.

Nächste Runde: Vorgesetzter.

Alfred gibt Dieter. Hannes mault. Kein beobachtbares Verhalten gezeigt. Alfreds Begründung gefällt ihm nicht. Kleine Diskussion in der Feedbackrunde. Nicht zulässig. Disziplin, Männer. Ich spring Alfred bei, setz noch einen drauf: auch Dieter. Achtung Hannes, jetzt kommt die Begründung. Weil, wenn er was sagt, Hand und Fuß dran ist (Hannes schaut abfällig, kalter Kaffee, wie Alfred) und weil er ein unemotionaler Typ ist. Und mit denen kann ich's gut. Erfahrungsgemäß. Als Krebs. Am liebsten Waage.

Jetzt kommt der Kontrapunkt. Zehn Grad Drehung nach links, ich steh' vor Hannes. Breit sitzt er da. Und ruhig. Schaut.

„Dir, Hannes, gebe ich meine Vorgesetztenkarte aus einem ganz anderen Grund. Bei dir weiß man zwar manchmal nicht, wo die Reise hingeht (und das wüßt ich ganz gerne), aber ich spüre, daß du Durchblick hast. Du führst am langen Zügel, und das mag ich. Wenn du mich förderst (und das ist die erste Vorgesetztenpflicht), kann aus mir viel werden. Was ich jetzt doch nicht bin. Außerdem bist du ein Vorgesetzter zum Anfassen. Und das mag ich. Ich möchte dich gerne anfassen."

Schnell nach Hause jetzt, es wird heiß. Aber so fühl ich's. Junge, Du bist mal wieder ganz schön abgerutscht, Vorgesetzter heißt das Spiel, nicht Vertrauen. Und schon gar nicht Liebeserklärung.

Halt, der Schatten kriegt auch noch eine. Bei dem würd ich gerne in der Mannschaft spielen, egal ob der Kapitän ist oder ich.

Alfred sackt kräftig Karten ein. Hätte auch meine nächste bekommen.

Alfreds krieg ich, Josefs auch, Hannes' mit Warnung (+ -) und die von Hans.

Die letzte macht mich nachdenklich. Schon seit zwei Tagen fällt mir auf, daß Hans kaum was sagt. Will er nicht oder kann er nicht oder lassen wir ihn nicht. Ich weiß es nicht, man müßte ihn mal fordern. Aber wie?

Jetzt ist er gefordert, muß etwas sagen.

Und sagt etwas für mich sehr Wichtiges, was mich noch die nächsten Tage beschäftigt.

Vorgesetzter ja, aber mehr Wärme würde er sich von mir wünschen.

Kurz, knapp und deutlich.

Ich dachte, ich wäre warm, zu warm vielleicht.

Eventuell nur zu denen, die ich auf Anhieb mag?

Oder kann ich meine Wärme nicht zeigen?

Bankgesicht?

Nur, bei uns im Betrieb bin ich der Junior, der spätere Chef. Wenn ich den einen in den Arm nehme, fühlt sich der andere zurückgesetzt. Kann man 210 Leute alle gleich lang und fest in den Arm nehmen?

Keine Rationalisierungen, kein Konterfeedback, weiterspielen.

Aber, danke Hans, ich werd's mir durch den Kopf gehen lassen. Oder besser, durch's Herz.

Untergebener, fieses Wort.

Ich sag Mitarbeiter, und nach mir sagen alle Mitarbeiter.

Es gibt keinen Zufall, oder doch?

Ich wähle Hans-Werner, siehe oben, und Günter, der ist konstruktiv und loyal. Solche Leute brauche ich. Wenn Entscheidungen gefallen sind, müssen sie akzeptiert und mitgetragen werden. Nicht ewig neue Diskussionen, sonst kommen wir nie zur Arbeit.

Dieter will mich als Mitarbeiter. Das paßt. Ich wollte ihn eben als Vorgesetzten. Nur, ich bin kein Banker.

Horst will mich als Mitarbeiter. O.k. Horstle, du hast Humor, bei dir arbeite ich gerne mit.

Ludwig will mich als Mitarbeiter. Dann mußt du aber etwas mehr sagen, damit ich weiß, wohin es gehen soll. Jogger reden nicht viel, Angler noch weniger. Ich bin gerne einverstanden.

Heinz will mich als Mitarbeiter. Dir hätte ich auch eine Vorgesetztenkarte geben können. Warum? Heinz ist ein Mensch. Er hat Verständnis für alles mögliche, sieht die Dinge nicht so eng. Solche Vorgesetzte brauche ich. Und warum habe ich dann Dieter meine Vorgesetztenkarte gegeben? Viele Wege führen nach Rom.

Ich habe mir tatsächlich mal beim Spaziergang am Montag vorgestellt, Heinz wäre mein Chef. Paßt auch vom Alter ganz gut. Der würde mir sicher einige seiner Tricks zeigen. Aber etwas schneller könnte er mir zur Sache kommen.

Auch Astrid will mich als Mitarbeiter. Weil ich Ideen hätte und engagiert sei. Die Karte tut gut. Danke Astrid; ich würde gerne mit Dir zusammen arbeiten. Bei dir herrscht sicher ein freundliches und angenehmes Betriebsklima.Außerdem hast du für mich nicht nur eine sehr weibliche, sondern auch eine mütterliche Ausstrahlung. Und damit kann man mich packen. Ich glaube, ich könnte mich dir gut unterordnen. Aber stop – Dateneingabe ist nicht meine Stärke. Da hab ich mal einen Monat als Student gejobt. Monotone Tätigkeiten liegen mir nicht.

So viele freundliche und vertrauensvolle O.k.-Karten, bin ich der ideale Mitarbeiter? In einigem ja. Aber Vorsicht Freunde, ich bin ehrgeizig und will weiterkommen. Ich kann auch ganz gefährlich an Eurem Stuhlbein sägen, dann seid Ihr morgen meine Mitarbeiter.

Vertrauen – das sind die wärmsten Karten.

Der Segen geht reihum, jeder bekommt eine. Diese Karte seinem Schatten zu geben, scheint schon zum guten Ton zu gehören. Hans-Werner bekommt natürlich auch eine von mir; Kommentar überflüssig, ich traue ihm.

Astrid gebe ich eine; kommt von Herzen. Beobachtbares Verhalten? Fällt mir auch was zu ein. „Ich mag an dir, daß du anderen Leuten nicht weh tust; sie nicht in die Enge treibst, ihnen O.k.-Gefühle vermittelst."

Hacki bekommt noch eine. „Dir hätte ich sie nicht wie Astrid schon am ersten Tag gegeben." Da hat mich mein Gefühl mal getäuscht. Hacki ist ein Kumpel, den muß man lieb haben. „Einen Ringkampf möchte ich gerne mit dir machen, auch wenn ich dabei vielleicht eine schlechte Figur abgebe." Oder auch nicht, Berührungsängste habe ich bei Hacki jedenfalls nicht, möchte ich sagen. Einen netten Spruch habe ich mir noch zur Seite gelegt: „Meine Frau würde ich dir zwar nicht gerade anvertrauen (du König der Nacht), aber ich hätte keine Hemmungen, mit dir über meine privatesten Probleme zu sprechen." Das stimmt einfach, das empfinde ich so. Sollte ich vielleicht wirklich mal machen. Selber bekomme ich auch welche. Von Ludwig, den habe ich auf den allerersten Blick falsch eingeschätzt. Aber auf den zweiten richtig. Ich glaube, ich bin für ihn durchsichtiger als er für mich. Der läßt sich nicht gerne durchschauen. Würde ich mich auf ihm im Ernstfall verlassen? Ja. Ich durchschau ihn zwar nicht, aber ich vertrau ihm. Das hat was mit an jemanden glauben zu tun. Von Josef bekomme ich auch noch eine Vertrauenskarte. Das versteh' ich auf Anhieb nicht ganz. Warum wirke ich so vertrauenserweckend auf ihn – Kontakt gehabt haben wir nur selten. Kann ich vielleicht doch warm sein? Vielleicht lag's am Gespräch gestern abend in der Bar. Ein feiner Kerl ist er jedenfalls.

Hannes sagt was Schönes: Hier im Raum sei jetzt so viel warmes Gefühl, da könne einem ganz anders werden, oder so ähnlich. Wir sollen noch alle einen Satz sagen, meint er.

Auf alle hat diese Runde einen tiefen Eindruck gemacht. Alle sind irgendwie ergriffen. Natürlich nicht nur positiv, that's life.

Gut, daß ich nicht heulen kann; da kann ich wenigstens meinen Satz in Ruhe sagen, denn der kommt von Herzen. Ich sage, daß ich für die vielen o.k.s. danke, mit denen ich nicht gerechnet hatte. Ich müßte jetzt erst mal nach Garmisch laufen, um wieder einigermaßen in die Gänge zu kommen. Ich sage auch, daß ich eigentlich gar kein Gruppenmensch sei, sondern ein Einzelkämpfer. Mich manchmal in Gruppen sogar als Außenseiter fühle. Daß ich noch nie zu einer Gruppe so ein Vertrauen gehabt hätte, mich so aufgenommen und akzeptiert gefühlt hätte, wie in dieser. So wahr ich hier stehe, aber mir wird's langsam mulmig im Magen, Essen fällt heute aus, das ist mir schon klar. Ich flieh ja schon aus Prinzip nie, aber jetzt muß ich langsam hier weg, sonst gibt's noch 'ne Katastrophe.

Jetzt kommt auch noch der Hans-Werner auf mich zu und möchte mich umarmen, vor der Gruppe. Er hätte mir fast keine Karte gegeben, und ich ihm fast alle. Er möchte zeigen, daß es noch mehr als Karten gibt.

Ich steh sofort auf und lasse mich umarmen. Mensch, Schatten, wein doch nicht, wir haben doch keine Probleme. Deswegen weint er ja. Aber ich habe damit ein Problem.

Ich bin sehr ergriffen und lege meinen Kopf an seine Schulter. Ein bißchen beobachte ich mich aber auch. Den rechten Arm habe ich um ihn geschlungen, der linke hängt herab.

Den lasse ich hängen, die Haltung ist ehrlich. Für unsere Beziehung nicht, da könnte ich ihn küssen; aber für die Situation schon.

Sind die anderen so wichtig? Sind die nicht auch ergriffen?

Natürlich, aber das Verbot des Sich-nicht-gehen-Lassens sitzt sau-tief. Ich kann die Selbstkontrolle nicht aufgeben. Aber das ändert nichts an meiner Beziehung zu Werner.

Ende der T-Gruppe, nichts wie weg.

Mantel an, raus ins Freie, hoffentlich sieht mich keiner.

Dabei weine ich gar nicht; aber ich bin tief bewegt.

Irgendwo hin, egal wohin.

Was ist los, war doch alles nur positiv. Sei doch froh, daß du gemocht wirst, lach doch mit den anderen.

Kann ich nicht, jetzt bin ich der Außenseiter, ich muß jetzt aus der Gruppe raus.

Josef kommt dahergejoggt. Joggen statt Mittagessen. Gummi-punkt. Netter Kerl, der Josef, schenkt mir so einfach sein Vertrauen.

Herbert Grönemeyer fällt mir ein. Wann ist der Mann ein Mann?

Männer haben's schwer, haben's leicht.

Außen hart und innen ganz weich.

Schon als Kind auf Mann geeicht.

Wann ist der Mann ein Mann?

Wann ist der Mann ein Mann?

Die Pantomime könnt ich spielen.

Der Steppenwolf kommt mir in den Sinn. Das rauhe Lied auf der Zunge und die Liebesbitte im Herzen.

Die Gedanken irren im Kreise herum.

Die Schritte auch. Josef kommt schon wieder von hinten, diesmal aber aus der anderen Richtung.

Wir wechseln ein paar Worte. Ich will jetzt nicht reden. Sonst hätte ich mit Günter gesprochen, der hat mich um ein Gespräch gebeten. Ich kann jetzt keinem helfen, weiß selber nicht, was läuft. Mit Günter spreche ich morgen.

Ich verabschiede mich, gehe über die Ammerbrücke.

In den Wald. Schmal ist der Weg, einsam der Wanderer.

Narziß und Goldmund, mein Lieblingsbuch.

Goldmund, der weiche, unstete Liebling der Frauen, nur Gefühl, nur Bauch. Narziß der Asket, reiner Geist, scharfer Intellekt, nur Verstand, nur Kopf. Kann ich das aushalten, genau die Mitte zu sein?

Bin ich nicht eigentlich Goldmund mit einer anerzogenen Narziß-Schale? Kann man ohne diese Schale im Leben zurechtkommen oder landet man ohne sie im Gefängnis?

Lebt man mit dieser Schale nicht im selbstgewählten Gefängnis?

Ich muß jetzt mal was tun, sonst schnappe ich noch über.

Rauf auf den Kofel!

Uhrzeit: 14.40. Um 16.00 geht's weiter, da muß ich unbedingt wieder bei meinen Freunden sein. Also mit Volldampf hoch. Mantel aus, Jacke um die Hüfte, leichter Trab.

Jetzt bin ich beschäftigt, es geht steil aufwärts über eine Alm. Ich tast mich an den anaeroben Bereich heran, übertrete aber die Grenze nicht. Schneller Atemrhythmus, langsamer ein als aus. Stoßweise ausatmen, huh, huh, huh, huh, huh.

Es tut weh, aber ich bin schnell, ich bin stark.

Ich bin jetzt auf dem Sattel. Ich kann noch, aber ich laufe nicht mehr, sondern steige schnell.

Bei den Olympischen Spielen habe ich mir eine Disziplin life angeschaut, mitten in der Nacht, den Marathonlauf. Ich wollte sehen, was da passiert, wenn sich auf den letzten Kilometern die Sieger von den Verlierern lösen. Was muß das hart sein, einen nach 40 km weglaufen zu lassen. Der Lopez lief weg, die beiden Briten blieben zurück.

Ich könnte jetzt auch nichts mehr zulegen, dabei laufe ich erst eine halbe Stunde am Berg. Aber ich bin gleich oben. Noch ein Seil zum Gipfelkreuz. Vorsicht, Junge, du bist total ausgepumpt. Die kürzeste Verbindung zwischen den Punkten ist die Gerade. Aber nicht für mich, ich habe Frau und Kinder. Ich komme schon wieder runter in Eure Arme, Freunde, aber nicht ganz so schnell.

Ich bin oben, ich laß mich unter's Gipfelkreuz fallen. Funkstille.

Ich liege unter dem Kreuz, riesig steht es über mir am Himmel. Ich riskier einen Blick herum, herrliche Welt Gottes.

Ich bete ein Vaterunser, mein Lieblingsgebet.

Als ich im Frühjahr in Nepal war, hab ich es auch oft gebetet.

Ich hatte damals Schwierigkeiten mit meinem neuen Leben als Kaufmann, wäre gerne wieder Lehrer gewesen; Schwierigkeiten mit den veränderten Lebensumständen, der geringen Zeit, die ich für meine Familie und Hobbys noch hatte. Damals blieb ich immer an dem Satz hängen: Dein Wille geschehe, wie im Himmel, also auch auf Erden. Verstanden habe ich das zwar nicht, aber meditiert habe ich darüber und es als factum genommen. Das hat mir weitergeholfen.

Jetzt bleibe ich an dem Satz stehen: Und führe uns nicht in Versuchung! Was fange ich damit an?

Runterspringen wollte ich nie, vielleicht mal früher, als ich viel jünger war, nie mehr seit ich Therese kenne.

Hochmut kommt vor dem Fall.

Vielleicht mein Hochmut, daß ich mich manchmal für etwas Besseres halte als die anderen. Meinte Hans das bei seinem Feedback?

Aber jetzt bin ich doch ganz klein, trau mich nichtmal mehr zu den anderen, weil ich mich nicht schwach zeigen will.

Ich bin so froh, daß Ihr mich liebhabt, den Teufel werd ich tun und mich über Euch stellen! – Und am Anfang der Woche? Und wo steh ich jetzt? Hier oben.

Es gibt keinen Zufall.

Nachdenklich steige ich wieder ab. Langsam, vorsichtig, ich habe Zeit. Eine intensiv gelebte Stunde meines Lebens liegt hinter mir, ein intensiv gelebter Vormittag.

Gerne komme ich zu Euch runter, Ihr lieben Freunde, ich freue mich auf Eure Wärme und Geborgenheit.

Ich bin froh, nie bin ich so gerne in eine Gruppe gegangen, nie mich ihr so bedingungslos anvertraut.

Aber ich ahne noch nicht, daß das erst der Anfang war, der Höhepunkt ist noch lange nicht erreicht.

Viertel vor vier bin ich unten, halb fünf beginnt erst die T-Gruppe, das hatte ich gar nicht mitbekommen.

Ich dusche und mache mich frisch.

Ich bin hellwach, jede Minute dieser intensiven Woche. Warum bin ich nicht müde?

Wir schlafen nur wenig, meist nicht mehr als 4 – 5 Stunden die Nacht. Zu Hause muß ich mir dann nachmittags Streichhölzer in die Augenwinkel stellen. Hier nicht.

Liegt es an der Meditation?

Auswertung des Soziogramms – die Kollegen haben fleißig gepinselt.

Jetzt kommt wieder etwas: Typisch Hannes! Ich hatte mit einer theoretischen Erörterung gerechnet, läßt sich doch enorm was draus ablesen, herausholen. Kaum ein Wort darüber.

Mir fällt der Ausdruck „kognitive Ehrenrunde" ein, den benutzt er gerne, darauf verzichtet er gerne. Er macht dann so ein Zeichen mit der Hand, den gestreckten Daumen gegen die gestreckten aneinanderliegenden Finger bewegend. Plapp plapp plapp.

Jetzt kein plapp plapp plapp.

Einmal habe ich zu ihm gesagt, daß ich schon viel bei Reinhard gelernt hätte, obwohl wir bisher kaum ein Wort miteinander gewechselt hätten.

Reden wir denn so viel, hat er gesagt, auf seine Art gelächelt und schien fast ein bißchen beleidigt.

Nein, wir stellen ein Gruppenbild – mit zwei Damen.

Wir? Nein, Astrid stellt.

Das kann er, brachliegendes Potential wecken.

Führen heißt nicht, alles alleine tun, nicht, alles am besten können. Aber, wissen, wer wozu Talent hat und ihn aus der Reserve locken. Astrid hat Talent, sie kann gestalten.

Immer wieder erinnert sie mich an meine Frau; Therese kann auch viel mit den Händen, malen, Holzschnitzen, gestalten. Dafür weniger plapp plapp plapp. Sind Frauen erdverbundener?

Astrid bewegt sich ruhig zwischen den entstehenden Figuren, bildet Formationen. Wir schauen, manchmal müssen wir lachen.

Zuerst die Berührungen, die auf Gegenseitigkeit beruhen, Anziehung, Abstoßung.

Ludwig und Werner sind da gegeneinander gerichtet, andere gruppieren sich darum. Hannes und Erika haben zueinander Vertrauen, stehen eng nebeneinander. Ich werde Hannes gegenüber gestellt, gegenseitige Vorgesetztenwahl. Leichte Distanz, Hochachtung vor dem Vorgesetzten?

Wir fassen uns an den Oberarmen, Ausgangsstellung beim Ringkampf? Stop, meinen rechten Arm brauche ich für Astrid, die stand eben noch als trautes (Vertrauen) Paar mit Heinz etwas abseits. Die nehmen wir jetzt auch in den Kreis, ich stehe jetzt Astrid gegenüber. Mein rechter Arm liegt über ihrer Schulter, ich bewege ganz behutsam den Daumen, streichele sie. Auf meiner rechten Schulter ein Geflecht von Armen, kräftige Männerarme, ganz schönes Gewicht. Warm ist es mitten im Kreis, ich schaue ruhig in Astrids Gesicht.

Wo ist die Gruppe, ich sehe Euch nicht, sage ich. Fast alle sind hinter oder bestenfalls neben mir – oder habe ich Euch den Rücken zugewandt? „Wenn du dich herumdrehen möchtest, dann tu es doch", sagt Hannes. Will ich das und dafür Astrid aus den Augen verlieren?

Ich will nicht, ich bleibe.

Wir bleiben alle, in engem Kontakt zueinander, mit vielfältigen Berührungspunkten. Wenn sich jetzt einer bewegt, bewegen sich alle.

Warum ist es in der Gruppe, gemeinsam das Gefühl.

Später, bei einer Wanderung durchs Graswangtal, kommt mir diese schöne Spielszene wieder in den Sinn.

Mit siebzehn hatte ich meine erste Freundin, Jutta. Wie ich die geliebt habe. Nach zähem Kampf mit beiden Eltern durfte ich das Internat verlassen und kam nach Hause, zu ihr. Meine Clique habe ich dafür sausen lassen, ohne Bedenken. Ich wollte nur noch mit ihr zusammen sein

Goldmund! Liebt die Frauen, mit Gruppen hat er nichts im Sinn. Ist zäh, in Schnee und Eis durch den deutschen Forst, zäher als er selbst denkt. Kämpft sich alleine durchs Leben.

Dabei innen ganz weich, gefühlvoll, unbeständig – mal high, mal down. Auf dem Weg zur bleichen, unheimlich lächelnden Urmutter.

Wie ich?

Fortsetzung der T-Gruppe, Einzeltherapie.

Alfred hat ein Problem. Fühlt sich von seinem Chef wie ein Schuljunge behandelt. Marshal heißt der. Schöner Name für einen Chef. Möchte dem mehr entgegensetzen.

Hannes ist wieder in Form. Spielt den Marshal. Alfred sich selbst.

Zwei Stühle in der Mitte, ein Riesen-Schreibtisch dazwischen.

Mein Schreibtisch ist auch so riesig. Ist der alte von Papa. Zufall? Wie sitzt Marshal? So? Oder so?

Marshal spricht Englisch. Hannes deutsch, mit amerikanischem Akzent.

Wie schaut Marshal? Aha, über die Brillenränder.

Alfred rutscht unruhig auf seinem Stuhl hin und her, tatsächlich wie ein Schulbub.

Was für ein Problem hat Alfred? Dem Chef eine Neuorganisation vorschlagen. Wie hält er sein Skript? Über den Knien.

Keine gute Figur. Der Schreibtisch ist hinten abgeschlossen – keine Ablagemöglichkeit. Nichts zum Festhalten.

Marshal ist clever. Und ruhig. Sitzt weit zurückgelegt. Neuorganisation abgelehnt.

Hannes führt jetzt wieder. Schrittchen für Schrittchen. Deckt auf, verdeutlicht. Geht weiter. Kommt zur Sache.

Neues Spiel: Unangenehme Nachrichten mit freundlicher Miene verbreiten, ohne sich selbst schlecht zu fühlen.

Wie sag ichs meinem Kinde?

Seine Gefühle dabei erst artikulieren. Was sagt der Bauch?

Alfred ist noch dran.

Glaubt man ihm nicht, daß er sich schlecht fühlt.

Sag: „Ich fühle mich ganz beschissen."

„Ich fühle mich ganz beschissen."

„Glaub' ich Dir nicht, Alfred." Nochmal.

„Ich fühle mich ganz beschissen!!"

Alfred fühlt sich langsam wirklich beschissen.

„Kannst du das nicht auch mit dem Körper zeigen?"

Alfred kann nicht.

Hannes zeigt's ihm, legt ihm die Hand auf die Schulter. Alfred steht mit abgewandtem Gesicht.

„Tu die Hand weg, Hannes!" Die Hand bleibt.

Alfred zuckt. „Die Hand weg!" Gleich schießt er ihm eine, denke ich.

Hannes nimmt die Hand weg. Spürt genau, daß er an die Grenze gekommen ist. Unheimliche Spannung.

Alfred setzt sich. Atempause.

„Wem geht's noch so?"

Heinz und Ludwig melden sich.

Mir nicht auch? Ist mir jetzt zu emotional, die Kiste.

Kurzes Gespräch, dann praktische Übung.

Kontrolliertes Ablassen von Gefühlen, Aggressionen.

Ohne den anderen zu verletzen.

Das wohltemperierte Klavier.

Partner suchen. Ich erwisch Hacki.

Hände mit gespreizten Fingern gegeneinanderdrücken, mal fordernd, mal nachgebend. Schon Druck geben – aber ohne den anderen zu verletzen.

Hacki spielt nicht mit. Hat Schwierigkeiten mit dem Knie.

Andere Übung: Arm mit voller Energie nach vorne strecken. Wie beim Karate. Mit Kampfschrei. Alle Energien in einen Punkt bündeln. So fällt David den Goliath.

Aah. Gib's ihm.

Hacki sagt, er benutzt das beim Aufschlag.

Die armen Zuschauer – bei dessen Stimme.

Connors macht das bei jedem Schlag. Zumindest bei der Rückhand. Beidhändig.

Ruhepause, hinsetzen.

Die Übung mit der regulierten Gefühlsabgabe habe ich noch nicht begriffen. Aggression muß ich voll, oder gar nicht. Ein bißchen Aggression? Das sag ich. Hannes steigt wieder in den Ring.

„Komm mal her!"

Drücken mit gespreizten Fingern.

„Kannst du haben." „Du tust mir weh!"

Beim Liebsein lern ich nicht, mit meinen Aggressionen umzugehen. Schwieriges Thema.

Hannes versucht's wieder. Geben und nachgeben? Dabei werd ich meine Wut nicht los. Den anderen nicht verletzen und trotzdem Dampf ablassen, daß der Bauch frei wird? Ich kapier das nicht. Der Geist ist willig, aber das Fleisch ist schwach. Nein, stark.

„Du verletzt mich!"

„Versuch's mal mit Worten."

„Ich bin jetzt nicht wütend."

„Dann versuch, dich mal reinzuversetzen, sag mal was Aggressives."

„Ich hab nichts gegen dich, bei dir geht's nicht."

„Mit wem möchtest du's probieren?"

„Ja mh, bei Bernd würde ich gerne, der hat mich verletzt, da hab ich 'ne Wut."

„Kannst du nur schimpfen gegen Leute, die nicht das sind? Das bringt nichts."

„Gibt's denn hier keinen, gegen den du was hast?"

„Doch Erika. Aber nur ein bißchen."

Sie setzt sich auf, kommt mir mit dem Oberkörper entgegen.

„Das hab ich schon gemerkt, was gefällt dir nicht."

Ich drucke herum. Beobachtbares Verhalten?

„Mir gefällt nicht, daß du uns immer beobachtest, unsere Sprache und Körperhaltung kritisierst. Daß du nichts von dir sagst."

Ist es das? Soll das 'ne Aggression sein? „Ist dir jetzt leichter?"

Ne, überhaupt nicht, die guckt auch noch so herausfordernd.

„Sag ihr doch mal, daß du wütend bist." Leck mich am Arsch, verdammte Titte, denke ich und guck sie feindselig an.

„Mir gefällt nicht an dir, daß du nicht ehrlich bist", sagt sie.

Das saß! Aber was hab ich gegen sie, daß ich so wütend bin. Da war nichts Dickes. Gefällt mir ihr Gesicht nicht? Ihre Art?

Sie hat gar nichts gemacht. Sie hat das nicht verdient. Ich will sie nicht verletzen, wenn ich nicht weiß wofür. Ich möchte das nicht sagen, ich find das selber widerlich. Ich mag doch Frauen, woher dieser Haß?

Saumäßig unwohl fühle ich mich jetzt. Nichts losgeworden und nicht o.k. Aber selbst, wenn ich jetzt etwas Unverschämtes sage, fühle ich mich hinterher nur noch schlechter. Dann habe ich nämlich noch zusätzlich Schuldgefühle.

Hannes wartet noch einen Augenblick, dann sagt er: „Vielleicht sind deine Widerstände so hoch, daß es gar nicht sinnvoll ist, sie abzutragen. Du hast eine Art entwickelt, mit dir umzugehen, die für dich möglicherweise richtig ist. Du kannst auch dabei bleiben, wenn du damit zurecht kommst."

Er möchte Schluß machen, it's time.

„Moment mal, ich habe das nicht kapiert, ich bin völlig unbefriedigt."

Hannes schüttelt den Kopf, zuckt die Achseln, steht auf.

„Du kannst mich hier nicht so hängen lassen", jetzt krieg ich Wut gegen ihn.

Stört ihn nicht, er geht.

Jetzt hätte ich die geeigneten Sätze auf Lager, aber er ist schon weg.

Ich protestiere, frage die anderen, ob sie die Lektion kapiert haben.

Hacki anscheinend ja, Astrid und Ludwig nicht.

„Wer kann mir das erklären?" Der Saal leert sich.

Ludwig, Astrid, Hans und ein paar andere finden es auch nicht o.k., daß Hannes nicht weiter auf mich eingegangen, sondern einfach gegangen ist. Auch Günther kommt zu mir; er hatte eben versucht, mein Nichtverstehen Hannes gegenüber deutlich zu machen, hat das selber nicht hundertprozentig verstanden und wollte mich unterstützen, war aber von Erika gleich abgeschnitten worden, die etwas von mir hören wollte. Er ist auch sauer.

Wir machen das nach der Pause wieder an, sagen die anderen, und gehen mit mir zum Essen.

„Am liebsten würde ich ihm die Mappe ‚Team Training' über die Rübe hauen", sage ich am Tisch. Ich habe meine Wut im Bauch, und die fressen sich die Wampe voll. Der wollte doch eine Aggression sehen. Warum machst du's nicht, denke ich und stehe auf.

„Was würdest du sagen, wenn ich dir jetzt die Mappe über den Kopf hauen würde? So fühle ich mich nämlich jetzt." Ich stehe am Trainertisch. „Ich würde dir einen Kinnhaken geben", sagt er ruhig und ißt weiter. Ich gehe zurück an meinen Tisch.

Mit dem Kinnhaken würde ich mich wesentlich wohler fühlen, denke ich. Bin ich ein Masochist oder werte ich den einfach als Streicheleinheit? Zumindest eine Behandlung, die nicht jeder kriegt.

Damals habe ich das nicht gedacht, aber während ich das schreibe und sehr erregt bin, kommt mir der Satz: Du darfst deinen Vater nicht schlagen. Nie. Und zu meiner Tochter Anna habe ich vor kurzem beim Raufen mal gesagt: Anna, du darfst alles mit mir machen, was du willst, aber bitte schlage mich nicht ins Gesicht. Das dulde ich nicht! Dann schlage ich dich auch. Aber kräftig. Jetzt ist es nicht die bleiche Urmutter, die wissend lächelt, jetzt lauert im Hintergrund König Ödipus.

Unheimliche Welt, in der wir stecken. Die Spitze des Eisbergs schaut heraus und die Masse ist unter Wasser. Aber in der Situation habe ich nicht so empfunden, war mir das nicht bewußt.

Ich esse doch was. Seit der Analyse macht mein Magen keine Zicken mehr, kann wieder was wegschlucken.

Die anderen am Tisch sind nett zur mir. Helfen mir, da rauszukommen. Am Ende des Essens lache ich schon wieder.

Dummerweise ist heute abend eine gemeinsame Gruppensitzung geplant. Warum, wissen wir nicht.

Ich hätte das schon noch gerne heute abend weiterbearbeiten wollen, aber dazu ist jetzt keine Gelegenheit.

Ein Zufall kommt mir zur Hilfe.

Beide Gruppen sitzen in unserem Raum. Die Trainer wollen beginnen. Da ergreift Wolfgang das Wort.

Sagt, er kann das zur Maske erstarrte Gesicht von Karlernst nicht loswerden, der eben in der T-Gruppe einen Kampf mit Eva körperlich ausgetragen hat. Es verfolgt ihn, er hat die Szene nicht bewältigt. Andere in der Gruppe äußern ähnliche Gefühle. Sie wollen in ihrer Gruppe darüber sprechen.

Die gemeinsame Gruppensitzung ist geplatzt.

Es gibt keinen Zufall.

Wir haben auch ein Thema, das aufgearbeitet werden muß. Astrid ergreift das Wort, knüpft an die Sitzung vor dem Abendessen an. Günther möchte auch darüber sprechen. Hans meldet sich zu Wort, sagt, daß es ihm nicht gefällt, wie ich vor der Pause zurückgelassen worden sei. Hans-Werner äußert sich auch in dieser Richtung, bringt noch andere Gesichtspunkte.

Ich schweige. Bin dankbar, daß ich mich nicht nach vorne schieben muß, daß andere das Thema ansprechen.

Jetzt spricht Hannes.

Er sagt, er habe das Gefühl, ich wolle ihn auf's Glatteis führen. Ich treibe ein Spiel mit ihm, wolle ihn hereinlegen.

Ich bin vor den Kopf getroffen, verstehe die Welt nicht mehr. Ich bin verwirrt, weiß nicht, was er mit dieser Reaktion beabsichtigt. Ich habe das Gefühl, wir reden von unterschiedlichen Dingen.

Allgemeine Ablehnung. Keiner glaubt, daß ich den Trainer hereinlegen will. Allen ist die scharfe Reaktion unverständlich. Einige sagen, sie hätten ihn auch nicht verstanden vor dem Abendessen. Hacki sagt, er habe schon verstanden, ich aber offensichtlich nicht. Ob er es nicht noch einmal versuchen könne.

Mit einem energischen Ruck steht Hannes auf. Er scheint sehr erregt zu sein. Er stellt seinen Stuhl in die Mitte und fordert diejenigen zum Feedback auf, die ihm etwas sagen wollten.

Astrid spricht zu ihm, Hans-Werner; ich habe Angst. Wenn ich ihn jetzt nicht davon überzeugen kann, daß ich es ehrlich meine; wenn ich ihn jetzt nicht dazu veranlassen kann, einen Schritt auf mich zuzugehen, dann wird es zum Kampf kommen. Einen Kampf, den ich nur verlieren kann. Eine Konfrontation, der ich nicht aus dem Wege gehen kann, in der ich aber wenig Erkenntnis erwarte und viele Verletzungen.

Ich sage, daß es mir gefällt, wie er sich für die Gruppe und jeden einzelnen engagiert. Daß ich seinen aktiven Einsatz der letzten Tage schätze. „Mir gefällt nicht, daß du mir unterstellst, ich wolle dich reinlegen, spiele ein Spiel mit dir. Ich habe deine Botschaft vor dem Abendessen nicht verstanden, obwohl ich mich um Verstehen bemüht habe. Ich habe das Gefühl, du willst mir nicht weiterhelfen, sondern läßt mich schmoren."

Hans ist dran. Er habe die Botschaft auch nicht verstanden. Er habe auch das Gefühl, Hannes wolle mir jetzt nicht weiterhelfen. Er unterstelle ihm aber die besten Absichten und sei der Ansicht, er wolle mir zur Zeit absichtlich nicht weiterhelfen, um mich zu aktivieren. Er glaube, Hannes provoziere mich, um mir zu helfen.

Ob Hans keine eigenen Probleme habe?

Hans sagt, daß die zur Zeit nicht im Vordergrund stünden.

Günter gibt Hannes noch Feedback, dann setzt sich Hannes wieder an seinen alten Platz zurück. Nach einer kurzen Pause wendet er sich an Hans-Werner, gibt ihm Antwort.

Dann wendet er sich an mich: „Ich ärgere mich über die Art, wie du jetzt dasitzt."

Ich springe sofort auf, gehe auf ihn zu, setze mich im Schneidersitz vor seine Füße und schaue ihn fest an. Ich möchte einen Schritt auf ihn zumachen, ich will ihn nicht provozieren. Ich will keinen Kampf.

Er beginnt wieder negativ, es gefällt ihm nicht, daß ich mich zu seinen Füßen gesetzt habe.

Sage jetzt nichts mehr Negatives, Hannes. Ich will mich deinen Worten öffnen, ich will verstehen. Aber ich werde langsam böse; was ich auch tue, ist falsch. Dräng mich nicht weiter in die Ecke, ich komme da sonst nicht mehr im Frieden raus.

Gott sei Dank, es geht positiv weiter. Ihm gefällt an mir, daß ich mich bemühe, daß ich mit aller Kraft weiterkommen will. Das heftige Suchen stehe aber manchmal dem Finden im Wege. Er wolle mir gerne weiterhelfen, deswegen habe er es mit dem Körper zeigen, zu übertragen versucht. Das habe auch beim zweiten Mal nicht funktioniert. Er wolle mir gerne helfen, aber er könne es nicht.

Er habe mir mit dem Körper zeigen wollen, daß man Konflikte nur gewinnbringend nutzen kann, wenn man den Gegner nicht verletze. Daß durchaus eine Verbindung von Gefühl im Bauch (z.B. Aggression) abbauen und Nachricht dem Partner so übermitteln, daß er sie positiv aufnehmen könne, möglich sei. Daß dazu aber eine Menge Fingerspitzengefühl nötig sei.

Diese Botschaft glaube er besser mit dem Körper als mit dem Mund übermitteln zu können. Wenn das nicht gelinge, sehe er keine andere Möglichkeit. Jetzt dämmert mir endlich, was er meint.

Es ist, als ob ich aus einem Trancezustand erwache, in dem ich nichts wahrnehmen konnte. Ich beginne, meine Gefühle mit anderen Augen zu sehen. In den nächsten Stunden und Tagen wird mir das immer klarer.

Zu Günter hat er was gesagt, ebenso zu Hans, ich habe davon kaum etwas mitbekommen. Jetzt spricht er mit Astrid.

Er sagt ihr, daß sie ihm gefalle. Die Frauenspiele, die sie manchmal z.B. heute mit Hacki gespielt hat, gefielen ihm allerdings nicht. Er mag auch nicht, daß sie sich meist vornehm zurückhielte, es allen rechtzumachen versuche und sich aufs Nettsein beschränke. Gefallen würde ihm, wenn sie ihre Talente und Fähigkeiten (z.B. die Formierung der Gruppenstruktur) von sich aus in die Gruppe einbringe und energisch vertreten würde. Dann würde aus ihr das Mordsweib, das sie eigentlich sein könnte.

Astrid ist sehr ergriffen, sie weint.

Mir gefällt der Ausdruck Mordsweib nicht, er entspricht nicht meinem Frauenbild. Aber ich muß zugeben, daß an seiner Aussage etwas dran ist. Seine eigenen Interessen vertreten und dabei keinem weh zu tun, ist das kein Widerspruch? Mir gefiel doch gerade an Astrid, daß sie keinem weh tut, andere nicht verletzt! – Im Laufe der Woche merke ich aber zunehmend, welche Talente sie über das Nettsein und Nichtverletzen hinaus hat und wie sie sie nun einbringt, zu Anfang war davon wenig zu spüren.

Ludwig hat noch ein Problem. Er hat heute mittag bei der Feedbackrunde am meisten abbekommen, für ihn ist diese Sache noch nicht ausgestanden. Er möchte wissen, was dahintersteht, ein ausführlicheres Feedback von der Gruppe.

Er setzt sich in die Mitte und wendet sich nacheinander jedem zu. Auch mir wird dabei manches verständlicher. Ich kenne Ludwig etwas besser, trip, trap, auf mich macht er keinen so anonymen und ablehnenden Eindruck wie auf viele andere.

Es kommt etwas dabei heraus, für ihn und für die Gruppe.

Ich habe das Gefühl, daß Ludwig nach dieser Runde der Gruppe gegenüber viel aufgeschlossener ist und auch von ihr jetzt besser verstanden und akzeptiert wird.

Wir sind am Ende. Alle.

Die Sitzung ist geschlossen.

Ich bin stiller als sonst. Gehe in mein Zimmer.

Der Tag hat mich sehr mitgenommen.

Am Telefon mit meiner Frau bin ich nachdenklich. Keine oberflächlichen Erfolgsmeldungen mehr. Ich kann ihr nicht mal so eben erklären, was mit mir vorgefallen ist, ich weiß es selbst noch nicht genau. Aber ich bin froh, daß ich mich vor meiner Frau nicht verstecken muß. I just called to say, I love you.

Ich möchte jetzt nicht alleine bleiben, ich gehe in die Bar. Die meisten aus unserer Truppe sind noch in der Sauna.

Ich unterhalte mich ein wenig, trinke ein Pils, lasse den Tag auf mich wirken, entspanne mich.

Unsere Mannschaft kommt, Hacki vorneweg. Heute nachmittag hat er kaum etwas gesagt, aber wahrscheinlich einiges mitbekommen. Bei der Härte der Auseinandersetzung zwischen Leuten, die sich eigentlich mögen, hat er sich sichtlich unwohl gefühlt.

Jetzt ist er schon wieder in Fahrt, die anderen sind auch gelöst.

Sieben Mann waren heute zusammen im Whirl-Pool, dafür kaum noch Wasser.

Der König betritt sein Revier, die Puppen tanzen. Wir sitzen heute am hinteren Tisch, nicht wie sonst am Tresen. Die andere Gruppe kämpft in der Wüste.

Ich lasse mich von der Lustlosigkeit der anderen anstecken, sitze mittendrin, in der Nähe von Alfred. Heinz ist nachdenklich, er scheint sich nicht o.k. zu fühlen. Wenig Raum dazu in dieser fidelen Runde.

Horst erzählt einen Witz vom Papagei: „Hey Juri, wieviel tausend Liter hast du denn bestellt?"

Ich muß mich halb totlachen. Den muß ich mir merken.

Ich denke an mein Jürgelein, meinen Junior, der kaum ein Wort sagt und immer fröhlich ist. Papa kann er, Ei auch. Kürzlich war er mit Therese im Zoo gewesen und sagte abends freudestrahlend: Papa ei.

Ich bin, wie meistens, eher still in der Bar.

Aber heute fühle ich mich wohl dabei. Astrids Feedback vom Vormittag kommt mir in den Sinn. Karte für Einfluß. Mir gefällt, daß du an schwierigen Stellen wesentliche Impulse gibst. Daß du Ideen hast und damit die Diskussion voranbringst. Ich mag nicht, wenn du dich so in den Vordergrund schiebst wie gestern vormittag. Anderen Leuten das Wort verbieten willst und deine Vorstellungen unbedingt durchsetzen.

Muß ich immer am meisten reden, im Mittelpunkt stehen? Will ich das? Kann ich nicht froh sein, daß ich hier mal eine untergeordnete Rolle spiele und nicht so viel zu sagen habe. Sie mag mich ja lieber, wenn ich nicht dauernd den Wortführer spiele. Kann ich mich dann nicht auch mögen, wenn mir wenig einfällt? Ich bin dabei, es zu lernen, ich fühle mich heute abend ganz wohl. Ohne im Mittelpunkt zu stehen.

Es werden nicht nur die geliebt, die stets alle Blicke auf sich lenken. Es gibt vielleicht sogar liebenswertere Eigenschaften, z.B. menschliche Wärme. Ich will meine Ansprüche an mich selbst überdenken.

Meine Ansprüche?

Oder die meiner Eltern, meiner Lehrer: Immer der Erste zu sein....

Vielleicht hatte Hacki doch ein gutes Gespür, als er mich schon am ersten Tag gleich auf ein Transaktionsanalyse-Seminar befördern wollte. Ich habe darüber mal ein Buch gelesen.

Natürlich habe ich Hacki gleich Kontra gegeben, den Bogen „Dimensionen sozialer Kompetenz" herausgeholt und zitiert: „Drängt Ratschläge auf".

Muß ich mich immer gleich wehren?

Was Astrid nicht kann, kann ich vielleicht zu gut.

Was sie gut kann, nicht verletzen, warm, nett sein, kann ich viel schlechter. Und Astrid ist wie meine Frau. Muß die es da nicht sehr schwer haben, sich in meiner Gegenwart zu entfalten?

Mit Sicherheit, denn zu Hause kontrolliere ich mich erfahrungsgemäß viel weniger als in der Firma.

Passen wir deswegen so gut zusammen, weil sie es auf ihre Kappe nimmt? Wir sind beide sehr rollenkonform, typisch Mann, typisch Frau – das paßt eben gut. Ist ja deswegen auch von der Natur so eingerichtet.

Und von der Gesellschaft.

Ich mag die Fähigkeiten meiner Frau, die auf ganz anderen Gebieten liegen als meine eigenen. Ich will ihr Raum geben, diese mehr einzubringen und zum Tragen kommen zu lassen. Ich will an mir arbeiten.

Rund um mich herum tobt das donnernde Leben, ich bin im Nu wieder drin, wenn ich möchte.

Und neun Pils habe ich auch schon intus.

Kontakt zu Ludwig, Joggen morgen fällt flach.

Halb zwei, ich muß in die Heia.

Ich bin bei den ersten, die gehen, andere bleiben noch lange unten.

Donnerstag, 25.10. Ca. 5.00 Uhr

Ich schrecke aus dem Schlaf hoch, habe geträumt.

Seit Tagen vermisse ich meinen Lieblingskuli, er hat eine besonders feine Mine. Ich träume T-Gruppe. Zur Zeit wenig Aktion.

Schreibt da nicht Astrid mit meinem Kuli?

Ach, ist das deiner, ich habe ihn hier unter dem Stuhl gefunden. Hier hast du ihn.

Nee, Astrid, behalt ihn, ich schenk ihn dir. Ich habe noch einen anderen.

Hannes guckt, zwinkert mit dem Auge. Überleg dir mal Jürgen, was das bedeutet.

Honni soit qui mal y pense!

Um sechs Uhr dreißig schellt der Wecker.

Oh verdammt, mein Kopf, ich bin kein perpetuum mobile.

Ich laß mich noch zehn Minuten hängen, mach das Radio an, um nicht wieder einzuschlafen. Dann steh ich auf, ich will zur Dynamischen.

Das wird mich wieder auf die Beine bringen.

Alles wie gestern, nur meine Stimme ist heute schon von vorneherein angeschlagen. Ich brülle trotzdem. Etwas heiser. Wie Themrock.

Ein Film ohne ein gesprochenes Wort, aber mit vielen Lauten. Und Michel Piccoli. Hat mir natürlich mein Bruder empfohlen. Ich war begeistert.

Typisch Raabe, hat meine Frau gesagt.

Für sie zu chaotisch. Am Ende brät er einen Polizisten über dem Feuer und verspeist ihn.

Natürlich nicht die feine englische Art.

Ich bin Themrock, kommuniziere nur durch Urlaute. Brüllen. Dann Stille.

Heute bleibe ich stehn nach der chaotischen Phase.

Gut sind diese Übungen. Ich bin schon wieder voll da.

Ist morgen wieder Meditation?

Nein, heute zum letzten Mal.

Wo kann man das sonst machen, gibt es Bücher, Kassetten?

Bei den Sannyasin, z.B. in Köln oder Dortmund. – Er gibt mir Adressen. Die in der Firma halten mich für verrückt, wenn ich da hingehe. Die geben mir Berufsverbot.

Aber ich habe große Lust dazu.

Sollen die doch denken, was sie wollen. Die oder ich?

Hannes hat da immer so einen netten Snack darauf, den muß ich für solche Situationen auswendig lernen: Aber bedenke, daß ich nicht auf der Welt bin, um so zu sein, wie du mich haben willst.

Nach der Meditation gehe ich kurz zum Frühstücksraum. Hans sitzt da, ganz alleine.

Ich setze mich einen Augenblick zu ihm. „Bist du Frühaufsteher?"

Er geht gerne morgens in Ruhe spazieren. Er ist auch Jogger, das erstaunt mich. Sieht gar nicht so aus. Oder doch? Ich muß mal genauer hinschauen. Er hat seit fünf Wochen eine Achillessehnenreizung. Darf nichts machen. Er tut mir leid. Wäre gerne mit ihm gelaufen. Vielleicht besuche ich ihn später mal.

Wir haben heute morgen so einen warmen, freundschaftlichen Kontakt.

Dabei bin ich gerade erst aufgestanden.

Die Meditation?

Folgen der Gruppendynamik?

Ich bin froh.

Neue soziale Kompetenz? Mehr Offenheit? Früher hätte ich jedenfalls Leute wie Hans nie kennengelernt.

Sauna, ich bin bei den letzten.

Ich denke an gestern, fühle mich erwacht.

Ich bin ja früher geradezu auf Verletzungen aus gewesen, auch eigener. Wie im Kampf mit Hannes.

Dabei will ich nicht weh tun, will lieb gehabt werden.

Immer tiefer geht mir auf, daß ich mich auch wehren kann, ohne mir selbst und anderen dabei zu schaden. Daß Aggressionen sinnvoll und gewinnbringend sind, wenn man damit umzugehen weiß.

Auf das Fingerspitzengefühl kommt es dabei an, das wollte Hannes mir zeigen. Ich fühle mich als neuer Mensch. Ich denke an Siddhartha.

„Daß ich nichts von mir weiß, daß Siddhartha mir so fremd und unbekannt geblieben ist, das kommt aus einer Ursache, einer einzigen: Ich hatte Angst vor mir, ich war auf der Flucht vor mir ...

Nun will ich mir den Siddhartha nicht mehr entschlüpfen lassen! Ich will mich nicht mehr töten und zerstückeln, um hinter den Trümmern ein Geheimnis zu finden. Bei mir selbst will ich lernen, will Schüler sein, will mich kennenlernen, das Geheimnis Siddhartha. Wie bin ich taub und stumpf gewesen!

Schön war die Welt, bunt war die Welt, seltsam und rätselhaft war die Welt. Hier war Blau, hier war Gelb, hier war Grün, Himmel floß und Fluß, Wald starrte und Gebirge, alles schön, alles rätselvoll und magisch, und inmitten er, Siddhartha, der Erwachende, auf dem Weg zu sich selbst."

Brrrr, die Schwalldusche.

Frühstück fällt heute aus, keine Zeit mehr.

Macht nichts, gerne läßt sich ein Seminar von Hunger belagern.

Warten, Fasten, Denken.

Heute morgen keine T-Gruppe, sondern Theorie.

Hinführung zur Sonora-Übung.

Das ist ein Punkt, da bin ich zu begeistern.

Mit klaren Worten und weichen Gesten erstellt Hannes ein Theorie-Gebäude. Stellt Inhalts-, Geschäftsordnungs und Beziehungsebene gegenüber und erläutert die entscheidenden Kriterien.

Aber nie losgelöst von Menschen, immer als Einheit. Phasen der frühkindlichen Entwicklung, in denen die Grundentscheidungen für das spätere Leben getroffen werden. Überlebensstrategien. Spätere Neuentscheidung. Transaktionsanalysetheorie, Opfer, Verfolger, Retter. Mit welcher der vier Grundeinstellungen sind die meisten Streicheleinheiten zu holen.

Wer hat das Problem, ich oder der andere.

Der Mensch als organisches Mängelwesen, instinktlos, ohne fest-
gelegte Umwelt – daher offen, alles tun zu können, alle Erfahrungen
zu machen.

Seine Crux und seine Chance. Einheit , Zweifel .

Ich mag ihn, wenn er so behutsam und sanft da vorne steht, erklärt,
erläutert, den einen Gedanken aus dem anderen entwickelt. Immer
die Ganzheit im Auge behält.
    Gegenstück zu gefühlloser Theorie in Schule und Universität.
    Aber viel ist es, fast zu viel. Man müßte das auf sich wirken lassen.
Nicht nur hören, sondern den Geist atmen.
    Ich schreibe mit, sonst ist es gleich wieder weg.
    Beziehungsebene, die Beziehungen von Müttern zu ihren Kindern
im Mutterleib und die Auswirkungen auf das Kind. Es spürt ja alles,
im Fühlen liegt seine angeborene Begabung, die kognitive Struktur
fehlt noch völlig.
    Wann immer Menschen zusammenkommen, haben sie auch Be-
ziehungen zueinander. Mit allem was du tust oder läßt, definierst du
diese Beziehung, machst sie besser oder schlechter. Alles fließt.
    Wer ein Problem hat, hat in der Regel auch ein Gefühl.
    Wenn ich nichts fühle, heißt das nicht, daß ich kein Problem habe.
Gefühle können verschüttet sein, können verboten worden sein in
der Kindheit. Ich kann mir meine Gefühle selbst verbieten, so daß ich
nichts mehr fühle. Der kathartische Effekt, die innere Reinigung,
wenn man lernt, seine Gefühle wieder wahrzunehmen. Und lernen,
diese Gefühle so auszudrücken, daß ich damit keinen anderen verletze.
    Statt: Du grinst mal wieder saudoof daher besser: Wenn du mich
so anschaust, kriege ich eine Sauwut.
    Hannes, mach mal Pause, ich habe so positive Gefühle für dich
und kriege meist negative dazu.
    Eine Führungskraft soll seine Mitarbeiter so weit führen und so
weit alleine arbeiten lassen, wie es für sie gut ist. Führen heißt die
Rosse an die Tränke führen, saufen müssen sie schon alleine. Oder
verdursten, wenn sie wollen?

Nachteil der Demokratie ist, daß die Mehrheitler sich durchsetzen, die Minderheitler sind sauer und machen Opposition. Statt konstruktiv mitzuarbeiten. Dafür gibt die Institution keinen Raum.

Alle, die etwas unsicher oder unentschieden zwischen Pro und Contra stehen, sagen nichts oder werden nicht gehört. Deren Potential wird nicht genutzt, wird verschenkt.

Recht hat er, aber als Lehrer kannst du ihn getrost vergessen, ihm fehlt völlig das Maß. Nie was gehört von den begrenzten Möglichkeiten, Gehörtes und Gesehenes aufzunehmen? Wer zuviel auf einmal macht, schüttet Perlen unter die Säue.

Jetzt macht er endlich Pause.

Pustekuchen, geht gleich weiter, haut doch sonst beim Gongschlag ab wie ein Beamter. Will wahrscheinlich Zeit von gestern herauskloppen.

Sonora-Theorie, wie funktioniert's. Achtet auf den Wechsel von Sach-, Geschäftsordnungs- und Beziehungsebene bei Euren Diskussionen.

Füllt doch gleich den Prioritätenkatalog mal aus. Dann könnt Ihr anschließend Pause machen.

„Können wir nicht vorher Pause machen, du hast so viele Dinge in so schönen Worten dargestellt, ich möchte das auf mich wirken lassen," sage ich. „Sonst habe ich nichts davon."

Geht er überhaupt nicht darauf ein, der Bruder, die anderen fangen an, brav zu pinnen.

Jetzt habe ich das so lieb gesagt, und was nützt es? Gar nichts!

Ein Plus, ein Minus – nützt nichts, hört er gar nicht. Auf die Pauke hauen, das würde er wahrnehmen.

Aber ich kann das Thema jetzt nicht weiter einbringen, die Gruppe scheint ja kein Problem damit zu haben. Oder wehren die sich nur nicht? Haben die überhaupt zugehört?

Einem habe ich einmal den Mund zu verbieten versucht und schlechte Erfahrungen damit gemacht. Allen kann ich das Arbeiten nicht verbieten.

Mein lieber Freund und Kupferstecher, ich haue jetzt ab. Ich möchte deine Worte der letzten Stunde auf mich wirken lassen. Vergewaltige, wen du willst. Mich aber nicht.

Ich gehe.

Wohin? Kaffee trinken.

Ich habe jetzt keine Ruhe dazu.

Und nicht dazu, etwas auf mich wirken zu lassen. Die Stimmung ist weg, die Wut in meinem Bauch ist dazwischen.

Was tun?

Jetzt muß ich neues Verhalten probieren, wir sind hier ja noch im Laboratorium. Und zwar sofort, sonst werd ich verbittert und stau zuviel an.

Wieder hoch in den Raum. Hannes diskutiert mit einigen, der Raum leert sich. Nur Ludwig ist schließlich noch da.

„Halt dir mal grad die Ohren zu, Ludwig!" „Wie bitte?"

„Mach mal grade!" Ich brülle. So laut ich kann.

Ludwig staunt. Kann ich dir helfen?

Nett von dir, aber du nicht. Ich sag, daß ich sauer bin.

Hat er auch so gemerkt.

„Besser jetzt?" „Nicht die Bohne."

Ich laufe hin und her, überlege.

Ich muß denjenigen welchen anbrüllen, sonst nützt es nichts.

Kann ich unmöglich machen. Vielleicht ist der lärmempfindlich, schreckhaft, war gestern schon mit ein bißchen Drücken zu verletzen.

Bei den anderen kann ich mir allemal nicht mehr viel vergeben, die halten mich sowieso schon für ein Tier. Schließlich sitzen sie jetzt alle unten.

Packen müßt ich ihn mir und schütteln, das würde nützen.

Und wenn ihm dabei die Knöpfe vom Hemd platzen?

Guru-Hemden haben keine Knöpfe. Hat er aber heute nicht an.

Ich trau mich nicht. Ich will ihn nicht verletzen. Ich will nicht, daß er mich ablehnt. Ich will mit meinen Aggressionen umgehen lernen.

Ich gehe runter. Die anderen sind weg, die Trainer sitzen da.

„Hannes, ich muß dir etwas sagen."

„Laß mich besser in Ruhe, ich habe mich schon heute morgen über dich geärgert und bin gerade wieder ruhig."

Abhauen würde ich am liebsten, komme auch noch ungelegen. Aber ich kann und will jetzt nicht mehr zurück.

„Darf ich dich anschreien?"

„Du darfst nicht fragen, dann bringt es nichts."

Ich packe ihn am Kittel, rüttele ihn sanft und sage: „Ich mag an dir, daß du mit so klaren und schönen Worten und Gesten anderen

Menschen etwas vermitteln kannst. Ich mag nicht, wenn du uns keine Gelegenheit gibst, das auf uns wirken zu lassen. Ich hasse es, wenn du meine Bitte nach Pause völlig übergehst und nur genau das tust, was du gerade für richtig hältst."

Jetzt habe ich ihn schon fester gepackt und gerüttelt.

Ich weiß nicht, ob er was gesagt hat. Ich schäme mich, warum weiß ich nicht, und mache, daß ich wegkomme.

Rauf in den Saal. Werf mich hinter den Stellwänden auf den Boden. Ich atme tief durch.

Ich muß mich ein bißchen beruhigen. Aber ich bin jetzt froh.

Nach einer Zeit stehe ich auf, nehme meinen Sonora-Bogen und studiere ihn aufmerksam. Ich brauche etwas Zeit, um mich gut zu entscheiden.

Ich lege mich fest.

Bogen auf den Moderatorenkasten, raus in die Sonne zu meiner Gruppe. Sie sitzen an einem rechteckigen langen Tisch in der Sonne. Hinten lauert der Video. Und Erika.

So, Schulfreund, Führen, Praxis, I. Teil.

Aber diesmal mit Köpfchen, wenig Gefühl und wenigen Redeanteilen. Ein Platz bietet sich geradezu an für mich. Am oberen Ende der Tafel, neben Astrid, der einzige freie.

Ich nehme Abstand vom Tisch, setze mich genau auf die Ecke und zwei Meter zurück, in den Schatten. Ich sitze tatsächlich nicht gerne in der Sonne. Zufall?

Paßt diesmal zumindest gut. Ich höre zu. Die Diskussion läuft schon eine Weile. Ich muß Anschluß finden.

Ab und zu stelle ich eine Verständnisfrage. Das einzige Thema: Gehen oder bleiben.

Gruppen sind tatsächlich schlauer als Einzelpersonen. Ich bin bei meiner Prioritätenliste wie selbstverständlich von Gehen ausgegangen. Das Problem hatte ich gar nicht bedacht.

Ich höre noch intensiver zu, erfahre auch andere Dinge, die ich nicht bedacht habe. Ich bilde mir eine Meinung.

Die Gesprächsführung ist chaotisch. Ich frage Astrid, ob sie das nicht übernehmen will. Sie sitzt am Kopf. Astrid hat Kopfschmerzen. Will gehen.

Ich schlage vor, daß Heinz die Gesprächsführung übernimmt. Heinz übernimmt die Gesprächsführung.

Ich versuche, die verschiedenen Ebenen im Gespräch voneinander zu trennen. Ich versuche, meine Entscheidung in die Ebenen aufzuspalten.

Astrid geht auf ihr Zimmer.

„Gute Besserung, wenn ich was tun kann, ruf mich."

Meinungsrunde: Wer will gehen, wer will bleiben und warum. Jeder hat einmal das Wort. Keine Diskussion. Die Gruppe arbeitet. Gut. Ich bin der erste, sitze rechts von Heinz.

Ich weiß, der erste macht die Meinung mit. Aber ich bin noch nicht ganz auf dem Informationsstand von den anderen, deren Entscheidungen sind schon festgelegter (festgefahrener) als meine.

Ich sage: „Beim Abgeben meiner Arbeitenliste bin ich wie selbstverständlich vom Gehen ausgegangen. Ich bin von meiner Natur her ein Bewegungsmensch, kein geduldiger Warter. Mir liegt die Aktion, nicht die Passivität. Ich fühle mich körperlich stark und suche die Herausforderung. Nach Anhören Eurer Gesichtspunkte habe ich mich jetzt fürs Bleiben entschieden. Diese und jene Argumente sprechen meiner Ansicht nach dafür. (Sachebene) Wenn aber z.B. einer geht – Hans-Werner sagte das eben mit Bestimmtheit – dann habe ich große Lust, mitzugehen. (Beziehungsebene)

Rund geht das Wort. Fünf wollen gehen, sieben bleiben. Einige wollen auf jeden Fall gehen, koste es, was es wolle.

Tolle Truppe, die Geher: Horst, Alfred, Hans-Werner, Günter und noch jemand. Mit denen würde ich gerne durch die Wüste tigern, bis zum letzten Wassertropfen. Hacki hätte ich noch dabei vermutet. Aber der will unbedingt bleiben. Heinz kann sich nicht ganz entscheiden. „Was würdet Ihr denn machen, wenn ich plötzlich aufstehe und in die Wüste abhaue?"

Steht auf und geht.

Ich würde dich packen und zurückholen, ob du willst oder nicht.

Hacki ist aufgestanden und fuchtelt mit den Händen.

Wir sind eine Gruppe, individueller Selbstmord läuft hier nicht.

Wir kommen nicht weiter. Die Zeit läuft.

Ich lese mir unsere Spielanleitung noch einmal durch und habe eine Idee. Hört mal zu: Hier in der Anleitung steht, wir sollen uns einstimmig entscheiden, wenn irgendwie möglich. Wir sollen keine Kuhhändel machen, keine Durchschnitte bilden. Wenn nun die eine Gruppe geht und die andere bleibt, können wir bei der Diskussion keinen Konsens bilden, da wir von unterschiedlichen Voraussetzungen ausgehen. Ein Durchschnitt aller Meinungen ergäbe dann immer ein schiefes, sachlich nicht zu rechtfertigendes Bild. Wir sind dann zu Kuhhändeln gezwungen.

Aus der Art der Aufgabenstellung ergibt sich also schon, daß wir uns gemeinsam für das eine oder das andere entscheiden müssen.

Und ein Zweites. Was ist unsere Aufgabe? Unser Leben zu retten aus der Sonora-Wüste oder hier und jetzt eine Aufgabe zu lösen? Ich meine, wir sollten eine Aufgabe lösen, und die dann sachlich sinnvoll.

Einige überzeugt das, andere sind anderer Meinungen, bringen zusätzliche Argumente. Heinz verliert meiner Meinung nach etwas die Übersicht, die Diskussion ist wieder undisziplinierter. Ich sage ihm, er soll doch mal mehr durchgreifen, macht der aber nicht.

Josef spricht. Was haltet Ihr von folgendem Vorschlag: Wir gehen einfach von einer Hypothese aus. Diese lautet: Wir bleiben. Denn das war ja auch die Mehrheitsmeinung. Davon ausgehend können wir uns dann sauber entscheiden. Ich schließe mich seiner Meinung an, das geht in dieselbe Richtung, in die ich wollte. Andere stimmen ebenfalls zu.

Günter will etwas sagen. Er ist auch einverstanden, fände es aber besser, wenn die Hypothese lauten würde: Wir gehen. Argument: Dann können wir uns entscheiden, was wir mitnehmen. Wenn wir dableiben, bleiben ja auch alle Sachen da.

Finde ich gut, leuchtet mir ein. Andere sind entgegengesetzter Ansicht. Jemand sagt: Ihr müßt Euch das so vorstellen, als wenn Ihr mit der Prioritätenliste wählen könntet, was besonders wichtig ist, daß Ihr es dabei habt. Ihr müßt theoretisch davon ausgehen, daß nicht alles da ist, sondern vielleicht nur die fünf wichtigsten Dinge an Bord wären.

Das leuchtet mir auch wieder ein. Josef erneuert den Vorschlag, die Hypothese: Bleiben vorauszusetzen, statt sich weiter über Gehen und/oder Bleiben auseinanderzusetzen.

Die Mehrheit ist dafür.

Feedbackrunde, ob jeder mit dieser Vorgehensweise leben kann.

Wir können.

Einige müssen jetzt natürlich ihre Prioritätenliste neu erstellen, ich auch. Ich lege eine neue, leicht geänderte Rangfolge fest. Ich setze mich dazu ein Stück zurück an den Videotisch, um in Ruhe überlegen zu können.

Heinz' Stift schreibt nicht, ich bitte Erika um ihren Stift.

Erika hat einen schönen Stift.

Später sagt sie mir, daß sie das geärgert hätte, weil sie gerade selbst etwas schreiben wollte. Ich hatte darauf gar nicht geachtet, ließ mir viel Zeit beim Ausfüllen des Bogens.

Gemeinsames Zusammentragen der Rangfolgen. Horst schreibt auf. Interessante Unterschiede.

Es ist 13.15 Uhr, ich schlage vor, jetzt zum Essen zu gehen. Wiedersehen um 14.00 Uhr. Dann Zeitbegrenzung auf eine halbe Stunde.

Akzeptiert, wir haben keine Lust mehr, endlos zu diskutieren.

Gute Laune beim Mittagessen. Die Gruppe ist mit sich zufrieden. Jeder ist zu Wort gekommen, wir haben konstruktiv miteinander gearbeitet. Alle fühlen sich im Gruppenergebnis wiedergespiegelt, wir haben eine Entscheidung getroffen. Technisch haben wir was dazugelernt, aber sind wir inhaltlich auch gut?

Kurz nach 14.00 Uhr Wiederanpfiff. Horst hat einen Mittelwert ausgerechnet. Wir sind erstaunt, damit können wir leben. Es kommt der Vorschlag (ich weiß nicht mehr, ob von mir), das Ergebnis so zu belassen und eine Feedbackrunde anzuschließen, wer damit leben kann und wo jeder seine größten Abweichungen hat. Kommen alle damit klar, können wir uns lange Diskussionen ersparen. Den Trainer brauchen wir es ja nicht unter die Nase zu reiben, daß es ein astreiner Mittelwert ist.

Alle können damit leben, der eine hat kaum Abweichungen (Dieter, Josef), der andere starke (Heinz). Ich habe zwei bis drei Ausreißer. Salztabletten auf 12 statt 4, Mantel auf 3 statt 6, Taschenmesser auf 8 statt 6, mehr als der Durchschnitt. Josef macht mir klar, warum die Salztabletten höher hinauf müssen; ich glaube ihm und ändere das.

Über die Schnapsflasche fangen wir wieder zu diskutieren an. Josef und Dieter (von der Waterkant) haben die höher, der Durchschnitt ist 15. Josef argumentiert, wenn jeder einen Schnaps kriegt, hat jeder ein bißchen Flüssigkeit und keiner ist besoffen – auch ein Argument.

Astrid ruft mich von ihrem Balkon über uns, sie war nicht beim Mittagessen. Ob ich ihr die Optalidon geben könnte.

Selbstverständlich, ich eile; unser Ergebnis steht sowieso fest.

Sie kommt mit auf mein Zimmer, erzählt mir, daß sie sich übergeben hätte. In meinem Zimmer sieht es aus, als ob eine Bombe eingeschlagen wäre, ich habe seit einer Woche nichts mehr aufgeräumt.

Während ich ihr die Tabletten gebe, frage ich, ob sie häufiger schlimme Kopfschmerzen habe. Hat sie manchmal.

Ich erzähle, daß es meiner Frau genauso ginge; wenn es ganz schlimm wäre, müsse sie sich auch manchmal übergeben.

„Ich habe auch eine Ahnung, wo die Kopfschmerzen herkommen", sage ich. Denk mal dran, was Hannes gestern gesagt hat. Du setzt deine eigenen Bedürfnisse nicht durch, sondern bist statt dessen hilfsbereit, nett und möchtest keinem auf die Füße treten. Du achtest die Bedürfnisse der anderen, aber dafür deine eigenen zu wenig. Und das schmerzt dann eben. Zu meiner Frau sage ich manchmal, du hast Kopfschmerzen, weil du so lieb bist.

Sie lächelt leise, sieht wirklich schlecht aus. Ich nehme sie in den Arm und wünsche ihr gute Besserung. Sie tut mir leid.

„Leider kann ich Hannes Künste nicht, sonst würde ich dir jetzt gerne helfen."

Draußen geht die Diskussion dem Ende entgegen. Es bleibt dabei. Jeder kann abschließend noch einmal sein Gefühl wiedergeben, dann gehen wir auseinander. Günter und ich kommen zusammen. „Sollen wir jetzt einmal eine Runde drehen?" Er ist einverstanden. Wir gehen die Ammer aufwärts.

Er sagt mir, daß ich ihm von Anfang an sympathisch gewesen wäre. Nur am zweiten Tag hätte er sich von mir abgelehnt gefühlt, das Gefühl habe sich aber schnell wieder gewandelt. Ich sage, daß er mir auch gleich vom ersten Abendessen an sympathisch gewesen sei, aber mehr oder weniger ohne Unterbrechung.

Vielleicht mache ich auch manchmal den Fehler, etwas zu kraß zu sagen (er solle doch die Leute in seiner Sparkasse dynamisieren), während er den Fehler macht, auf eine Aussage hin immer gleich einen relativierenden Satz hinterherzuschieben. Und noch einen, und noch einen. Ich hätte ihm zwar deutlich meine Meinung gesagt, aber damit sei für mich der Braten gegessen gewesen.

Er sagt, er habe zwar keine beleidigte Leberwurst spielen wollen, aber getroffen habe ihn das doch.

Günter und ich verstehen uns gut, wir kommen leicht auf einen gemeinsamen Nenner. Welche Karte habe ich ihm gegeben? Mitarbeiter, weil er ran geht und zur Sache kommt.

Wir sprechen auch über unsere Kinder, beide haben wir zwei: Günters jüngerer Sohn ist Bluter, vertraut er mir an, daraus ergeben sich für die Familie einige Probleme. Für das ältere Mädchen ist es z.B. nicht leicht, immer steht ihr Bruder im Vordergrund. Ich kann mich gut in seine Lage versetzen; mit ihm mitfühlen.

Wir sprechen auch über unsere Erziehung, auch da gibt es Parallelen.

Wir führen ein sehr vertrauensvolles Gespräch. Wir finden es toll, daß so etwas schon nach so kurzer Zeit des Kennenlernens möglich ist.

Gruppendynamik.

Gemeinsame Nachmittagssitzung beider Gruppen. Sonora-Auswertung. Wir sitzen im Aquarium, die andere Gruppe draußen.

Zuerst ein bißchen Theorie: Führung.

Wann ist $2 + 2 = 7$?

Wann $= 4$?

Wann weniger?

Hannes hat wieder sein griechisches Hemd an, ist heute sehr resolut.

Jemand erläutert das Gruppenergebnis und wie es zustande gekommen ist, Alfred, glaube ich. Natürlich ohne Mittelwert. Ich sage nichts.

Ludwig und Horst haben sich in der Mittagspause die Videos angeschaut. Wer hat die entscheidenden Beiträge geliefert, wer hat geführt? Ich und Josef, sagen sie, Josef entscheidender.

Wer hat wo gesessen, wer geführt?

Heinz? Nein. Hacki?

Warum haben wir uns an einen Tisch und nicht in einen Kreis gesetzt? Weil wir die Biergläser irgendwo abstellen mußten.

Ist das hier ein Verhör?

Wer ist angeklagt?

Die Trainer verabschieden sich hinter das Flip-Chart, werten dort etwas aus, flüstern.

Warum feixen die eigentlich so.

Hannes schreibt eine Zahlenreihe an die Tafel. Unsere Erstwertungen. Dann einen Gruppenergebniswert. Erst Mittelwert aus allen Einzelwertungen = 69, dann Wert unseres Gruppenergebnisses = 52. Die Einzelwerte schwanken zwischen 44 und 80.

Mit den Zahlen können wir nicht viel anfangen, wir wissen nicht, wie sie zustande gekommen sind.

Hannes erläutert, Sinn der Übung sei es, zu schauen, ob das gemeinsame Gruppenergebnis besser als der Mittelwert der Summe der Einzelergebnisse sei. Dann läge ein Synergieeffekt vor: $2 + 2 = 7$.

Außerdem sei es interessant zu schauen, wer die besten Einzelergebnisse habe und wenn diese besser als das Gruppenergebnis seien, warum diese Personen ihre Arbeit nicht entsprechend in die Gruppe eingebracht und durchgesetzt hätten. Ob die Ursache dafür Kommunikationsstörungen seien und welcher Art diese seien.

Objektiv feststellen lasse sich, daß es nur eine richtige Lösung gebe, nämlich zu bleiben. Die Gehenden hätten objektiv keine Überlebenschance. Ich melde mich.

„Sag etwas, wenn du etwas zu sagen hast, was soll das melden?"

„Gestern hast du noch gesagt, alles fließt, heute gibt es plötzlich eine objektive Wahrheit. Diese Wahrheit stelle ich in Frage. Ich habe da ein gutes Argument."

„Darüber kann man nicht diskutieren, das kann man an Ort und Stelle objektiv beweisen. Es gibt kein Durchkommen."

Ich trau mich nicht, darüber hinwegzugehen und mein Argument zu bringen, da er mir geladen scheint.

„Und jetzt ratet mal, von wem hier die 44 ist?"

Meines kann's nicht sein, ich bin ja von der falschen Voraussetzung, Gehen, ausgegangen. Hannes hat nur die ersten individuellen Ergebnisse.

„Dieter", tippe ich. „Josef", sagt ein anderer. „Hacki?"

Nein, nein, nein.

Hannes grinst: „Ihr werdet lachen, Jürgen ist es."

Schreibt meinen Namen dahinter. Erika grinst auch.

Und das da oben ist Astrid. 46 Punkte, das zweitbeste Ergebnis.

Die Außengruppe lacht, die haben's ja gleich gewußt, keine Überraschung.

Wir sollen sagen, was wir aus dem Ergebnis mitnehmen.

Alfred sagt, daß das Ergebnis gar nicht stimmen könnte, weil wir unsere ersten Einzelergebnisse später geändert haben.

Hannes wischt das vom Tisch, er bringt ein Argument, wobei mir nicht ganz klar ist, ob es logisch ist.

Hans-Werner bringt zwei nadelharte Argumente. Daraus ergibt sich: Die Auswertung muß fehlerhaft sein oder die Auswertungsmethode ungenau.

Bravo, Hans-Werner, das war sachlich exakt argumentiert, das traf genau. Hannes ist verunsichert, Hans-Werner hatte meine Salztabletten auf 12 angesprochen. Mein Schatten kennt mein Ergebnis. Die hatte ich für beide Fälle auf 12, weil mir deren Bedeutung bei drei Tagen und ein Liter Wasser nicht klar war.

Ich sage nach wie vor nichts.

Aber jetzt grinse ich.

Hannes fragt mich: „Wo hast du die Salztabletten?"

„Auf 12."

„Und die Karte."

„Auf 6." (Annahme: Wir gehen. Später hatte ich sie auf 14, Annahme: Wir bleiben).

„Na, dann heben sich eben hier zwei Fehler gegenseitig auf."

Ich grinse.

Muß eine hochwissenschaftliche Auswertungsmethode sein, denke ich.

Hannes fragt mich, süffisant lächelnd, warum ich mein Ergebnis in der Gruppe nicht intensiver durchgesetzt hätte. Ich habe der Gruppe damit geschadet, denn das Gesamtergebnis sei schlechter als meines.

Ich koche.

Er weiß genau, daß ich mein erstes Ergebnis auf der falschen Voraussetzung aufgebaut habe. Er weiß genau, daß hier ein saudummer Zufall vorliegt, den seine mangelhafte Auswertungsmethode nicht ausschließe konnte.

Gestern wolltest du mich agressiv erleben, heute muß ich nicht spielen, heute bin ich es.

„Manche Leute wollen unbedingt eine Tracht Prügel kriegen", sage ich zitternd.

Totenstille.

Unverschämtheit, dickes Ding, flüstert es hinter mir. Bernd sitzt auch da. Ich bin so wütend, daß ich Hannes an die Gurgel springen könnte. Aber ich habe auch Angst, daß er jetzt den Faden zwischen uns zerschneidet.

Ich weiß nicht, was er tut.

Er zuckt nicht mal mit dem Auge, reagiert überhaupt nicht. Fragt Astrid, warum sie ihr Ergebnis nicht intensiver eingebracht hätte.

Astrid sagt, sie habe sich nicht so durchsetzen können, habe auch Kopfschmerzen gehabt und sei bald gegangen.

Warum die Gruppe sie nicht zum Zuge habe kommen lassen?

Keiner sagt etwas.

Jeder soll jetzt noch einmal sagen, was er aus dem Ergebnis entnehme.

Einige sagen, daß sie mit den Zahlen nichts anfangen könnten, andere, daß da ein Fehler vorliegen müsse.

Ich denke, es ist ja ein Mittelwert, für den Fall gäbe eine Auswertung auf konkreter Grundlage (unsere zweite Einstufung) gar nichts her, da Summe der Einzelergebnisse und Gruppenergebnis gleich wären.

Die Reihe ist an mir. Hannes lächelt immer noch. Will der mich zur Weißglut bringen? Soll ich hier aus der Rolle fallen und mich vor allen blamieren?

Ich versuche, ganz kühl und arrogant zu sein.

Es freut mich, daß ich das beste Einzelergebnis habe.

Es ärgert mich, daß ich dabei in der Wüste umgekommen bin (denn ich wäre ja gegangen).

Es würde mich freuen, wenn du deine Auswertungskriterien offenlegen könntest, denn hier sind offensichtlich Fehler vorgekommen.

Ich denke, was machst du denn, wenn er dir jetzt eine knallt? Du kannst ihn doch nicht schlagen.

Ich weiß heute nicht mehr, ob ich ihm noch einen Ringkampf angeboten habe. Ich glaube ja, und er hat's abgelehnt.

Reinhard sagt: „Wehren ja, aber nicht rechtfertigen."

Das ist mir recht. Wenn Bernd mir jetzt wieder einen unter die Jacke jubelt, und damit rechne ich fest, dann spring ich auf ihn zu und knurr und schrei ihn an. Ich bin nicht bereit, noch weitere Wut in mir aufzunehmen. Dann platze ich nämlich.

Die andere Gruppe sagt, wir hätten doch ein tolles Ergebnis, sie wüßten gar nicht, was wir hätten. Wir hätten wohl offensichtlich ein Problem mit dem Trainer. Das sollten wir mal intern austragen.

Bernd sagt auch etwas. Heute schaue ich ihn scharf und eisig dabei an, obwohl er wieder genau hinter mir sitzt. Er sagt nichts zu meiner Person.

Die andere Gruppe geht jetzt ins Aquarium.

Sie haben kein gemeinsames Gruppenergebnis. Dadurch gibt es nicht viel zu besprechen. Das müssen sie ebenfalls intern in ihrer Gruppe klären.

Auflösung der Gemeinschaftssitzung.

Letzte T-Gruppe.

Wir bilden wieder einen Kreis. Ich suche mir sofort einen Stuhl genau gegenüber Hannes.

Zufällig neben Erika.

Zufall? Zufall?

Es gibt nur einen Platz gegenüber Hannes.

Glücklicher Zufall jedenfalls, wenn überhaupt.

Jetzt geht's zum Stechen, spüre ich, und mir ist furchtbar unwohl dabei.

Ich will ihn nicht verletzen, ich will nicht verletzt werden, aber heute hat er die Situation so offensichtlich provoziert. Er muß es wollen oder beabsichtigt etwas damit. Noch gestern abend hätte ich gedacht, ich streite mich nie wieder mit ihm. Ich mag ihn doch so sehr. Und schon heute morgen hat es wieder geknallt.

Ein paar Minuten Schweigen. Vibrieren in der Luft.

Wenn er mich jetzt angreift, dann kracht's, das spür ich, ähnlich wie gestern. Ich sitze stark nach vorne gebeugt. Er weiß doch, daß ich Auseinandersetzungen nicht aus dem Wege gehe. Wenn er es will, dann muß es so sein.

„Ich empfinde für dich so eine Art Haßliebe", sagt er. „Ich kann mir nicht erklären, warum du immer wieder auf mich losgehst."

„Erinnere ich dich an irgend jemand?"

Er schaut mich frontal an. Ich schaue ihn an.

Ich kenne keinen, der ihm ähnlich sieht, denke ich.

Mein Vater, nein, der sieht total anders aus.

Wer denn sonst.

Mir fällt nichts ein.

Doch, da war was, Onkel Leo, der Bruder meiner Mutter.

Ich sag's, sag aber auch, daß das nur so ein Blitz war. Eigentlich bestehe gar keine sichtbare Ähnlichkeit.

Erika greift ein. Was denn mit diesem Onkel wäre?

Ja, den kann ich nicht besonders gut leiden. Aber ich habe im Leben nicht viel mit ihm zu tun gehabt. Ich könne mich nicht erinnern, daß er mir je was getan hätte.

Heute fällt mir dazu viel mehr ein, wenn ich auch glaube, daß ich mit Hannes meinen Vaterkonflikt ausgetragen habe.

Erstens, er ist mein Patenonkel.

Zweitens, ein rabiater Bursche. Er hat zwei Adoptivsöhne, die er meiner Ansicht nach ganz schön zugerichtet hat. Andere mögen das anders beurteilen; die seien schon vorher so gewesen.

Drittens, er wohnt in Wuppertal in der Gegend der zentralen Kläranlage. Als ich klein war, gab es den Spruch, wenn du nicht lieb bist, stecken wird dich ins Klo und schicken dich zu Onkel Leo.

Viertens, als Kleinkind war ich einmal bei ihm. Und zwar ganz kurz, zwei bis drei Monate nach meiner Geburt, als meine Eltern in Urlaub waren und man mich noch einmal auf die Babyabteilung der Landesfrauenklinik, in der ich geboren bin, brachte. Dort hätte ich so lange geschrien, bis alle anderen Babys auch geschrien hätten, und man habe mich daher nicht dabehalten wollen. Onkel Leo hat mich dann nach zehn Tagen geholt, als sie nicht bereit waren, das länger mitzumachen.

Erika übernimmt weiter die Gesprächsführung, fragt mich was, ich weiß nicht mehr was.

Ich solle sagen, wie ich Hannes gegenüber empfände. Ich sage, mir gehe es genauso wie ihm.

„Dabei möchte ich gar nicht mit dir streiten, ich fürchte mich sogar davor, aber es kommt immer wieder dazu. Ich mag dich sehr, aber ab und zu fühle ich mich von dir bis auf's Blut gereizt".

Er sagt, daß er mich weder reizen noch sich in Zukunft mit mir auf diese Art und Weise streiten wolle. „Wenn du in Schwierigkeiten bist oder ein Problem hast, komm auf mich zu. Ich biete dir meinen Rat und meine Unterstützung an. Bist du damit einverstanden?"

Ich bin übervoll von positiven Gefühlen, weiß gar nicht, was ich sagen soll. Ich möchte ihm meine Reue, meinen Dank, meine Freude über das Angebot seiner Freundschaft und mein Gefühl für ihn ausdrücken, aber mir fällt jetzt nichts mehr ein. „Selbstverständlich", kann ich nur herausbringen.

Er kommt in die Mitte, streckt mir beide Arme entgegen. Ich gehe zu ihm und lege meine Hände auf seine Schultern. Er seine auf meine. Wir greifen uns warm und fest und schauen uns in die Augen. Ich möchte ihm viel näher sein, ich habe sehr zärtliche Gefühle, aber ich kann sie nicht ausdrücken. Kurz bevor wir uns trennen, streichele ich mit meiner Hand über seine Wange.

Die große Spannung in meinem Körper läßt nach, als ich mich wieder hinsetze. Ich trau mich nicht, jemanden anzuschauen, schau auf den Boden. Ich sehe Erika neben mir, ihr gegenüber habe ich noch ein schlechtes Gefühl. Erst recht, wo sie mir eben geholfen hat. Ich strecke meinen Arm zu ihr und streichele ihr über den Nacken. Sie legt sofort ihre Hand auf meine Schulter. Ich bin so froh, daß sie auf mich zugeht und mir verzeiht. Ich lege meine linke Hand auf ihre, meinen Kopf auf unsere Hände zu ihr hin. Ich schmelze im innigen Kontakt mit ihr. Meine Augen sind auf sie oder nach innen gerichtet, ich nehme kaum etwas wahr. Ich fühle mich wie ein Bub bei seiner Mutter, ganz geborgen und warm.

Augenblick, verweile, du bist so schön.

Die anderen machen unterdessen wieder Übungen, versuchen Energie zu übertragen. Freunde, ich bin im Augenblick etwas von der Rolle, ich kann jetzt und will nicht mitspielen. Jetzt wird die Energie im Kreise durch Kontakt der Hände umhergesandt.

Bei Erika und mir ist der Stromkreis allerdings unterbrochen.

Wir machen auch mit.

Ich merke genau, ich bin hier die Barriere im Kreis, das Stück Wachs, das den Strom nicht weiterleitet. Ich sage zu Hannes: Sei nicht böse, aber bei mir kommt die Energie nicht durch. Mein Bauch ist so voll von warmen Gefühlen, da kommt Euer bißchen Energie nicht gegen an.

Ich könnte ewig hier mit Erika sitzen bleiben.

Hans neben mir sagt irgendeine Winzigkeit gegen Hannes. Ich sage sofort zu Hans: „Das hat er nicht so gemeint."

Erika sagt: „Das ist das erste Mal, daß du ihn in Schutz nimmst."

Hannes sagt, daß dies unsere letzte T-Gruppe sei.

Wenn jemand noch etwas einbringen wolle, habe er jetzt Gelegenheit dazu.

Nach einer Weile Ruhe schließt Hannes die Sitzung.

Alle gehen, einer nach dem anderen.

Ich gehe nicht.

Erika auch nicht, glücklicherweise.

Sie sagt, daß sie sich freut, daß ich sie mit meiner linken Hand streichele, die linke Hand käme nämlich vom Herzen.

Ob mir schon einmal aufgefallen sei, daß ich alles mit der rechten Hand mache, die linke fast gar nicht benütze.

Als ich das schreibe, meine ich zu wissen, daß sie die Szene mit Hans-Werner meint, da hat die linke Hand nicht mitgespielt.

Ich sage ja, ich sei ein absoluter Rechtshänder.

Die Linke brauche ich nur für meinen Ehering und zum Gitarrespielen.

Wir bleiben noch lange sitzen und sprechen miteinander, auch über unsere Beziehung in dieser Woche.

Ich sage ihr Dinge, die ich sonst keinem Menschen sage.

Wenn's nach mir ginge, säße ich heute noch dort. Aber irgendwann muß sie Hunger bekommen haben.

Wir gehen zusammen nach unten.

Ich sage: „Mir ist unwohl, soll ich jetzt da rein gehen und tun, als wäre nichts gewesen?"

„Da reingehen sollst du schon, aber tu einfach so, als wär etwas gewesen."

Ich tu so zwischen gewesen und nicht gewesen. Ich fühl mich da noch sehr unsicher. Ich weiß, ich bin ein Mamakind, aber das muß ja nicht gleich jeder merken.

Unter Männern habe ich Schwierigkeiten, mich weich zu zeigen. Ich schau einfach am Tisch der Astrid in die Augen. Bei Frauen ist das viel leichter.

„Hast du noch Kopfschmerzen?"

„Nein, keine Spur."

Schön.

Was ich gegessen habe, weiß ich nicht mehr. Aber zum Nachtisch gab's noch eine Überraschung. Ganze Kompanie oben antreten in Sportkleidung. Alles dunkel, Kerzenlicht.

Es beginnt mit Tanzen, paarweise. Einer tanzt vor, der andere macht alles nach. Natürlich mit Musik.

Mein Partner ist Heinz.

Der ist heute abend am anderen Ende der Leiter wie ich.

Er sagt, ihm gehe es schlecht, er mache nur so ein bißchen mit.

Ich sage, Mensch, was ist denn los, kann ich dir helfen?

Kann ich nicht. Heinz hat andere Probleme als ich.

Mich macht das traurig. Ich weiß nicht, was tun.

Man müßte ihm Astrid vermitteln, vielleicht könnte ihm das helfen. Aber die ist in einer ganz anderen Ecke. Partnerwechsel.

Ich könnte heute alle Menschen umarmen, egal, wen ich gerade bekomme. Wo ist Hannes, mit dem möchte ich gerne ein Tänzchen wagen, aber ich seh' ihn nicht. Ich frag Reinhard.

Kommt sofort wieder.

Gruppentanz, das Gruppengefühl tanzend ausdrücken.

Es geht hoch her. Maskenball in Baur au lac.

Eine gefühlige, warme Veranstaltung heute abend.

Astrid erwisch ich auch mal zwischendurch, nimm sie in den Arm, die liebe. Neue Nummer, Partnerentspannungsmassage, anständig natürlich.

Reinhard und Eva machen's vor. Einer liegt auf dem Boden, läßt sich voll hängen, der andere hebt, bewegt und lockert Arme, Kopf und Beine. Mein lieber Schatten ist mein Partner, jetzt kann ich ihn umarmen.

Hau dich hin, Hans-Werner. Nee, ich fang' an.

Ich lege mich hin; mach die Augen zu, entspanne mich.

Weiche, warme Musik im Hintergrund.

Zu Anfang bin ich noch ein bißchen verspannt, aber ich werde schnell lockerer. Sanft hänge ich da und laß alles geschehen.

„Nichts begehr' ich, nichts verlang ich, summe leise Kindertöne
Und verwundert heim gelang ich, in der Träume warme Schöne.
Herz, wie bist Du wund gerissen, und wie selig, blind zu wühlen,
Nicht zu denken, nicht zu wissen, nur zu fühlen, nur zu fühlen."

Werner ist dran. Ich bin zu ihm so zart und liebevoll, wie ich kann. Und ich kann gut, jetzt.

Jetzt seh ich auch andere, Ludwig und Astrid sind neben uns. Astrid liegt, Ludwig geht sehr zart mit ihr um. Ich freue mich für Ludwig und Astrid.

Hannes sitzt oben auf dem Tisch. Gerne würde ich ihn bei mir haben. Ich könnte ihm jetzt mehr zeigen als eben, vielleicht zu viel.

Hacki seh ich sitzen. Er ist schon fertig. Der König der Unterwelt fühlt sich bei der Meditation so wohl, hat er mir gesagt.

Du kannst nicht in jedem Reich der König sein.

Ich halte Werners Kopf in meinen Händen und bewege ihn behutsam. Als ich am Ende bin, hält er meine Hände fest.

So bleiben wir eine Weile.

Dann lege ich mich wieder auf den Boden.

Wir sollen es uns bequem machen und uns entspannen, alleine oder in Gruppen. Werner steht auf, geht zu Erika. Ich krieg das mit, bin viel zu passiv, denke nur, hey Schatten, hau doch nicht ab.

Hannes erzählt eine Geschichte; langsam, ruhig fließen die Worte. Ein Märchen von einem Fluß. Ich lasse mich mitfließen, ganz entspannt im Hier und Jetzt. Lasse mich vom Wüstensand aufnehmen, von der Sonne aufsagen, schwebe und fließe.

> Picture yourself in a boat on a river with tangerine trees and marmalade skies.
> Somebody calls you, you answer quite slowly, a girl with kaledoscope eyes.
> Cellophane flowers of yellow and green towering over your head.
> Look for the girl with the sun in her eyes....

Nachher gehe ich zu Hannes und umarme ihn. Jetzt kann ich ihn richtig umarmen. Ich umfasse seinen kräftigen Rücken und drücke ihn an mich. Ich lege meinen Kopf an seine Schulter und denke nichts mehr, bin nur noch Gefühl. „Bist du auch Krebs?" Ich nicke nur.

Erika muß ich auch nochmal umarmen, blöderweise habe ich da schon wieder meine Brille auf. Hat mir meine Frau auch schon mal gesagt, ich solle mir Haftschalen anschaffen. Beim Schmusen ist das ungeheuer störend.

Wir gehen noch zusammen zu Gusti. Ich zieh mich nicht um.

Die Klamotten ziehe ich heute nicht mehr aus, in denen ich Euch gespürt habe. Aber es geht nicht allen so wie mir.

294

Heinz ist heute abend ganz von der Rolle, das habe ich eben schon gespürt. Ludwig sitzt am Tisch bei ihm und spricht mit ihm.

Sie wollen nachkommen.

Bei Gusti trinke ich ein paar scheußlich liebliche Weine, höre Hannes zu, unterhalte mich mit Astrid und Erika.

Später finden sich wieder alle in der Bar bei Karin.

Letzter Abend Bombenstimmung.

Astrid sitzt neben Heinz. Der kann heute nicht lachen, hat wahrscheinlich nichts zu lachen. Dabei ist er trotzdem. Das finde ich schön. Ich könnte das nicht.

Ich spendier 'ne Runde Champus, dann Günter, dann Alfred. Pommery. Mal unterhalten wir uns, mal lachen wir über Witze, mal gröhlen wir wie die Tiere.

Nächstes Jahr im April wollen wir uns wiedersehen. Im Dorint-Hotel in Lahnstein.

Ob wir uns dann noch so nah sind wie heute? Sicher nicht.

Vielleicht haben wir dann unser Vertrauen zueinander wieder vergessen, ist es vom Alltag verschüttet worden.

Dabei käme es darauf an, auch fremden Leuten gegenüber dieses Vertrauen zu entwickeln. Offener und menschlicher durchs Leben zu gehen.

Wer von uns wird das in seinen Alltag mitnehmen können?

Freitag, den 26. Oktober   Abschied

Wieder war der Schlaf zu kurz.

Aber es ist schon morgens anders als in den letzten Tagen.

Statt Meditation Kofferpacken.

Ich hab dazu wenig Lust, geh in die Sauna.

Kaum Betrieb heute.

Hannes ist da. Und Alfred.

Während Alfred in der Sauna schwitzt, liege ich mit Hannes im Whirlpool.

Der Whirlpool ist geräumiger, warmer Mutterbauch.

Hannes und ich als Zwillinge drin.

Ich erzähle ihm von meiner Analyse, und daß ich in dieser Woche mehr über mich erfahren hätte als in drei Jahren Analyse.

Natürlich freut er sich.

„Hättest du vorher mit mir besprechen sollen", sagt er.

„Hab ich verdrängt, ist auch schon fast zehn Jahre her", sage ich.

Später steht er unter der Dusche, ich will in die Sauna.

„Einen schönen Körper hast du. Kein Gramm Fett zuviel. Tust sicher eine Menge dafür."

„Danke gleichfalls, man tut was man kann. Die Konkurrenz ist groß."

Wir haben viele Gemeinsamkeiten.

Als ich den Frühstücksraum betrete, muß ich lachen. Neue Kleiderordnung, heute ist Schlipstag. Viele Anzugjacken. Das Normale als völlig ungewohntes Bild. Danach Großgruppe – zum letzten Mal.

Zuerst Theorie, dann Resümee in Kleingruppen, dann „Nach-Hause-Übung". Hannes findet wieder schöne Worte.

Von der totalen Abhängigkeit des unmündigen Kindes über Zweifel zur Gegenabhängigkeit, über Autoritätskrisen und Konflikte zur Zwischenabhängigkeit, Kooperation, Liebe.

Der kleine Kreis springt aus dem großen und ordnet sich nach einer Anti-Phase wieder in eine losere Verbindung ein.

Das Plakat, das Hannes dabei zeichnet und beschriftet, nehme ich mir später mit. Ich möchte es behalten, bewahren.

Was haben wir in dieser Woche hier gemacht, wie war der Ablauf, was war das Ergebnis, was haben wir dabei über uns selbst erfahren.

Arbeit in vier Kleingruppen.

Ich bin unkonzentriert, beteilige mich nur wenig.

Nicht einmal habe ich seit Montag mehr in die Zeitung geschaut. Dabei hat Roland mir jeden Tag eine F.A.Z. mitgebracht.

Kein Interesse? Nein, da muß eine Menge passiert sein, so viel, daß man alles andere darüber vergessen hat oder es einem unwichtig erschien.

Hier und jetzt statt irgendwo und irgendwann!

Eine Menge hat sich ereignet, die Referenten der Gruppen tragen es vor.

Ein Beitrag fällt mir besonders auf, der von Astrid.

Ich weiß nicht mehr, was sie gesagt hat, aber wie sie es herüberbringt, das berührt mich tief. Wie sie ihre eigene Betroffenheit gegenüber den Fakten in den Vordergrund stellt, wie sie vom Fühlen ausgeht statt kognitive Ehrenrunden zu drehen, das imponiert mir.

Stark von der Gruppe und ihr, daß sie das Gruppenergebnis präsentiert. Wäre ich in ihrer Gruppe gewesen, hätte ich auch die Idee gehabt, sie sprechen zu lassen?

Führen, das heißt zu ahnen oder zu wissen, wer was am besten kann und ihm dazu zu verhelfen, sich einzubringen.

Diese Gruppe und Astrid zeigen mir allein dadurch, was in der Woche gewesen ist, was sie über sich erfahren haben und zu welchem Ergebnis Selbsterfahrung in der Gruppe in einer Woche führen kann.

Danach ist Pause, letzte Gelegenheit, mit seinem Seminarschatten Beobachtungen und Gefühle auszutauschen, sich Feedback zu geben, individuelle Veränderungen zu besprechen.

Zuerst einmal gehe ich kurz zu Astrid und sage ihr, wie toll ich die Art und Weise fand, wie sie das Gruppenergebnis präsentiert hat, welchen Eindruck das bei mir hinterlassen hat.

Dann treffe ich mich mit Hans-Werner. Zur Auswertung und Neueinschätzung unseres Bogens „Dimensionen sozialer Kompetenz" haben wir zu wenig Zeit, wir sprechen über andere Dinge.

Aus dem Hier und Jetzt – versteht sich von selbst.

Wir werden uns noch öfter wiedersehen, das wissen wir beide.

Anschließend die Nach-Hause-Übung, wie sag ich's meinen Kollegen, meinem Chef, meiner Familie.

Kleingruppen, ich beginne forsch. „Für mich ist die Sache sehr polar. Zu Hause in der Familie sehe ich kein Problem, ich erzähle alles, am Arbeitsplatz dagegen kaum eine Chance, meinen Mitarbeitern und meinem Vater (Chef) das zu erklären, was hier mit mir geschehen ist."

Soll alles beim Alten bleiben: Familiengesicht – Bankgesicht?

Nein, ich möchte etwas ändern. Bin jetzt anders und möchte nicht so tun, als wäre nichts gewesen, in die alte, bequeme Verhaltensweise nach kurzer Zeit zurückfallen.

Aber wie? Mit Taktik? Mit welcher Taktik?

Anders geht es Heinz, bei ihm liegt das Problem vor allem zu Hause. Das hat ihn in den letzten Tagen so nachdenklich gemacht. Jetzt verstehe ich besser.

Kann man überhaupt so bleiben, alles so weitermachen, wie man es früher gemacht hat?

Will man es?

Und welche Folgen wird ein geändertes Verhalten nach sich ziehen? Kann ich dieses Echo vertragen? Will ich es durchstehen? Kann ich es?

Wir kommen nicht sehr weit. Aus dem Rollenspiel wird nichts. Ein echtes Problem, für das keiner eine Patentlösung hat.

Für den einen ein größeres, existentielleres, für den anderen ein kleineres Problem.

Und mit diesem Problem werden wir allein sein. Die Gruppe wird dann nicht mehr helfen können.

Oder doch ein bißchen?

Statt eines Abschieds vor dem Hotel schlagen die Trainer vor, jetzt hier oben voneinander Abschied zu nehmen.

Eine gute Idee.

Vorher hat jeder noch einmal Gelegenheit zu einem kurzen Statement. Viele bedanken sich bei der Gruppe und den Trainern.

Ich sage, daß ich zum ersten Mal seit langer Zeit meinen Berufswechsel nicht mehr bedauere. Ohne ihn hätte ich hier nicht dabeisein können.

Eva erzählt eine Geschichte. Hannes sagt zum Abschluß, wir sollten alle schön vorsichtig nach Hause fahren, und wenn's geht, nur mit Tempo 100. Oder sogar 80.

Ich lächle innerlich: Gut, daß du nicht weißt, Hänschen, daß ich bisher immer nach Möglichkeit so schnell gefahren bin, wie der Wagen kann. Und manche Autos sind schnell.

Beim Abschiednehmen spielen im Gegensatz zur Begrüßung Berührungsängste keine Rolle mehr.

Umarmungen, Vertrauen – viel warmes Gefühl ist im Raum.

Nur schwer kann ich mich von einigen Freunden lösen.

Bernd kommt auf mich zu. Wir umarmen uns.

Ich sage: „Du bist der einzige, auf den zuzugehen ich heute Mittag noch ein kleines Problem gehabt hätte."

Wir haben nie ein Wort miteinander gesprochen.

Ich freue mich, daß er gekommen ist und wir jetzt auch ohne Worte auskommen.

Vorbei.

Wir gehen zum Mittagessen.

Einige haben Lunchpakete bestellt, müssen gleich abreisen. Ich besorge mir von Reinhard noch einige Adressen, wo die Meditationsmusik zu beziehen ist. Dann bringe ich meine Unterlagen auf mein Zimmer, dabei ein Buch von Hannes, soziale Betriebsorganisation, das er mir zum Abschied geschenkt hat.

„Schick' mir bitte eine Bestätigung für das T.A.-Seminar im März in Kochel, da sehen wir uns wieder", habe ich zu ihm gesagt.

Ich möchte noch einen Tag in Oberammergau bleiben, möchte mit Alfred auf einen Berg steigen.

Aber das Wetter wird immer schlechter, es fängt an zu regnen.

Als ich zum Mittagessen gehe, stehen Hans-Werner, Hacki, Astrid, Heinz und andere schon draußen vor der Tür, zum Abmarsch bereit.

Wehmütige Gefühle habe ich, als ich mich daran vorbeischleiche.

Ich muß nochmal in mein Zimmer, die Wanderkarte holen für Alfred und mich.

Astrid steht jetzt wieder drinnen, verabschiedet sich von jemandem.

„Wann seid Ihr denn endlich weg", sage ich zu Astrid im Vorbeigehen". „Warum sagst du denn so was?", schaut sie mich erstaunt an.

„Ach Astrid", sage ich, „mir fällt es so schwer. Ich möchte am liebsten gleich rausgehen, wenn ich Euch da stehen sehe, und Euch nochmal in den Arm nehmen. Aber irgendwann muß ja mal Schluß sein." Warm nimmt sie mich noch einmal in ihre Arme. „Tschüß, wir sehen uns wieder."

Ich verdufte zum Mittagessen. Sitze neben Alfred. Das Wetter wird immer schlechter, keine Sicht mehr. Und das gerade heute. Keinen Zweck, auf den Berg zu gehen.

Ein paar Spaßvögel aus der anderen Gruppe sind bei der Mittagsrunde. Witze werden erzählt. Horst ist auch dabei, natürlich. Wir lachen laut und oft.

Mit Humor geht alles besser. Oder Verdrängung?

Die Runde löst sich langsam aber sicher in alle Himmelsrichtungen auf. Hannes und Erika sind auch gerade gegangen.

Ich gehe als einer der letzten.

„Schade, daß wir jetzt nicht auf den Berg können", sagt Alfred. Er verabschiedet sich ins Bett. Schlaf nachholen ist auch nicht schlecht. Mir ist nicht nach Schlafen zumute. Ich habe so einen Druck in der Magengegend.

Eva steht noch als letzte in der Halle – sie hatte mich beim Abschied ganz innig umarmt. Sie war sehr verständnisvoll und warm – vorher hatten wir kaum ein Wort miteinander gesprochen.

„Tschüß, Eva", sage ich wehmütig und schau, daß ich wegkomme, hoch auf mein Zimmer.

Mein Hotelzimmer ist kalt.

* * *

Jürgen Austermann hatte sich nach der Erfahrung in dieser Woche entschlossen, als Manager in der Firma seines Vaters weiterzuarbeiten. Neben seiner Volontärzeit in den USA und Italien sowie seiner beruflichen Tätigkeit in Deutschland hat er an einer Reihe von weiteren Selbsterfahrungsseminaren teilgenommen. Heute ist er Geschäftsführer von drei Firmen.

Literatur

Allport, F.H.: Social psychology, Boston 1924.

Argyle, M.: Psychology of Interpersonal Behaviour, Harmondsworth 1974, 12. Aufl.

Bandler, R., Grinder, J.: Reframing, Paderborn 1984, 2. Aufl.

Bierach, A.: Mentales Training, München 1984.

Brocher, T.: Gruppendynamik und Erwachsenenbildung, Braunschweig 1967.

Brown, M., Wollams, S., Huige, K.: Abriß der Transaktionsanalyse, Frankfurt 1983.

Büro, O.A.: Gestaltpädagogik, Lernlust statt Schulfrust, in: *Psychologie Heute*, 6/1983.

Capra, F.: Wendezeit, Bern, München, Wien, 1983, 2. Aufl.

Davis, J., H.: Group Performance, Addison-Wesley, Reading Mass. 1969.

Dietrich, G.: Bildungswirkungen des Gruppenunterrichts, München 1969.

Dürckheim, K.G.: Hara, Die Erdmitte des Menschen, Bern, München, Wien, 1985, 11. Aufl.

Frey, D., Wicklund, R.A., Scheier, M.F.: Die Theorie der objektiven Selbstaufmerksamkeit, in: *Frey, D.* (Hrsg): Kognitive Theorien der Sozialpsychologie, Bern, Stuttgart, Wien 1978.

Gehlen, A.: Der Mensch, Frankfurt a.M., Bonn 1962, 7. Aufl.

Gordon, Th.: Familienkonferenz, Hamburg 1972; und Managerkonferenz, 1979.

Harrison, A.F., Bramson, R.M.: The Art of Thinking, New York, 1982, 4. Aufl.

Herder: Über den Ursprung der Sprache, 1772.

Hofstätter, P.R., Tack, W.H.: Menschen im Betrieb, Stuttgart 1967.

Hofstätter, P.R.: Gruppendynamik, überarb. u. erweiterte Ausgabe, Reinbek 1989.

Holloway, W.H.: Transaktionsanalyse: Eine integrative Sicht, in: *Barnes G. et.al*, Transaktionsanalyse seit Eric Berne, Bd. 2.

Homans, G.C.: Theorie der sozialen Gruppe, Köln, Opladen 1960.

Karpman, St.B.: Fairy tales and script drama analysis, *Transactional analysis bulletin 7*, 26, 1968.

Klingenberg, G.: Unsere weltfremde Schule, Nr. 87, Beilage der *Süddeutschen Zeitung*, 16./17. April 1983.

Koch, U.: Teamentwicklung im Unternehmen, Frankfurt a.M. 1983.

Koestler, A.: Der Mensch - Irrläufer der Evolution, 1981, 2. Aufl.

Lewin, K., Lippit, R., White, R.K.: Patterns of aggressive behavior in experimentally created „social climates", in: Journal of social psychology, 10/1939.

Lewis, D.: The Alpha-Plan, London 1986.

Lievegoed, B., C., J.: The Developing Organization, London 1973.

Lippit, R., White, R.K.: An experimental study of leadership and groups life, in: Maccoby, E.E., Newcomb, T.M., Hartley, E.L., Readings in social psychology, London 1958.

Litvak, S.B.: Use your Head, Englewood Cliffs, New Jersey 1982.

Lukasczyk, K.: Zur Theorie der Führerrolle, in: Psychologische Rundschau, Bd. 11, Göttingen 1960.

Maier N.: Psychology in Industry, Boston 1965.

Maslow, A.: The Farther Reaches of Human Nature, Harmondsworth 1971.

Miles, M.B.: Learning to Work in Groups, Columbia 1970.

Molzberger, P.: Synergetische Zusammenarbeit – ein Schwimmkurs für Führungskräfte, München.

Nadler, D., A.: Feedback and Organization Development: Using Data-Based Methods, Addison-Wesley, Reading/Mass. 1977.

Neuberger, O.: Das Mitarbeitergespräch, München 1973, Bd. 3 der München-Augsburger Studienreihe für Psychologie im Betrieb.

Peters, T.J. & Waterman R.H.: In Search of Excellence, New York, 1982.

Portmann, A.: Zoologie und das neue Bild des Menschen, Hamburg 1956.

Roethlisberger, F. J.: Man-in-Organization, Cambridge, Mass. 1968a.

Rosenkranz, H. u.a.: Von der Gruppendynamik zur Organisationsentwicklung, Wiesbaden 1982.

Rosenkranz, H.: Gruppen in der Hochschulpolitik, in: Gruppendynamik, 3/1971.

Rosenkranz, H.: Soziale Betriebsorganisation, München, Basel 1973.

Rottmann, G.: Untersuchungen über Einstellungen zur Schwangerschaft und zur fötalen Entwicklung, in: Graber, H.G.: Pränatale Psychologie, München 1974.

Sabetti, S.: Lebensenergie, Bern, München, Wien 1985.

Schein, E., H.: Process consultation: its role in organization development, Addison-Wesley, Reading Mass. 1969.

Schindler, R.: Grundprinzipien der Psychodynamik in der Gruppe, in: Psyche 9, 1957/58.

Schutz, W.C.: What makes groups productive? Hum. Rel. 1955, 8, zitiert bei Krech, D., Crutchfield, R.S., Ballachey, E.L.: Individual in Society, New York 1962.

Schwarz, G.: Die Heilige Ordnung der Männer, Westdeutscher Verlag, Wiesbaden 1985.

Schwarz, G.: Die Problematik der Gruppe, in: Heintel, P. (Hrsg.): Das ist Gruppendynamik, München 1974.

Sedlmayr, H.: Verlust der Mitte, o.J.

Sjolund, A.: Gruppenpsychologie für Erzieher, Lehrer und Gruppenleiter, Heidelberg 1974.

Spitz, R.: Vom Säugling zum Kleinkind, Stuttgart 1983, 7. Aufl.

Harris, Th.A.: Ich bin o.k. – Du bist o.k., Hamburg 1973.

Varney, G. H., Organization development for managers, Reading/Mass., zitiert bei *Comelli, G.*: Training als Beitrag zur Organisationsentwicklung, München, Wien 1985.

Watzlawick, P., Beavin J.H., Jackson, D.D.: Menschliche Kommunikation, Bern 1972.

Zundel, E.: Kampf um Liebe und Anerkennung, in: *Die Zeit*, Nr. 6, 1972.

Erfahrungsberichte und Briefe

Austermann, J.: Brief vom 12.2.1988.

Austermann, J.: Erfahrungsbericht über das Gruppendynamik-Seminar vom 21.-26. Oktober 1984 in Oberammergau

Kinzelbach, H.: Erfahrungsbericht zum Trainingsstile I-Seminar vom 30.11.-5.12.1986 in Kochel.

Bichlmeyer, H.: Erfahrungsbericht über das Transaktionsanalyse-Seminar vom 22.-27. Juni 1984 in Tegernsee.

Bleymüller, H.: Erfahrungsbericht über das Gruppendynamik-Seminar vom 8.-13. Juli 1982 in Westerham.

Dederichs, S.: Erfahrungsbericht zum Gruppendynamik-Seminar vom 05.-10. Juli 1981 in Herrsching; in Zeitschrift *Congress & Seminar*, 10/81 abgedruckt mit dem Titel: Gelitten, gelernt, erlebt, aber keiner wurde kaputt gemacht.

Hohenadl, R.: Erfahrungsbericht zum Gruppendynamik-Seminar vom 04.-09. Okt. 1987 in Oberammergau.

Huber, Th.: Erfahrungsbericht über das Gruppendynamik-Seminar vom 08.-13. Nov. 1987 in Beilngries.

Kloiber, G.: Erfahrungsbericht über das Organisationsentwicklungs-Seminar vom 5.-10. Juli 1987 in Westerham.

Kloiber, G.: Erfahrungsbericht über das Transaktionsanalyse II-Seminar vom 18.-23. Okt. 1987 in Ohlstadt.

Langer, K.: Erfahrungsbericht zum Transaktionsanalyse II-Seminar vom 19.-24. Okt. 1986 in Oberammergau.

Mai-Schröder, E.: Bericht über das Transaktionsanalyse I-Seminar vom 19.-24. Okt. 1986 in Oberammergau.

Ostwinkel, G.: Erfahrungsbericht über das Gruppendynamik-Seminar vom 07.-12. Juli 1985 in Oberammergau.

Riecken, L.: Erfahrungsbericht über das Gruppendynamik-Seminar vom 07.-12. Juli 1985 in Westerham.

Rudolf, K.: Bericht über ein Team-Training in einer Firma.

Rustler, M.: Erfahrungsbericht über das Transaktionsanalyse I-Seminar vom 11.-16. Okt. 1981 in Kochel.

Wachowski, M.: Erfahrungsbericht über ein Konfliktmanagement I-Seminar vom 07.-12. Febr. 1988 in Neustift.

Information über:

* Seminare zur Selbsterfahrung wie zum Beispiel:
  – Gruppendynamik
  – Transaktionsanalyse
  – Konfliktmanagement
* Professionelle Trainer- und Beraterausbildung
* Projekte zur Team- und Organisationsentwicklung
* Managementberatung
* Familientherapie

Team Training – Trainer Centrum
Dr. Hans Rosenkranz
Georgenstraße 6a
8033 Planegg bei München

Tel. (0 89) 8 59 82 53
Fax: (0 89) 8 59 85 77

Robert Ornstein

MULTIMIND

Ein neues Modell des menschlichen Geistes

Ergebnisse der Humanwissenschaften für Erziehung, Therapie und Management

228 Seiten, DM 34,80
ISBN 3-87387-293-5

Die Anfänge der modernen Psychologie liegen etwa hundert Jahre zurück, die der modernen Hirnforschung etwa fünfzig. Es ist an der Zeit, die Ergebnisse zusammenzutragen: die Art und Weise, uns und andere zu verstehen, ist unvollständig und führt in die Irre – so beschreibt Robert Ornstein die Ausgangslage für die moderne Hirnforschung.

Unser Geist ist ein multidimensionales Gebilde, eine Konföderation von verschiedensten Teil-Geisten, ein komplexes Informationssystem aus miteinander vernetzten und voneinander zum Teil unabhängigen „Super-Computern".

Das MULTIMIND-Modell versöhnt widerstreitende Ansätze und ist gleichzeitig eine Herausforderung. Ornstein popularisiert im besten Sinne des Wortes Wissenschaft. Entstanden ist ein Buch voller Anregungen für unseren Versuch, uns selbst und andere besser zu verstehen, sei es im Alltag, in der Erziehung, in der Therapie oder im Management.

„Robert Ornstein war schon immer ein Vertreter des neuen und spekulativen Denkens, das uns in den letzten Jahren so viele Anstöße und Einsichten in die Arbeitsweise unseres Geistes gegeben hat.

...Nach der Lektüre dieses Buches begreife ich, welche Konsequenzen es hätte, wenn wir unseren Geist und die Geiste unserer Mitmenschen als „Multiminds" begreifen könnten."

Doris Lessing

Junfermann-Verlag • Paderborn

Gerhard Fatzer

Ganzheitliches Lernen

Humanistische Pädagogik und Organisationsentwicklung

344 Seiten, DM 39,80
ISBN 3-87387-269-2
ISSN 0720-2385

Zu diesem Buch:
Dieses Handbuch stellt zum ersten Mal in deutscher Sprache die Grundlagen der Humanistischen Pädagogik vor. Nach einer Einführung in die Grundideen und die wichtigsten Ansätze werden humanistisches Lernen und Unterricht ausführlich dargestellt. Methoden des ganzheitlichen Lernens, wie Rollenspiel, Gelenkte Phantasie, Körperlernen, Gruppenunterricht und Simulation, werden erläutert und anhand von Unterrichtsbeispielen veranschaulicht. Wie der Lernrahmen (die Schule oder die Organisation) ganzheitlich gestaltet werden kann, wird am Beispiel der immer bekannter werdenden Organisationsentwicklung aufgezeigt und durch konkrete Übungen breit ausgeführt. Am Schluß werden die wichtigsten Forschungsergebnisse über Auswirkungen humanistischer Verfahren auf die Lernenden und die Lernatmosphäre zusammengestellt. Ergänzt werden die Ausführungen durch Quellentexte und Interviews prominenter amerikanischer Pädagogen wie Carl Rogers, Arthur Combs, John Goodlad u.a. sowie durch eine umfassende Bibliographie.
Das Handbuch wendet sich an alle, die theoretisch oder praktisch an ganzheitlichem Lehren und Lernen interessiert sind: Lehrer, Psychologen, Berater, Ausbilder, Teamberater.

Gerhard Fatzer, Dr. phil., Dipl.-Psych., IAP, ist nach einem zweijährigen Forschungs- und Weiterbildungsaufenthalt in den USA (Gestaltpädagogik, Organisationsentwicklung) jetzt Lehrbeauftragter an der Universität Zürich, Lehrbeauftragter in der Lehrerausbildung, Mitleiter der Ausbildung „Supervision, Praxisberatung, Projektbegleitung" am Institut für angewandte Psychologie, Zürich.
Er arbeitet zudem als Gestalt- und Managementtrainer, Teamsupervisor und Organisationsberater in der Schweiz, Deutschland, Österreich und Marokko, ist außerdem Visiting Professor an der University of Massachusetts, Amherst, und gelegentlich an der UCLA (Los Angeles).

Junfermann-Verlag · Paderborn